대한민국에서 가장 쉽게 쓴
민법책

변호사가 알려주는,
민법으로 바라보는 세상 이야기

대한민국에서
가장 쉽게 쓴
민법책

오수현 지음

시원
북스

민법으로 바라보는 세상 이야기,
시작합니다

　민법이 궁금합니다. 로스쿨에 관심이 생겨서, 혹은 준비하는 시험에 민법 과목이 포함되어 있어서, 혹은 일상생활에 도움이 될 것 같아서 언젠가 한 번 공부해보겠노라 벼르던 중입니다. 그런데 막상 공부를 하려니 시작부터 막막합니다. 우리가 접근할 수 있는 자료 대부분은 본격적인 수험 공부를 전제하고 있거나, 반대로 아주 포괄적인 교양 법학만을 다루고 있기 때문입니다. 전자를 택하자니 초학자로서는 다소 부담스럽고, 후자를 택하자니 본래 목적과는 맞지 않는 것 같아 선뜻 손이 나가지 않습니다.

　그래서 이 책을 썼습니다. 이 책은 민법을 처음 공부하는 사람이 가볍게 읽을 수 있는 인문 교양서입니다. 민법을 공부하는 즐거움과 유용성을 널리 알리고자 세세한 판례 내용이나 견해 대립은 과감히 생략하였고, 대신 민법의 원문이라 할 수 있는 조문에 최대한 충실하도록 이야기를 엮어냈습니다. 민법이 들려주는 세상 이야기에 여러분을 초대합니다.

인문 교양서답게 기초 용어와 논리 설명에 많은 부분을 할애하였습니다. 피고와 피고인의 차이, 채권(債權)과 채권(債券)의 차이, 해제와 해지의 차이 등 일상생활에서도 자주 접하는 기초적인 용어부터, '쌍무계약', '질권', '피담보채권' 같은 어려운 전문용어까지 포괄적으로 등장합니다. 지금껏 정확한 논리는 몰랐으나 그저 당연히 여겼던 여러 법률 상식들, 예를 들어 임차인이 차임을 연체하면 안 되는 이유, 부동산 매매 계약을 해제할 때 특정 문구가 자주 등장하는 이유 등에 대해서도 이 책을 다 읽고 난 뒤에는 스스로 논리적인 설명이 가능할 것입니다.

민법을 공부하는 최고의 방법은 회독수를 늘리는 것이라 합니다. 여기서 말하는 회독(回讀)이란 책을 처음부터 끝까지 읽고 이를 여러 번 반복하는 걸 말합니다. 어느 분야나 마찬가지겠지만 민법에서 회독이 유독 강조되는 이유는 그만큼 큰 그림을 이해하는 게 중요하다는 뜻이겠지요. 이 책을 통해 인생 첫 민법 회독을 잘 마무리할 수 있기를, 그리하여 처음으로 민법의 큰 그림을 잡아보고 그동안 민법에 관해 느꼈던 지적 갈증을 일부나마 해소할 수 있길 바랍니다.

2023년 7월
오수현 씀

목차

제1장

세 가지
키워드로 보는
민법 개요

가끔은 무언가를 직접 설명하는 것보다 비교하는 편이 낫습니다.

서로 다른 대상을 비교하다 보면 각 대상의 고유 특색이 자연스럽게 드러나기 때문입니다.

I
세 가지 키워드로 보는
민법 개요

1. 들어가기 전에

우리나라에는 현재 오천 개가 넘는 법령이 존재합니다.* 제아무리 뛰어난 법률전문가라 하여도 오천 개가 넘는 법령 내용을 모두 꿰고 있을 수는 없지요. 다행히 법령 사이에는 중요도 차이가 있어서 가장 중요하고 기초적인 법률 몇 개를 잘 익히면 상대적으로 덜 중요한 다른 법령은 금방 이해할 수 있습니다. 법학 공부의 가장 기초가 되는 법률 여섯 개를 **기본육법**—① 대한민국헌법, ② 민법, ③ 상법, ④ 민사소송법, ⑤ 형법, ⑥ 형사소송법—이라고 합니다. 우리가 앞으로 공부하고자 하는 민법은 모든 법률의 여왕으로, 위 기본육법 중에서도 가

●   2023년 5월 4일 기준으로 현행법령 개수는 5,787입니다.

장 빛나는 자리에 위치하고 있습니다.

민법을 공부하는 가장 좋은 방법은 전체를 빠르게 훑어본 뒤 이를 여러 번 반복하는 것입니다. 민법을 구성하는 논리 대부분이 서로 유기적으로 연결되어 있기 때문입니다. 그래서 어느 한쪽 면만 보아서는 전체는 물론이고 그 단면조차도 온전히 이해할 수 없는 경우가 많습니다. 따라서 민법은 하나의 논리를 가지고 끙끙대는 것보다 다소 엉성하더라도 빠르게 나머지 논리와 함께 익히는 것이 좋습니다. 또한 이러한 접근법은 낯선 전문용어와 친해지는 데에도 매우 효과적이지요.

우리는 앞으로 모든 법률의 여왕인 민법 전체를 빠르게 훑어볼 것입니다. 큰 그림을 그리는 게 목적이라서 생략된 내용도 많고 학문적 엄밀성이 떨어지는 부분도 있습니다. 하지만 전체를 속도감 있게 읽는 데에는 분명 도움을 줄 겁니다. 우선 이번 장에서는 세 가지 키워드를 가지고 민법을 개괄해보겠습니다. 살펴볼 키워드는 ① 개인, ② 관계, ③ 게임 이렇게 셋입니다.

II
첫 번째 키워드:
개인

1. 개인과 개인 간 법률관계를 다루는 법

고조선의 8조법은 우리 한반도 역사상 최초로 등장한 법입니다. 본래 여덟 개의 조문이었으나 지금까지 전해지는 건 세 가지뿐이라는군요. 조문 내용은 간단명료합니다. 고조선 사람은 남을 죽이거나 상처 입히지 말아야 하고, 남의 물건을 훔쳐서도 안 됩니다. 모두 공동체 생활을 위해 지켜야 하는 가장 기본적인 내용을 담고 있습니다.

- 사람을 죽인 자는 즉시 사형에 처한다(相殺以當時償殺).
- 남에게 상처를 입힌 자는 곡물로써 배상한다(相傷以穀償).
- 남의 물건을 훔친 자는 노비로 삼되, 용서를 받으려면 돈 50만 전을 내야 한다(相盜者男沒入爲其家奴女子爲婢, 欲自贖者人五十萬).

8조법을 현대식으로 조금만 바꿔볼까요. 다행히 첫 번째 조문은 바꿀 내용이 거의 없습니다. 우리나라 법에 따르더라도 사람을 죽인 자는 사형에 처할 수 있기 때문입니다. 우리 형법도 사람을 살해한 자는 사형, 무기 또는 5년 이상의 징역에 처합니다(형법 제250조 제1항).

8조법의 첫 번째 조문은 개인과 국가 간 법률관계를 다루고 있습니다. 사형이란 국가가 개인에게 내리는 형사처벌이기 때문입니다. 이처럼 '개인과 국가 간 법률관계를 다루는 법'을 **'공법(公法)'**이라고 합니다. 예를 들어 C라는 사람이 건축법상 허가를 받지 않고 무단으로 Y 건물을 지었다고 해봅시다. 국가는 상당한 기간을 정하여 그 건축물의 철거, 사용금지 등 그밖에 필요한 조치를 C에게 명할 수 있습니다(건축법 제79조 제1항 참고). 만약 C가 시정명령을 따르지 않을 시 국가는 이행강제금을 부과할 수도 있지요(건축법 제80조 제1항 참고). 이처럼 공법에서 다루는 법률관계는 대등하지 않고 수직적입니다. 형법, 행정법, 헌법이 공법의 대표적인 예이고, 민사소송법, 형사소송법 같은 절차법도 공법에 해당합니다.

두 번째 조문도 바꿔봅시다. 남에게 상처를 입힌 자는 곡물로써 배상을 해야 합니다. 그 당시에는 곡물이 화폐 같은 역할도 겸했으므로, 이 조문은 '남에게 상처를 입힌 자는 손해를 배상해야 한다' 정도로 바꿀 수 있겠군요. 우리 민법에도 비슷한 내용이 있습니다. 고의 또는 과실로 인한 위법행위로 타인에게 손해를 가한 자는 그 손해를 배상할 책임이 있습니다(민법 제750조).

대한민국에서 가장 쉽게 쓴 민법책

'개인과 개인 간 법률관계를 다루는 법'은 **사법(私法)**˚이라고 합니다. 한자 뜻 그대로 개인(私)에 관한 법(法)입니다. 예를 들어 A가 B로부터 X 아파트를 산다고 해봅시다. 현실에서는 경제 상황에 따라 집을 사는 사람과 파는 사람 사이에 갑을 관계가 형성될 수도 있습니다. 하지만 법의 관점에서 둘은 동등한 개인일 뿐입니다. 어느 한쪽도 다른 한쪽에 일방적으로 강제력을 행사할 수 없기 때문입니다. 이처럼 사법은 대등하고 수평적인 법률관계를 다룹니다. 민법이 사법의 대표적인 예이며, 상인 간 법률관계를 다루는 상법도 사법에 포함됩니다.

마지막으로 세 번째 조문입니다. 세 번째 조문은 조금 까다롭습니다. 현대식으로 재해석하려면 고칠 부분이 많기 때문입니다. 우선 우리 현대사회는 노비 제도를 알지 못합니다. 이 부분은 감옥살이 정도로 바꾸어 볼까요. '남의 물건을 훔친 자는 감옥에 가야 한다. 용서를 받으려면 돈 50만 전을 내야 한다.'

'남의 물건을 훔친 자는 감옥에 가야 한다' 부분은 앞서 배운 내용을 토대로 지금 바로 평가할 수 있습니다. 이 조문은 개인과 국가 간 법률관계를 다루고 있으므로 공법입니다. 개인을 감옥에 넣는 것(징역)은 국가가 내리는 형사처벌이기 때문입니다. 실제 우리 형법에도

● 사법(私法)은 [사뻡]이라고 읽으며 삼권분립(입법, 행정, 사법)에서 말하는 사법(司法)과는 다른 용어입니다. 사법(司法)이란 주어진 법을 해석하여 재판하는 국가작용을 말하며, [사법]이라고 읽습니다.

비슷한 조문이 있지요. 타인의 재물을 절취한 자는 6년 이하의 징역 또는 1천만 원 이하의 벌금에 처합니다(형법 제329조).

한편 '용서를 받으려면 돈 50만 전을 내야 한다'는 한 번 더 바꾸어야 합니다. 우리나라에서는 절도범이 피해자에게 물건을 반환하더라도, 더 나아가 합의금을 지급해 용서를 받더라도 국가로부터 처벌을 받을 수 있기 때문입니다. 사법과 공법이 별개 절차라서 그렇습니다. 요컨대 피해자가 가해자와 합의를 하여 처벌을 원하지 않는다 하더라도—특별한 경우*를 제외하고는— 국가는 형사처벌을 할 수 있습니다.

그냥 좀 더 단순하게 '정당한 권리 없이 가져온 물건은 피해자에게 반환해야 한다' 정도로 바꿔 볼까요. 변경된 부분은 이제 사법적 성격을 갖습니다. 한 개인이 자신이 정당한 권리 없이 가져온 물건을 본래 주인에게 돌려주는 내용이기 때문입니다. 우리 민법에도 비슷한 내용이 있습니다. 법률상 원인없이 타인의 재산 또는 노무로 인하여 이익을 얻고 이로 인하여 타인에게 손해를 가한 자는 그 이익을 반환해야만 합니다(민법 제741조).

● 이러한 범죄를 어려운 표현으로 **'반의사불벌죄'**라고 합니다. 폭행죄(형법 제260조)가 대표적인 예입니다. 폭행죄는 피해자의 명시한 의사에 반하여 공소를 제기할 수 없습니다(형법 제260조 제3항 참조). 반의사불벌죄는 매우 특수한 경우이고, 일반적으로는 피해자가 처벌불원의사를 밝히더라도 형사처벌이 가능합니다.

대한민국에서 가장 쉽게 쓴 민법책

민법은 사법의 일종이며, 그래서 개인과 개인 간 법률관계를 다룹니다. 우리가 일상생활을 하며 개인 간 관계에서 흔하게 접하는 문제들, 예를 들어 물건을 사고파는 일, 돈을 빌려주는 일, 손해를 배상하는 일, 물건의 소유자를 정하는 일, 상속을 정하는 일 등을 민법에서 다룹니다. 모두 개인 간 법률관계에 관한 것이지요. 그래서 민법의 첫 번째 키워드는 '**개인**'입니다.

Ⅲ
두 번째 키워드 : 관계

1. 동그라미 두 개와 직선 하나, 네모 하나

민법의 두 번째 키워드는 **'관계'**입니다. 앞서 '민법'을 '개인과 개인 간 법률관계를 다루는 법'이라 하였습니다. 똑같은 문장에서 이번에는 '개인'이라는 단어 대신 '관계'라는 단어에 주목을 해봅시다. 민법은 관계의 학문입니다. 그래서 그림을 잘 그리면 민법 공부가 쉽습니다. 무슨 대단한 능력이 필요한 건 아니고 관계도를 그릴 수 있는 정도면 충분합니다. 예를 들어 **A가 2022. 1. 1. B로부터 X 아파트를 10억 원에 샀다**고 해봅시다. 이 사건은 결국 A와 B의 법률관계이므로 그림으로 표현하자면 다음과 같습니다.

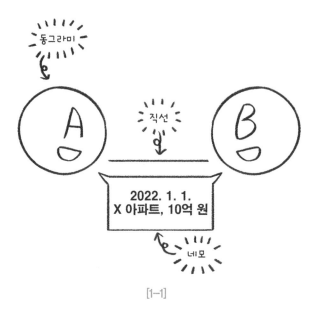

[1-1]

　동그라미 두 개와 직선 한 개, 그리고 네모 한 개. 이것이 민법의
전부입니다. 나머지는 모두 주석입니다. 동그라미는 법률관계를 맺은
두 당사자를, 직선과 네모는 법률관계의 내용을 뜻합니다. 우리 사례
에서는 '2022. 1. 1. X 아파트, 10억' 같은 내용이 칸 안에 들어가면
적절하겠군요. 이것이 민법의 큰 그림이고 나머지는 모두 응용일 뿐입
니다. 예를 들어 다른 사안에선 당사자가 더 많이 등장할 수도 있습니
다. 그러면 동그라미를 더 그리면 됩니다. 혹은 당사자끼리 다른 법률
관계를 맺을 수도 있습니다. 그러면 네모 안에 다른 내용을 적으면 됩
니다. 이처럼 사안에 따라 세부사항은 조금씩 바뀔 수 있습니다. 그러
나 큰 그림 자체는 변하지 않습니다. 민법의 핵심은 결국 '관계'이기 때
문입니다.

2. 민법과 형법, 그리고 행정법

가끔은 무언가를 직접 설명하는 것보다 비교하는 편이 낫습니다. 서로 다른 대상을 비교하다 보면 각 대상의 고유 특색이 자연스럽게 드러나기 때문입니다. 잠깐 민법 말고 다른 법률 이야기를 해볼까요. 살펴볼 법률은 형법과 행정법입니다. 민법의 키워드가 '관계'였다면, 형법과 행정법의 키워드는 각각 '행위'와 '근거법령'입니다.

1) 형법의 경우

「형법」
제260조(폭행, 존속폭행) ① 사람의 신체에 대하여 폭행을 가한 자는 2년 이하의 징역, 500만 원 이하의 벌금, 구류 또는 과료에 처한다.

제257조(상해, 존속상해) ① 사람의 신체를 상해한 자는 7년 이하의 징역, 10년 이하의 자격정지 또는 1천만원 이하의 벌금에 처한다.

제250조(살인, 존속살해) ① 사람을 살해한 자는 사형, 무기 또는 5년 이상의 징역에 처한다.

① C는 D에게 주먹을 휘둘렀습니다. 어젯밤 오후 8시경 강남역 부근에서 일어난 일입니다. D가 먼저 C를 밀쳤고 화가 난 C는 오른손 주먹으로 D 얼굴을 2회 가격하였습니다. D가 쓰러지면서 싸움은 일단락됐습니다. 다행히 둘 다 큰 부상은 없습니다.
② C는 D에게 주먹을 휘둘렀습니다. 어젯밤 오후 8시경 강남역

[1-2]

부근에서 일어난 일입니다. 흥분한 C가 죽일듯한 기세로 D 얼굴을 2회 가격했습니다. C는 권투 훈련을 오래 했고 힘도 장사입니다. D는 얼굴뼈가 함몰되는 큰 부상을 입었습니다.

③ <u>C는 D에게 주먹을 휘둘렀습니다.</u> 어젯밤 오후 8시경 강남역 부근에서 일어난 일입니다. C는 특수 부대 무술 교관인데, D와는 오랜 원한 사이입니다. 우연히 마주친 D가 C에게 모욕을 퍼붓자 참지 못한 C가 오른손 주먹으로 D의 울대를 정확히 조준하여 2회 가격했습니다. D는 그 자리에서 즉사하였습니다.

④ <u>C는 D에게 주먹을 휘둘렀습니다.</u> 어제 오후 2시경 OO체육관에서 연습 경기 중 일어난 일입니다. C는 오른손 주먹으로 D 얼굴을 2회 가격하였고, 제대로 맞은 D는 잠시 다운됐습니다.

'형법'은 '범죄행위와 그 처벌을 다루는 법'입니다. 그래서 형법의 키워드는 **'행위'**입니다. 겉으로 드러난 행위는 네 사례가 모두 동일합니다. C는 오른손 주먹으로 D의 얼굴 부위를 2회 가격하였습니다. 하지만 이 행위가 지닌 법적 의미는 사안마다 다릅니다. 예를 들어 첫 번째 행위는 형법의 폭행죄(형법 제260조), 두 번째 행위는 상해죄(형법 제257조), 세 번째 행위는 살인죄(형법 제250조)를 검토해봄직 합니다. 물론 이것도 확정적인 건 아닙니다. 행위를 어떻게 재구성하고, 어떤 의미를 부여하는지에 따라 검토 방향이 달라질 수 있기 때문입니다.

한편 사실관계를 각색하면 좀 더 흥미로운 이야기도 가능합니다. 예를 들어 강남역 폭행 사건에 다음과 같은 내막이 있었다고 해봅시다. 이 사건은 사실 C, E, F의 합동 작품입니다. 실제 주먹을 휘두른 건 C뿐이지만, E는 당시 망을 보고 있었습니다. F는 사건 현장에는 없었지만, 폭행을 부추긴 장본인입니다. 이때 E와 F에 대해서도 형법을 적용할 수 있을까요? 여기서도 핵심은 E와 F의 행위를 어떻게 해석하느냐에 달려 있습니다. 둘의 행위에 적용시킬 수 있는 처벌 규정을 찾고, 그에 알맞게 의미를 부여한다면 E와 F도 처벌을 할 수 있을 테지요. (나중에 형법을 공부하면서 직접 찾아봅시다.) 이처럼 형법의 가장 주요한 고민은 '행위'라는 단어를 둘러싸고 이루어집니다.

2) 행정법의 경우

「행정기본법」
제1조(목적) 이 법은 행정의 원칙과 기본사항을 규정하여 행정의 민주성과 적법성을 확보하고 적정성과 효율성을 향상시킴으로써 국민의 권익보호에 이바지함을 목적으로 한다.

제8조(법치행정의 원칙) 행정작용은 법률에 위반되어서는 아니 되며, 국민의 권리를 제한하거나 의무를 부과하는 경우와 그 밖에 국민생활에 중요한 영향을 미치는 경우에는 법률에 근거하여야 한다.

'**행정법**'이란 '행정작용과 그 구제, 행정조직 등을 다루는 법'입니다. 불과 몇 해 전만 하더라도 행정법은 행정과 관련된 다양한 법률을 총칭하는 집단명사였습니다. 그런데 2021. 3. 23. 행정기본법이 제정되면서 행정법도 가장 기초가 되는 법률을 갖게 되었습니다.

행정기본법은 제8조부터 제13조까지 행정법을 관통하는 여섯 가지 원칙을 규정해두었습니다. ① 법치행정의 원칙(법 제8조), ② 평등의 원칙(법 제9조), ③ 비례의 원칙(법 제10조), ④ 성실의무 및 권한남용금지의 원칙(법 제11조), ⑤ 신뢰보호의 원칙(법 제12조), ⑥부당결부금지의 원칙(법 제13조)까지 이렇게 여섯입니다. 이 중에서 가장 중요한 원칙은 단연 '법치행정의 원칙'입니다. (가장 중요해서 조문의 순서도 제일 앞입니다.) 행정작용은 법률에 위반되어서는 아니 되며, 국민의 권리를 제한하거나 의무를 부과하는 경우와 그밖에 국민생활에 중요한 영향을 미치는 경우에는 법률에 근거를 해야만 합니다. 국가와 국민의 법률관계는 대등하지 않기 때문입니다. 국가는 국민보다 우월한 지위에서 강제력을 행사할 수 있기 때문에 이를 제한할 장치가 필요합니다. 그 장치가 바로 근거법령입니다.

그래서 행정법의 키워드는 **'근거법령'**입니다. 행정기본법 제8조에는 행정작용만 적어두었지만 행정구제도, 행정조직도 마찬가지입니다. 아무리 좋은 일이라도 근거법령 없이는 행정구제를 함부로 할 수 없고, 행정조직의 편성과 해체도 근거법령 위에서만 가능합니다.

「도로교통법」
제93조(운전면허의 취소·정지) ① 시·도경찰청장은 운전면허(...)를 받은 사람이 다음 각 호의 어느 하나에 해당하면 행정안전부령으로 정하는 기준에 따라 운전면허(...)를 취소하거나 1년 이내의 범위에서 운전면허의 효력을 정지시킬 수 있다. (...)

1. 제44조제1항을 위반하여 술에 취한 상태에서 자동차등을 운전한 경우

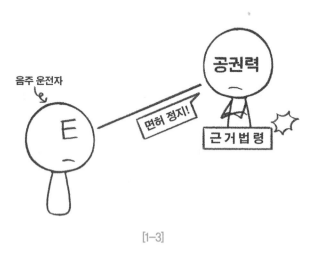

[1-3]

그림 1-3을 봅시다. 국가와 개인이 법률관계를 맺었습니다. (국가와 개인 간 법률관계이므로 '공법관계'이겠군요.) 하지만 민법 때와는 다르게 오른쪽 동그라미가 작은 단상 위에 올라가 있습니다. 이 단상의 이름은 '근거법령'입니다. 근거법령 위에 올라간 덕분에 국가는 개인보다 더 높은 위치에 있습니다. 하지만 근거법령 밖으로 나갈 수 없다는 점에서 제한이기도 합니다. 국가는 도로교통법 제93조라는 법령을 근거로 E에게 면허취소 처분(행정작용)을 내렸습니다. 적어도 근거법령은 명확하므로 행정처분을 취소(행정구제)하고자 한다면 E는 다른 특별한 위법사유——예를 들어 처분에 절차상 하자가 있었다는 점 등——를 찾아 주장해야겠습니다.●

● 참고로 음주운전을 하면 형사처벌(예: 벌금 징역)도 받습니다(도로교통법 제148조의2). 이는 음주운전에 따른 면허취소/정지와는 별개입니다.

IV
세 번째 키워드:
게임

1. 민사재판과 테니스 게임

민법의 세 번째 키워드는 **'게임'**입니다. 앞선 두 키워드가 민사의 '실체'를 잘 요약해주었다면 이 세 번째 키워드는 민사 '절차'를 위한 겁니다. 테니스 게임을 하려면 두 명의 선수와 심판, 이렇게 세 사람이 필요하지요. 민사재판도 마찬가지입니다. 민사재판을 하려면 ① 원고와 ② 피고 그리고 ③ 재판부까지 셋이 필요합니다.

'원고'는 '민사소송을 제기한 사람'입니다. 원고가 되는 방법은 간단합니다. 재판으로 해결되길 바라는 바를 **소장(訴狀)**에 적어 법원에 제출하면 됩니다. 예를 들어 A가 2022. 1. 1. B로부터 X 아파트를 10억 원에 샀는데 B가 아파트를 넘겨주지 않는다고 해봅시다. A는 아파

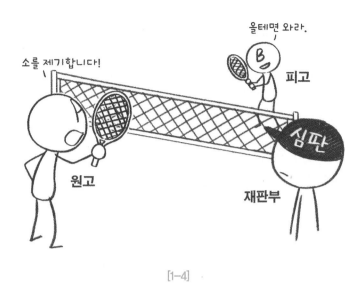

[1-4]

트 소유권의 이전을 구한다는 내용을 소장에 적어 법원에 제출합니다. 법원이 소장을 접수하면 이로써 A는 원고가 됩니다.

반면 '**피고**'는 '민사소송을 당한 사람'입니다. 우리 사례에서는 A가 B에게 소송을 제기했으니 B가 자연스레 피고가 되겠군요. 법원은 원고로부터 받은 소장 부본을 피고에게 전달하여 **답변서(答辯書)**를 제출하도록 합니다. 피할 수 없는 게임에 초대된 B는 기권을 하든지, 또는 게임에 응하기로 하였다면 방어할 내용을 답변서에 적어 법원에 제출해야 합니다.

잠깐 다른 이야기지만 기초적이고 중요한 내용이므로 한 가지 알아두고 갑시다. 피고와 피고인은 서로 다른 개념입니다. 피고(被告)는 민사사건에서 사용하는 용어이고, 피고인(被告人)은 형사사건에서만 사용하는 용어입니다. 혹시 헷갈린다면 원고인(?)이라는 표현이 없다는 걸 떠올려 봅시다. 원고와 피고는 서로 늘 같이 다니는 짝꿍 같은 단어입니다. 이는 양쪽 당사자가 대등한 민사에서나 가능한 일이지요. 하지만 형사사건에는 피고인이란 표현밖에 없습니다. 왜냐하면 피고인의 상대는 검사로 대변되는 국가이기 때문입니다. (피해자는 형사사건의 참고인일 뿐입니다.) 민사재판에서 피고인이라는 단어를 쓰지 않도록 꼭 주의해야겠습니다.

민사재판은 원고와 피고가 벌이는 한 편의 테니스 게임과 같습니다. 재판부는 이 테니스 게임의 심판입니다. **재판부**는 각 당사자로부터 제출받은 소장과 답변서를 검토하여 변론기일을 잡습니다. 쉽게 말해 게임 날짜를 잡는 것이지요. 변론기일에 출석한 원고와 피고는 서로 공방전을 펼치고 재판부는 그들의 주장이 타당한지, 주장을 입증할 증거는 충분한지 등을 꼼꼼히 살펴봅니다. 누구 주장이 더 타당한지에 대한 확신이 서면 재판부는 판결로써 승자를 선언하고 사건을 종결시킵니다. (땅땅땅!)

2. 테니스 게임에서 점수를 얻는 두 가지 방법

선수와 심판이 입장을 마쳤습니다. 이제 경기를 시작해볼까요. 우선 A 선수의 공격입니다. 높게 던진 공이 A가 휘두른 라켓에 맞아 강한

대한민국에서 가장 쉽게 쓴 민법책

'팡!' 소리와 함께 상대 코트로 넘어갑니다. B 선수는 기다렸다는 듯이 공을 멋지게 받아치는군요. 공은 코트를 넘나들고, 경기 분위기는 더욱 달아오릅니다. 그렇게 랠리를 이어가던 중 A는 상대가 코트 오른쪽에 치우쳐 있다는 사실을 발견합니다. 이런 기회를 놓칠 리 없는 A가 상대 코트 가장 왼쪽 코너로 능숙하게 공격을 꽂아 넣습니다. B는 재빨리 달려가 보지만 허를 찌른 공격에 속수무책으로 당하고 말았습니다. B는 방어에 실패했고, A가 득점을 합니다.

이번에는 B 선수의 공격입니다. 멋진 스매시와 함께 랠리가 시작됩니다. 그런데 랠리가 좀처럼 끝나지 않고 장기전 양상을 띠기 시작합니다. 답답해진 B 선수는 회심의 일격을 준비합니다. 그런데 너무 무리를 하는 바람에 공이 상대 코트 밖으로 나가 버렸군요. 심판은 아웃을 선언합니다. B는 공을 코트 안에 넣어야 한다는 규칙을 지키지 못했고, 오히려 A가 득점을 합니다.

테니스 게임에서 점수를 얻는 방법은 크게 두 가지입니다. 하나는 통상적으로 점수를 얻는 방법, 즉 어느 한쪽이 공격을 하여 공이 상대 코트 안에 들어갔는데 해당 공격을 상대가 받아치지 못한 경우이고, 다른 하나는 상대가 회심의 일격을 가하였으나 공이 코트 밖으로 나간 경우입니다. 민사재판도 크게 다르지 않습니다. 우선 공격(주장)은 '코트 안에 들어와야' 합니다. 주장하는 쪽에서 부담하는 이러한 책임을 어려운 표현으로 **입증책임(立證責任)**이라고 합니다. 교과서에서는 입증책임을 "증명을 요하는 사실의 존부 여하를 확정할 수 없을 때 그 사실을 없는 것으로 취급하여 어느 한쪽 당사자에게 주는 불이익"이라고 적습니다. 어렵게 썼지만 본질은 테니스 게임과 같습니다. 증명을 필요로 하는 어떤 사실을 주장하였는데(=공격을 하였는데), 이를 입증하지 못하면(=공이 코트 밖으로 나가면) 그 사실은 없는 것으로(=아웃으로) 취급된다는 것이니까요.

양쪽 당사자 모두에게 입증책임은 적지 않은 부담입니다. 어떤 사실을 주장했다가 괜히 망신만 당할 수도 있으니 말입니다. 그래서 당사자 간에 입증책임을 적절히 분배하는 것이 중요합니다. 이를 '**입증책임의 분배**'라고 합니다. 일반적으로 권리관계의 발생, 변경, 소멸 등 법률효과를 주장하는 자가 입증책임을 부담합니다. 예를 들어 A가 2022. 1. 1. B로부터 X 아파트를 10억 원에 샀는데 B가 아파트를 주지 않아서 소송을 걸었다고 해봅시다. 이때 A는 실제 그러한 계약이 있었다는 사실을 재판상 주장하고 증명해야만 합니다. 자신에게 권리가 있음을 주장하는 입장이기 때문입니다. 만약 입증에 성공한다면? A는 멋진 공격을 해낸 것이고 공은 이제 상대방 코트로 넘어갑니다. 반대로 입증에 성공하지 못한다면? A는 입증책임에 따른 불이익, 즉 매매계약이 존재하지 않았다는 취급을 받을 수밖에 없습니다.

내 입장에서 상대방의 아웃은 엄연한 득점 기회입니다. 그래서 테니스 선수는 심판에게 종종 비디오 판독을 요구합니다. 아웃 여부를 정확히 판단하기 위함입니다. 민사재판에서도 마찬가지입니다. 상대가 입증책임을 부담하고 있는 경우 나는 그의 주장을 **부인(否認)**

할 수 있습니다. 상대 주장이 아웃되었다고 말하는 것이지요. 그러면 상대는 자신의 입증이 충분하다고 반박할 겁니다. 공이 인(In) 또는 아웃(Out) 둘 중 하나일 수밖에 없는 것처럼 두 주장은 서로 양립할 수 없습니다. 누가 옳은지에 대한 판단은 이제 심판(재판부)의 몫입니다.

교과서에서는 부인을 "청구원인 사실과 양립할 수 없는 별개의 사실을 주장하는 것"이라고 적습니다. 예를 들어 앞선 사례에서 A가 B에게 X 아파트를 달라고 할 때 B가 "우리는 그런 계약을 맺은 적이 없습니다"라고 말하는 게 부인입니다. A의 주장과 B의 주장은 서로 양립 불가능합니다. 계약은 맺어진 사실이 있거나, 맺어진 적이 없거나 둘 중에 하나일 수밖에 없기 때문입니다. B가 부인을 하면 입증책임을 지는 A가 계약 존재 사실을 증명해야 합니다. 입증에 실패하면 계약체결 사실은 없는 것으로 취급을 받겠지요.

한편 테니스 게임에서 점수를 얻는 또 다른 방법은 상대가 내 공격을 제대로 받아치지 못하는 것입니다. 이번에는 A 선수도, B 선수도 공을 실수 없이 코트 안에 넣고 있습니다. 이 랠리에서 점수를 내는 방법은 오직 한 가지, 상대방의 공격은 멋지게 받아내면서 동시에 상대방은 내 공에 대응할 수 없도록 공격하는 겁니다. 이 기술은 두 가지 의미를 함축하고 있습니다. 하나는 상대방의 공격이 유효했음—즉 아웃이 아니었음—을 내가 인정한다는 것이고, 다른 하나는 그럼에도 불구하고 나는 당신의 공격을 받아칠 수 있음을 보여주는 겁니다. 민사재판에서도 마찬가지입니다. 나는 상대방의 주장·증명을 인정하면서도 (그럼에도 불구하고) 왜 내가 승소해야 하는지를 주장할 수 있습니다. 이를 **항변(抗變)**이라고 합니다.

교과서에서는 항변을 "청구원인 주요사실의 존재 자체는 인정하면서 이와 양립 가능한 별개의 방어 방법을 주장하는 것"이라고 적습니다. 예를 봅시다. A는 B에게 X 아파트를 달라고 소송을 걸었고 그 증거로 A와 B가 2022. 1. 1. 맺은 매매 계약서를 제출하였습니다. 이에 B가 다음과 같이 주장하는 겁니다. "내가 A와 매매계약을 맺은 것은 사실입니다. 하지만 A는 매매 대금 10억 원을 주지 않았습니다. A가 돈을 주기 전까지는 아파트를 건네줄 수 없습니다." B는 A와 매매계약을 맺었다는 사실을 인정하였습니다. 이 점에서 A와 B의 주장은 서로 양립 가능합니다. 하지만 A는 아파트를 가져갈 수 없습니다. 권리 행사에 장애가 되는 사실, 즉 A가 돈을 내지 않았다는 사실이 밝혀졌기 때문입니다. B가 A의 공격을 멋지게 되받아친 셈입니다.

테니스 게임에서 두 선수가 공을 주고받듯이 민사재판에서도 항변 랠리가 이어지기도 합니다. 한쪽 당사자의 항변에 대해 상대방이 한 번 더 항변하는 것을 **재항변**이라고 합니다. 물론 재항변에 대해 또 항변으로 맞받아칠 수도 있죠. 이는 **재재항변**이라고 합니다. 이론상 앞에 계속 '재−'를 붙여 무한히 이어지는 항변 랠리를 떠올릴 수도 있겠으나 실무에서는 재재항변은커녕 재항변도 아주 많지 않습니다. (이를 반대로 말하면 그만큼 실무에서는 부인과 입증책임이 중요하다는 의미로 새길 수 있겠군요.) 하지만 항변은 민사사건을 구조화하는 데에 가장 필수적인 개념이므로 꼭 기억해두어야겠습니다.

● 부인과 항변을 다음과 같은 문장 형태로 비교하기도 합니다. 부인이란 쉽게 말해, **"아닙니다. 틀렸습니다."**라고 주장하는 것이고, 항변이란 쉽게 말해, **"맞습니다. 하지만"**이라고 주장하는 것입니다.

제2장

인스타그램과 민사사건의 공통점

관계란 참 흥미롭습니다.
하나의 관계도 어느 관점에서 바라보느냐에 따라 다양한 이름표를 붙일 수 있기 때문입니다.

I
인스타그램과 민사사건의 공통점

1. 하나의 사건, 여러 개의 해시태그

'A는 2022. 1. 1. B로부터 X 아파트를 10억 원에 매수했다.'

관계란 참 흥미롭습니다. 하나의 관계도 어느 관점에서 바라보느냐에 따라 다양한 이름표를 붙일 수 있기 때문입니다. 예를 들어 대학 선후배 사이로 만났다가 연인으로 발전한 두 사람을 떠올려봅시다. 제일 먼저 떠오르는 이름표는 남자친구·여자친구이지만 상황에 따라서는 남자·여자, 선배·후배 같은 이름표를 사용하기도 합니다. 민사사건도 마찬가지입니다. 분명 하나의 사건인데 어느 관점에서 바라보느냐에 따라 다양한 이름표를 붙일 수 있지요. 제1장에서 살펴본 A와 B의 아파트 매매를 예로 봅시다. 결론부터 먼저 말하자면 이 관계에는 ① **의사표시의 합치**, ② **법률행위**, ③ **채권·채무 관계**, ④ **계약 관계**, ⑤ **쌍무계약** ⑥ **매매계약** 같은 이름표를 붙일 수 있습니다.

혹시 인스타그램(instagram)이라는 소셜 미디어에 대해 알고 있나요? 인스타그램에서는 해시태그가 곧 게시물의 이름표입니다. 하나의 사진에도 여러 개의 해시태그를 붙일 수 있고, 어떤 해시태그를 붙이느냐에 따라 비슷해 보이는 사진이 전혀 다른 느낌을 주기도 합니다. 예를 들어 제주도에서 찍은 백사장 사진에 #서귀포 #백사장 #천연기념물 #자연보호 같은 해시태그가 달린 경우와, #제주도 #데이트 #맛집 #럽스타그램 같은 해시태그가 달린 경우는 전혀 다른 이야기가 됩니다. 민사사건도 마찬가지입니다. 주어진 사건을 어느 관점으로 끌고 가느냐에 따라 검토할 내용이 달라지고 심지어 전혀 다른 결론에 도달하기도 하지요. 그래서 민사사건을 검토할 때에는 사건에 가장 잘 어울리는 '해시태그'를 찾는 일이 매우 중요합니다.

해시태그 비유는 무척 유용하므로 앞으로도 계속 사용하겠습니다. 해시태그는 주어진 사건을 구성하는 다양한 층위에서 이번에 주목하고자 하는 그 특정 층위, 그 이름표를 상징합니다. 그러니까 앞으로 해시태그를 보면 '음, 이 사건은 다른 관점에서도 검토를 할 수 있는데, 이번에 주목하려는 관점은 바로 이것이군.'이라고 이해하면 되겠습니다. 좋은 도구를 하나 마련했으니 우리 사례에 바로 적용을 해볼까요. 우리는 A와 B 사이 아파트 거래에 #의사표시 #법률행위 #채권·채무 #계약 #쌍무계약 #매매계약 같은 해시태그를 달 수 있겠습니다.

대한민국에서 가장 쉽게 쓴 민법책

#의사표시 #법률행위 #채권채무 #계약 #쌍무계약 #매매계약

[2-1]

2. 법률요건과 법률효과

민법에는 조건문 형태의 문장이 많습니다. 마치 한 줄의 수학 공식과 같습니다. '어떤 조건을 만족하면 어떤 효과가 발생한다'는 식입니다. 수학 공식처럼 적는다면 'X + Y → Z'라고 표현할 수 있겠네요. 여기서 조건에 해당하는 X, Y를 어려운 표현으로 **'법률요건'**이라 하고, 결론에 해당하는 Z는 **'법률효과'**라고 합니다. 조문에서 요구하는 법률요건을 모두 갖추면 그에 따른 법률효과가 발생합니다. 예를 몇 개 봅시다.

● 예: 제109조(착오로 인한 의사표시) ① 의사표시는 법률행위의 내용의 중요부분에 착오가 있는 때에는 취소할 수 있다. 그러나 그 착오가 표의자의 중대한 과실로 인한 때에는 취소하지 못한다. (의사표시 + 착오에 의한 → 취소 가능)

● 예: 제110조(사기, 강박에 의한 의사표시) ① 사기나 강박에 의한 의사표시는 취소할 수 있다. (의사표시 + 사기나 강박에 의한 → 취소 가능)

민법 공부를 하다 보면 나도 모르게 법률효과에 더 집중하곤 합니다. 아마 법률효과가 펀치라인(punchline) 같은 느낌을 주어서 그런 게 아닐까 싶습니다. 그러나 실상은 법률요건이 더 중요합니다. 규정된 법률요건 중에서 어느 하나라도 모자라면 법률효과가 발생하지 않기 때문입니다. 한편 법률요건을 토대로 민법을 접근해야 방대한 민법전 내용을 좀 더 수월하게 구조화할 수 있습니다. 공통된 법률요건 아래 여러 법조문을 묶어 놓는 방식으로 말입니다. 예를 더 봅시다.

● 예: 제103조(반사회질서의 법률행위) 선량한 풍속 기타 사회질서에 위반한 사항을 내용으로 하는 법률행위는 무효로 한다. (법률행위 + 선량한 풍속 기타 사회질서에 위반하는 → 무효)
● 예: 제104조(불공정한 법률행위) 당사자의 궁박, 경솔 또는 무경험으로 인하여 현저하게 공정을 잃은 법률행위는 무효로 한다. (법률행위 + 현저하게 공정을 잃은 → 무효)

앞에서 먼저 본 민법 제109조와 제110조는 모두 #의사표시라는 법률요건을 갖고 있습니다. 하지만 전자는 '사기나 강박에 의한' 의사표시이고, 후자는 '착오에 의한' 의사표시입니다. 의사표시라는 공통된 법률요건에 몇 마디를 바꾸어서 서로 다른 두 조문으로 만든 것이지요. 민법 제103조와 제104조는 또 어떻습니까? 두 조문은 모두 #법률행위라는 법률요건을 갖고 있으나, 전자는 '선량한 풍속 기타 사회질서에 위반하는' 법률행위이고, 후자는 '현저하게 공정을 잃은' 법률행위입니다. 이 역시 법률행위라는 공통된 법률요건에 약간 차이를 주어서 서로 다른 두 조문으로 만든 것임을 쉽게 확인할 수 있습니다.

우리가 앞으로 공부할 여섯 단어—① 의사표시, ② 법률행위, ③ 채권·채무, ④ 계약, ⑤ 쌍무계약 ⑥ 매매—는 민법 공부에 가장 기초가 되는 단어입니다. 또 가장 자주 활용되는 '법률요건'이기도 하지요. 이번 장의 첫 번째 목표는 각 단어의 뜻을 숙지하는 것이지만, 여유가 된다면 각 단어가 법률요건으로 갖는 의미에 대해서도 음미를 해봅시다.

II
#의사표시 #법률행위
#채권채무

1. #의사표시

A는 2022. 1. 1. B로부터 X 아파트를 10억 원에 매수하였습니다. 앞서 A와 B의 이 거래는 의사표시의 합치이자, 법률행위이자, 채권·채무관계이자, 계약이자, 쌍무계약이자, 매매라고 하였습니다. 하나씩 살펴봅시다. 가장 먼저 살펴볼 것은 #의사표시입니다. 부동산 거래 현장은 언제나 시끌벅적합니다. 아파트의 가격은 얼마인지, 더 싸게 팔 수는 없는지, 내부 수리를 요하지는 않는지, 주변 환경은 어떠한지 등 수많은 의사표시가 오고 가지요.

만화책에서는 의사표시를 말풍선으로 그려 표현합니다. 등장인물이 내뱉은 말을 말풍선 안에 적어 그가 하는 말을 표현하는 식입

#의사표시

[2-2]

니다. 그런데 민법의 의사표시를 표현하기 위해서는 말풍선만으로는 부족합니다. 민법에서는 입 밖으로 내뱉은 표시(表示)만큼이나 그러한 표시를 하게 된 마음속 생각(意思)도 중요하기 때문입니다. 이러한 마음속 생각을 어려운 표현으로 **'효과의사(效果意思)'**라고 합니다. 법률'효과'에 대한 의욕이라서 효과의사입니다.

① A: 나는 지금 X 아파트를 매수한다. 왜냐하면 B에게 10억 원의 채무를 지고 대신에 X 아파트의 소유권을 B로부터 취득할 마음이 있기 때문이다.

② A: 나는 지금 X 아파트를 매수한다. 왜냐하면 X 아파트의 가격이 오를 것으로 기대하기 때문이다.

매수를 앞둔 A의 머릿속에는 실제 온갖 생각이 지나갈 수 있습니다. 그러나 효과의사는 법률효과에 대한 의욕만을 가리킵니다. ①은 전형적인 효과의사입니다. 그리고 이러한 효과의사는 A와 B가 계약서에 서명한 후에는 누구에게나 객관적으로 드러날 것입니다. 이후엔 누구라도 다음과 같이 A의 계약 당시 효과의사를 읽어낼 수 있겠죠. '음, A가 B에게 10억 원을 줄 채무가 있고 대신 B로부터 X 아파트를 이전받을 권리가 있겠군!'

그러나 ②의 경우는 일반적으로 효과의사라 하지 않습니다. 설령 A의 머릿속에 저러한 의욕이 있었더라도, 더 나아가 그러한 생각이 X 아파트 매수의 가장 주된 원인이더라도 민법에서 말하는 효과의사는 아닙니다. 일반적으로 시세 상승에 대한 기대는 어떤 법적 효과에 대한 의욕이 아니기 때문입니다.

A와 B의 매매계약이 의사표시의 합치라는 사실을 우리는 왜 알아야 할까요? 그 이유는 의사표시에 하자가 있으면 이를 다툴 수 있기 때문입니다. 표의자(의사표시를 하는 사람)는 하자 있는 의사표시에 대해 무효나 취소를 주장할 수 있습니다(제107조~제110조). 예를 들어 A가 주변의 유명한 조폭인데 B에게 아파트를 팔지 않으면 그의 가족을 해치겠다고 겁을 주었다고 해봅시다. 이에 겁을 먹은 B가 강압에 못 이겨 계약서에 서명을 해줍니다. 이 경우 B의 의사표시("좋습니다. 계약서에 도장 찍읍시다.")에는 하자가 있습니다. 그의 온전한 자유로 효과의사를 구성한 것이 아니기 때문입니다. 이때 B는 자신의

의사표시를 취소하여서 계약의 구속에서 벗어날 수 있습니다.

> 제110조 (사기, 강박에 의한 의사표시) ① 사기나 강박에 의한 의사표시
> 는 취소할 수 있다. (…)

강박에 의한 의사표시를 취소할 수 있는 것은 하나의 예입니다. 제110조에 따라 사기에 의한 의사표시도 취소할 수 있습니다. 한편 제107조는 진의로 하지 않은 의사표시에 대해, 제108조는 통정 허위의 의사표시에 대해, 제109조는 착오로 인한 의사표시에 대해 무효 또는 취소를 주장할 수 있음을 규정해두었습니다.

2. #법률행위

'법률행위(法律行爲)'란 '효과의사를 가지고 한 어떤 행위'입니다. 법률행위는 법률효과를 발생시킵니다. 그림 2-3을 봅시다. 비유컨대 마음속의 효과의사가 뿌리라면, 법률효과는 꽃입니다. 뿌리에 꽃의 형상이 잠재되어 있듯이 마음속 효과의사에는 이후 발현될 법률효과에 대한 형상이 잠재되어 있습니다. 이후 의욕한 대로 실제 행위를 하면 법률효과라는 꽃이 핍니다.

법률효과가 효과의사에 뿌리를 두고 있기 때문에 법률행위에는 구속력이 있습니다. '네가 원해서 한 것 아니냐'라고 당당하게 따질 수 있는 것이지요. 계약서에 서명을 하고 나중에 함부로 무를 수 없는 이

#법률행위

[2-3]

유도 이 때문입니다. 누가 강제로 시킨 것도 아닌데 스스로 책임을 지는 게 마땅합니다. 그래서 **사적자치(私的自治)의 원칙**은 자유만큼이나 책임입니다. 법률행위로 법률효과가 발생하고 나면 행위자는 그 효과가 좋든 싫든 책임을 져야 합니다.

  하지만 모든 법률행위에 구속되어야 하는 것은 아닙니다. 하자 있는 의사표시에 대해 무효나 취소를 주장할 수 있었던 것처럼, 하자 있는 법률행위에 대해서도 무효를 주장할 수 있습니다(제103조, 제104조). 예를 들어 A와 B의 거래가 이중매매의 일환으로 이루어진 것이라 해 봅시다. 사실 B는 이미 한 달 전에 X 아파트를 D에게 8억 원에 팔기로 약속을 한 상황이었습니다. 그런데 X 아파트가 무척 탐났던 A가 이 사실을 알고 B에게 접근합니다. 그리고 온갖 수단을 동원해 X 아

대한민국에서 가장 쉽게 쓴 민법책

파트를 자신에게 팔라고 이야기합니다. B는 A가 무척 적극적으로 이야기를 하는 데다가, 무려 2억 원이나 웃돈을 얹어준다는 말에 결국 계약을 맺습니다.

> 제103조(반사회질서의 법률행위) 선량한 풍속 기타 사회질서에 위반한 사항을 내용으로 하는 법률행위는 무효로 한다.

위와 같은 상황을 민법에선 **'이중매매'**라 합니다. 일반적으로 이중매매는 불법도 아니며, 반사회적 행위도 아닙니다. 그냥 약속을 어긴 행위 그 이상도 이하도 아닙니다. 만약 실제 B가 A에게 X 아파트를 넘겨준다면 B는 더 이상 D와의 약속을 지킬 수 없게 될 뿐입니다. 하지만 이중매매가 반사회적 행위로 인정되는 경우도 있습니다. 위 예시처럼 후발주자로 등장한 A가 B의 배임 행위에 적극 가담한 경우에는 이중매매를 반사회적 법률행위로 봅니다(대판 1994. 3. 11. 93다55289)[*]. 이중매매가 일반적으로는 용인될 수 있으나 사안에 따라 너무 심한 경우에는 "선량한 풍속 기타 사회질서에 반"한다는 것이지요(제103조). 제103조에 반하는 법률행위는 무효이므로 D는 A와 B 사이의 법률행위가 무효임을 주장하여 X 아파트를 다시 B 앞으로 돌려놓을 수 있습니다.

● "부동산의 이중매매가 반사회적 법률행위로서 무효가 되기 위하여는 매도인의 배임행위와 매수인이 매도인의 배임행위에 적극 가담한 행위로 이루어진 매매로서, 그 적극가담하는 행위는 매수인이 다른 사람에게 매매목적물이 매도된 것을 안다는 것만으로는 부족하고, 적어도 그 매도사실을 알고도 매도를 요청하여 매매계약에 이르는 정도가 되어야 한다."

3. #채권채무

'**채권(債權)**'은 '어떤 사람이 다른 사람에게 무언가를 시킬 수 있는 권리'입니다. A는 2022. 1. 1. B로부터 X 아파트를 매수했습니다. 따라서 매수인 A는 B로 하여금 X 아파트를 건네도록 시킬 권리가 있습니다. 이처럼 누군가에게 무언가를 시킬 수 있는 권리를 채권이라고 합니다. 이때 채권을 가진 사람을 뒤에 사람 자(者) 자를 붙여 '채권자'라고 부릅니다.

채무(債務)는 채권의 반대 개념입니다. '어떤 사람이 다른 사람에게 무언가를 해주어야 하는 의무'를 '채무'라고 합니다. 채권과 채무는 동전의 양면과 같습니다. A가 B에 대해 어떤 채권을 가진다면 B는 A

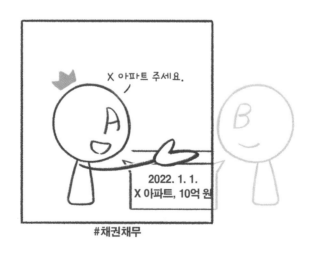

X 아파트 주세요.

2022. 1. 1.
X 아파트, 10억 원

#채권채무

[2-4]

대한민국에서 가장 쉽게 쓴 민법책

에 대해 채무를 집니다. 그러니까 위 사안에서 X 아파트 소유권 이전에 관하여 A가 B에 대해 채권자라면, 자동적으로 B는 A에 대해 채무자가 됩니다.

그림 2-4를 봅시다. A가 B에게 손을 뻗고 있습니다. 손을 뻗어 무언가를 달라고 할 수 있는 권리, 손을 뻗어 상대에게 무언가를 시킬 수 있는 권리가 채권입니다. 이때 약속의 내용이 되는 둘 사이의 말풍선도 그림의 일부분이 됩니다. 왜냐하면 A가 아무렇게나 B에게 이것저것 시킬 수는 없기 때문입니다. 이 말풍선을 어려운 표현으로 **'채권의 목적'** 또는 **'채권의 내용'**이라고도 합니다. 채권자에게 채권의 내용은 권리의 근거이면서 동시에 한계입니다. 채권자는 채권의 내용이 정하고 있는 만큼, 그리고 딱 그만큼만 상대방에게 요구할 수 있기 때문입니다. 반대로 채무자에게 채권의 내용은 곧 채무의 내용입니다. 채무자는 채무 내용에 따라야만 채무의 구속에서 벗어날 수 있습니다.

채권관계에 문제가 발생하는 것을 채무불이행이라고 합니다. 이는 매우 중요하기 때문에 바로 다음 장에서 자세하게 다룰 것입니다. 여기서는 간략하게만 알아보겠습니다. 채무불이행이란 쉽게 말해 약속을 어기는 것입니다. A는 B로부터 그의 X 아파트를 10억 원에 사기로 했습니다. 그러니까 A와 B는 아파트 매매에 대해 약속을 맺은 상태입니다. 그런데 B가 A에게 아파트를 넘겨주기 일주일 전에 C라는 새로운 사람이 B에게 접근합니다. C는 B에게 12억 원을 줄 테니 X 아파트를 자기에게 팔라고 제안합니다. (C는 B가 A와 계약을 맺은 상태웠는지 모르는 상황이었습니다.)* B는 C의 제안을 받아들여 계약을 맺고 X 아파트의 소유권을 C에게 넘겨주고 맙니다. 이 사실을 나중에 알게 된 A는 B에게 다음과 같이 소리칩니다. "당신 나한테 아파트 팔기로 해놓고 약속 어겼어! 손해배상해!"

> 제390조 (채무불이행과 손해배상) 채무자가 채무의 내용에 좋은 이행을 하지 아니한 때에는 채권자는 손해배상을 청구할 수 있다. 그러나 채무자의 고의나 과실없이 이행할 수 없게 된 때에는 그러하지 아니하다.

채무자가 채무의 내용에 좋은 이행을 하지 아니하면, 그러니까 채무자가 약속을 어기면 채권자는 손해배상을 청구할 수 있습니다. 채무불이행에 따른 손해배상을 청구하기 위해선 채무자가 약속을 어긴 데에 고의 또는 과실이 있어야 하는데(제390조 단서), 위 사례에서 B는 모든 상황을 다 알면서도 C에게 아파트를 넘겨주었으므로 고의도 인정되겠군요. 따라서 A는 B에게 손해배상을 청구할 수 있습니다.

● 이 사안도 이중매매입니다. 그러나 반사회적 법률행위에는 해당하지 않습니다. 제2매수인(사안에서 C)이 매도인의 배임 행위에 적극 가담한 정황이 있어야지만 민법 제103조 위반이 되기 때문입니다. 다시 강조하지만, 이중매매 사실만으로 반사회적 법률행위가 되는 것은 아닙니다.

4. 보론: 채권 더 알아보기

1) 채권(債權) vs. 채권(債券)

채권(債權)과 채권(債券)은 다른 개념입니다. 둘 다 자주 쓰는 단어라서 종종 헷갈립니다. 채권(權)은 앞서 배웠습니다. 어떤 사람이 다른 사람에게 무언가를 시킬 수 있는 권리가 채권입니다. '권리'라서 '권리 권(權)' 자를 씁니다.

그런데 권리 권 자 말고 문서 권(券) 자를 사용하는 채권이 있습니다. 채권(券)은 '자금 조달을 위해 발행되는 차용증서'를 일컫습니다. 쉽게 말해 돈을 빌려주고 그 사실에 대한 증서로 받는 문서를 채권(券)이라고 합니다. 다만 돈을 빌려주는 모든 경우에 대해 채권(券)이라는 용어를 사용하지는 않습니다. ① 국가나 공공기관, 회사처럼 규모가 있는 기관에서 ② 주로 자금 조달을 목적으로 발행하고, ③ 투자자가 수익률 등을 고려하여 돈을 빌려주는 경우에 발행하는 증서를 채권이라고 합니다.

우리가 흔히 '채권을 추심한다'라고 말할 때에는 권리 권 자를 쓰는 채권(權)을 의미하고, '회사채', '국채' 같은 말을 할 때에는 문서 권 자를 사용하는 채권(券)의 의미입니다. 앞으로 이 책에서는 유가증권으로서의 채권은 다시 등장하지 않습니다. 별다른 말이 없다면 권리로서의 채권(債權)을 전제하고 읽어 나갑시다.

2) 약정채권 vs. 법정채권

채권에는 두 종류가 있습니다. 약정채권과 법정채권이 그 둘입니다. **약정채권(約定債權)**은 말 그대로 '약정에 의해 발생한 채권'입니다. 지금까지 살펴본 우리 사례가 여기에 해당합니다. A가 채권자인 이유는 A가 2022. 1. 1. B로부터 X 아파트를 샀기 때문입니다. 부동산 매매라는 '약정'에 의해 채권이 발생한 것이죠.

반면 **법정채권(法定債權)**은 '법에 정한 요건을 갖추었을 때 발생하는 채권'입니다. 구체적인 예를 봅시다. C는 2023. 1. 1. D의 운전 과실로 교통사고를 당했습니다. 당시 C는 초록색 보행자 신호에 맞추어 횡단보도를 걷고 있었는데 D가 전방주시를 소홀히 하여 C를 친 것입니다. 이 사건으로 C는 치료비 500만 원이 들었고 입원해 있는 2주 동안 일도 못했습니다.

제750조 (불법행위의 내용) 고의 또는 과실로 인한 위법행위로 타인에게 손해를 가한 자는 그 손해를 배상할 책임이 있다.

이러한 교통사고를 민법에서는 **'불법행위'**라고 합니다. 누군가 고의 또는 과실로 위법한 행위를 하고 이로써 손해가 발생하면 가해자는 피해자에게 손해를 배상할 책임이 있습니다(제750조). 따라서 D는 C에게 치료비, 일실손해 등을 배상할 책임이 있습니다. 반대로 C 입장에서는 D에게 손해배상을 청구할 수 있는 권리, 즉 채권이 있습니다. 그러나 이 채권은 '약정'에 근거하고 있지 않습니다. 법이 그렇게

[2-5]

정했기 때문에(法定) C는 D에 대해 채권자입니다.

　　그림 2-5를 봅시다. 앞서 본 #채권 그림과 비슷하면서도 다릅니다. 상대방을 향해 뻗어 있는 손은 비슷하나 손을 내미는 명분이 다릅니다. 이번에는 권리의 명분이 약정이 아니라 사건입니다. 하지만 두 그림 모두 채권임은 확실합니다. 채권의 본질은 '누군가 다른 누군가에게 무언가를 시킬 수 있는 권리', 즉 뻗은 손 그 자체이기 때문입니다.

III
#계약 #쌍무계약
#매매계약

1. #계약

A는 2022. 1. 1. B로부터 X 아파트를 10억 원에 샀습니다. 우리가 이 거래에 붙일 네 번째 이름표는 #계약입니다. **'계약(契約)'**은 쉽게 말해, '법적 효력을 가진 약속'입니다. 평소에도 자주 사용하는 단어라 그다지 낯설지 않습니다. 부동산을 거래하며 맺는 계약, 알바를 시작하며 맺는 계약, 월세방을 구하면서 맺는 계약 등 예는 많습니다.

교과서에서는 계약을 "청약과 승낙이 일치하여 성립하는 법률행위"라고 적습니다. 그림 2-6을 봅시다. 계약은 기본적으로 의사표시입니다. 매수인 A는 아파트를 조금이라도 싸게 사기 위한 의사표시를 하고, 매도인 B는 조금이라도 비싸게 팔기 위한 의사표시를 하죠. 하

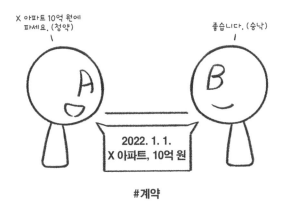

#계약

[2-6]

지만 서로 의사표시만 던지는 단계에서는 아직 계약이 아닙니다. 계약은 청약의 의사표시와 승낙의 의사표시가 일치해야만 성립하기 때문입니다. 우리 사례에서는 다행히 10억 원에서 의사표시 합치가 이루어진 것 같군요. 둘이 합의에 도달하였으므로 말풍선은 하나면 족합니다. 말풍선 안에는 서로 합의를 본 내용, 즉 **계약의 내용**(혹은 '**계약의 목적**'이라고도 합니다)을 적습니다.

앞서 의사표시나, 법률행위, 채권 관계에 문제가 발생하면 당사자는 무언가를 주장할 수 있다고 하였습니다. 계약도 마찬가지입니다. 계약에 문제가 발생하면 우리는 **해제(解除)**라는 걸 주장할 수 있습니다. 예를 들어 B가 중도금 5억 원까지만 받고서 A에게 X 아파트 소유권 이전을 해주었다고 해봅시다. A가 하도 부탁을 하길래 마음 착한

B가 그렇게 해주었습니다. 그런데 A가 약속한 잔금 날짜가 지나도 계속 돈을 안 주고 있습니다. B는 초조한 마음을 감출 수 없습니다. 아파트는 이미 넘겨주었는데 이대로 잔금을 받지 못할 것 같기 때문입니다. 이때 B는 A에게 잔금을 달라고 요구를 하다가, 그래도 A가 돈을 주지 않는다면 계약을 해제할 수 있습니다. 계약이 해제되면 B는 A에게 받은 돈을, A는 B에게 아파트를 돌려주어야 합니다.

> 제544조 (이행지체와 해제) 당사자 일방이 그 채무를 이행하지 아니하는 때에는 상대방은 상당한 기간을 정하여 그 이행을 최고하고 그 기간내에 이행하지 아니한 때에는 계약을 해제할 수 있다. (…)

> 제548조(해제의 효과, 원상회복의무) ① 당사자 일방이 계약을 해제한 때에는 각 당사자는 그 상대방에 대하여 원상회복의 의무가 있다. 그러나 제삼자의 권리를 해하지 못한다. (…)

한편 B는 계약 위반을 이유로 A에게 손해배상을 청구할 수도 있습니다. 예를 들어 본래 약속은 A가 2022. 3. 1. B에게 잔금 5억 원을 주면서 X 아파트를 가져가는 것이었다고 해봅시다. B는 돈을 주지 않는 A에게 5억 원은 물론, 손해배상 명목으로 3. 1. 이후부터 발생한 지연이자도 청구할 수 있습니다.

이처럼 누군가 계약 내용을 위반하면 상대방은 계약을 해제할 수도 있고, 손해배상을 청구할 수 있습니다. 두 가지 방법을 모두 사용할 수 있는 이유는 모든 계약이 본질상 약정채권이기 때문입니다. 엄밀히 따지면 해제는 #계약에서의 논의이고, 손해배상은 #채권에서의 논의입니다.* 하지만 계약이 곧 약정채권이기 때문에 계약 위반은 해제도, 제390조 손해배상청구도 사용할 수 있는 것이지요. 자세한 내용은 제3장에서 더 살펴봅시다.

2. 계약의 종류

공부하는 사람에게 유형 나누기는 숙명과도 같습니다. 학자들이 유형 나누기를 너무 좋아하는 탓입니다. 계약도 여러 유형으로 나눌 수 있습니다. 여기서 몇 가지만 간단히 살펴봅시다. 계약을 유형화하는 방법은 크게 두 가지입니다. 하나는 계약의 성질에 따라 분류하는 것이고, 다른 하나는 전형계약 여부에 따라 분류하는 겁니다.

1) 계약의 성질에 따른 분류

어떤 계약은 상대에게 대가를 요구하고, 어떤 계약은 대가를 요구하지 않습니다. 전자를 유상계약, 후자를 무상계약이라고 합니다. '**유상계약(有償契約)**'은 한자 뜻 그대로 '대가를 요구하는 계약'입니다.**

● 　조문의 위치가 그렇습니다. 민법상 #채권의 장은 제373조부터 제526조까지이고, #계약의 장은 제527조부터 제733조까지입니다. (채무불이행에 따른) 손해배상 청구는 어디에 위치해 있습니까? 채권 규정의 숲 한복판인 제390조에 딱 하니 자리 잡고 있습니다. 반면 해제는 계약의 장, 즉 제543조부터 제553조까지에 위치하고 있습니다.

●● 　유상계약의 보다 정확한 정의는 '서로 대가 관계에 있는 재산상의 출연을 하는 계약'입니다.

매매가 대표적인 예입니다. A는 2022. 1. 1. B로부터 X 아파트를 10억 원에 샀습니다. 이 부동산 거래는 유상계약입니다. A는 B에게 X 아파트라는 대가를 요구하고, B는 A에게 10억 원이라는 대가(대금)을 요구하고 있으니 말입니다. 반면 '상대에게 대가를 요구하지 않는 계약'은 '**무상계약(無償契約)**'이라고 합니다. 증여가 대표적인 예입니다. 증여자는 상대에게 대가를 요구하지 않습니다.

한편 어떤 계약은 당사자 쌍방이 서로 의무를 부담하고, 어떤 계약은 당사자 한쪽만 의무를 부담합니다. 전자를 쌍무계약, 후자를 편무계약이라고 합니다. '**쌍무계약(雙務契約)**'은 한자 뜻 그대로 '서로가 서로에게 의무를 지는 계약'입니다˙. 매매가 대표적인 예입니다. A가 2022. 1. 1. B로부터 X 아파트를 10억 원에 샀다고 해봅시다. A는 B에게 10억 원을 지급할 의무를 부담하고, B는 A에게 X 아파트를 건네줄 의무를 부담하므로 서로가 서로에게 의무를 부담하는 구조입니다. 따라서 이 거래는 쌍무계약입니다. 반면 '**편무계약(片務契約)**'은 '계약 당사자 중 한쪽만 의무를 부담하는 계약'입니다. 증여가 대표적인 예이고, 무이자 소비대차도 편무계약에 해당합니다.

사실 계약을 성질에 따라 분류하는 방법은 이외에도 다양합니다. 예를 들어 '낙성계약(諾成契約)'과 '요물계약(要物契約)'으로도 나눌 수

● 쌍무계약의 보다 정확한 정의는 '서로가 서로에게 의무를 지고, 그 의무(채무)가 상호의존적 관계에 있는 계약'입니다.

있습니다. 전자는 '당사자의 합의만으로 성립하는 계약'을, 후자는 '합의 외에 별도 행위를 요하는 계약'을 말합니다. 하지만 지금 단계에서 계약을 분류하는 다양한 기준을 수집하는 건 낭비입니다. 유상계약과 쌍무계약에 대해서만 정확히 이해하고 넘어갑시다. 특히 쌍무계약이 중요합니다. 쌍무계약에 대한 자세한 설명은 제4장에서 합니다.

2) 전형계약과 비전형계약

계약을 전형계약 여부에 따라 분류할 수도 있습니다. **'전형계약(典型契約)'**이란 '민법에 규정된 열다섯 가지 계약'을 말합니다. 우리가 평소 흔하게 접할 수 있는 계약이라서 '전형'계약입니다. (반대로 민법에 규정되지 않은 계약은 **비전형계약**이라고 합니다.) 민법이 정하고 있는 전형계약은 다음과 같습니다. ① 증여, ② 매매, ③ 교환, ④ 소비대차, ⑤ 사용대차, ⑥ 임대차, ⑦ 고용, ⑧ 도급, ⑨ 여행계약, ⑩ 현상광고, ⑪ 위임, ⑫ 임치, ⑬ 조합, ⑭ 종신정기금, ⑮ 화해, 이렇게 열다섯입니다. 여기서 매매, 임대차, 소비대차, 도급에 대해 간단히 더 알아봅시다. 위 네 계약은 앞으로도 이 책에서 종종 등장할 것입니다.

(1) 매매

제563조(매매의 의의) 매매는 당사자 일방이 재산권을 상대방에게 이전할 것을 약정하고 상대방이 그 대금을 지급할 것을 약정함으로써 그 효력이 생긴다.

'매매'란 '당사자 중 어느 한쪽은 재산권을, 다른 한쪽은 그 대가로 대금 지급을 약정하는 계약'입니다. 우리가 지금까지 본 A와 B의 아파트 거래가 매매입니다. B는 A에게 X 아파트의 소유권이라는 '재산권'을 이전하기로 약정하였고, A는 B에게 그 '대가'로 10억 원을 주기로 약정하였기 때문입니다.

(2) 임대차

제618조(임대차의 의의) 임대차는 당사자 일방이 상대방에게 목적물을 사용, 수익하게 할 것을 약정하고 상대방이 이에 대하여 차임을 지급할 것을 약정함으로써 그 효력이 생긴다.

'**임대차**'란 '당사자 일방이 상대방에게 목적물을 사용, 수익하게 할 것을 약정하고 상대방이 이에 대하여 차임을 지급할 것을 약정하는 계약'입니다. 쉽게 말해 무언가를 빌리고 그에 대해 대가를 지급하는 계약이 임대차입니다. 우리가 월세방을 구하면서 맺는 계약이 여기에 해당합니다.

(3) 소비대차

제598조(소비대차의 의의) 소비대차는 당사자 일방이 금전 기타 대체물의 소유권을 상대방에게 이전할 것을 약정하고 상대방은 그와 같은 종류, 품질 및 수량으로 반환할 것을 약정함으로써 그 효력이 생긴다.

'**소비대차**'란 '당사자 일방이 금전 등 대체물을 상대방에게 주고, 상대방은 훗날 이를 반환하기로 약정하는 계약'입니다. 임대차와 소비대차 모두 무언가를 빌리는 계약입니다. 차이가 있다면 임대차는 월세방처럼 특정된 목적물이고, 소비대차는 "금전 기타 대체물"이죠. 쉽게 말해 은행으로부터 돈을 빌리고 갚는 계약이 소비대차입니다.

(4) 도급

제664조(도급의 의의) 도급은 당사자 일방이 어느 일을 완성할 것을 약정하고 상대방이 그 일의 결과에 대하여 보수를 지급할 것을 약정함으로써 그 효력이 생긴다.

'도급'은 '당사자 중 한쪽은 어느 일을 완성하기로 약속하고, 다른 한쪽은 그 일의 결과에 대해 보수를 지급하기로 약속하는 계약'입니다. 건축 의뢰나, 디자인 제작을 맡기는 경우를 떠올리면 됩니다. 매매와 다르게 도급에서는 일을 시키는 사람의 지시가 매우 중요합니다. 이미 만들어진 제품을 사는 게 아니라, 일을 새롭게 완성시키는 게 계약 목적이기 때문입니다.

3. #쌍무계약

A는 2021. 1. 1. B로부터 X 아파트를 10억 원에 샀습니다. A는 B에게 아파트를 내놓으라고 요구할 수 있으므로 채권자입니다. 따라서 B는 자연스레 A의 채무자가 되겠군요. 그러나 이 사건에서 A만이 채권자일까요? 이번에는 아파트가 아닌 돈의 흐름에 주목해봅시다. A는 X 아파트를 B로부터 건네받는 대가로 10억 원을 주어야 합니다. 이를 반대로 말하면, B가 A에게 10억 원을 요구할 수 있다는 겁니다. 따라서 B 역시 채권자입니다. 이번에는 오히려 A가 B의 채무자로 되겠군요.

이처럼 '계약 당사자 일방이 채권자이면서 동시에 채무자가 되는 계약'을 **'쌍무계약'**이라고 합니다. 쌍무(雙務)라는 한자어 뜻 그대로 '서로가 서로에게 의무를 지는 계약'이지요. 쌍무계약에서는 공평의 원칙이 지켜지는 게 특히 중요합니다. 서로가 의무를 부담하고 있으므로 자기 의무는 다하지 않으면서 상대방에게만 이행을 요구하는 건 타당하지 않기 때문입니다. 자세한 내용은 제4장에서 보도록 하고 여기서는 간단한 예를 하나만 보겠습니다.

쌍무계약에서는 특별하게 정해진 것이 없으면 채무의 이행을 서로 동시에 해야 합니다. 그것이 일반적으로 공평하기 때문입니다. A와 B의 매매 계약을 봅시다. 특별하게 정해진 것이 없다면 A는 B에게 10억 원을 먼저 주고 싶어 하지 않을 겁니다. B 역시 돈을 받기 전에 A에게 소유권 이전을 해주고 싶지 않을 겁니다. 서로 내가 준 것만 받

#쌍무계약

[2-7]

고 상대방이 도망치는 것은 아닌지 도통 믿을 수가 없기 때문입니다.

> 제536조 (동시이행의 항변권) ① 쌍무계약의 당사자 일방은 상대방이 그 채무이행을 변제할 때까지 자기의 채무이행을 거절할 수 있다. 그러나 상대방의 채무가 변제기에 있지 아니하는 때에는 그러하지 아니하다. (…)

민법 제536조에 따라 특별히 정해진 것이 없으면 쌍무계약에서 당사자 일방은 상대방이 채무이행을 제공할 때까지 자기의 채무이행을 거절할 수 있습니다. 따라서 A는 B가 X 아파트의 소유권을 넘겨줄 때까지, B는 A가 10억 원을 줄 때까지 채무를 이행하지 않고 버틸 수 있습니다. 이러한 권리를 **동시이행의 항변권**이라고 합니다. 동시이행의 항변은 아무 계약에서나 할 수 있는 건 아니고 서로가 서로에게 의무를 지는 계약, 즉 #쌍무계약에서만 가능합니다.

4. #매매계약

'**매매(賣買)**'란 '당사자 일방은 재산권 이전을 약속하고, 상대방은 그 대가로 대금 지급을 약속하는 계약'입니다(제563조). 특별히 어려운 개념도 아니고, 이미 평상시에도 자주 사용하는 용어이니 단어 자체에 대한 설명은 이 정도로 하겠습니다. 대신 여기서는 매매가 전형계약으로서 갖는 의미에 대해 조금 더 생각해봅시다.

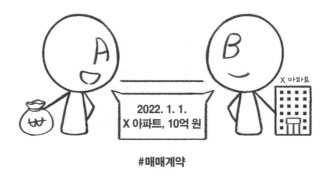

#매매계약

[2-8]

1) 계약총칙과 계약각칙, 그리고 판덱텐체계

전형계약은 서로 다른 모습만큼이나 공통적인 모습도 많습니다. 예를 들어 계약의 성립과 해제는 어느 계약에서나 비슷합니다. 민법은 이러한 공통 부분을 묶어서 계약법 맨 앞에 두었습니다. 중복 규정을 피하기 위함입니다. (만약 각 전형계약마다 공통 내용을 일일이 규정했다면 민법전은 지금보다 훨씬 더 두꺼웠을 테지요.) 이 공통 요소를 묶어놓은 부분을 **계약총칙**이라고 합니다(제527조 ~ 제553조). 반면 각 전형계약의 고유 내용은 그 뒤에 이어서 규정되어 있는데, 이는 **계약각칙**이라고 합니다.

공통 내용을 총칙으로 묶고 각칙을 따로 두는 구성을 **판덱텐체계 (또는 판데크텐, Pandekten)**라고 합니다. 앞으로 법 공부를 더 하고

자 한다면 이 판덱텐체계에 익숙해져야 합니다. 민법전 전체가 판덱텐체계로 구성되어 있기 때문입니다. 민법전은 총 5편(총칙, 물권, 채권, 친족, 상속)으로 구성되어 있는데, 여기서도 공통 내용은 총칙으로 뽑아 맨 앞에 규정한 걸 확인할 수 있습니다. 앞서 본 계약총칙과 계약각칙도 이런 원칙에 따라 규정된 것이지요.

판덱텐체계는 장단점이 매우 뚜렷한 시스템입니다. 논리적이고 체계적이며, 무엇보다 동일한 내용을 반복하여 규정할 필요가 없다는 게 큰 장점입니다. 하지만 단점 역시 만만치 않습니다. 총칙 내용이 너무 추상적이고, 하나의 사건을 해결하기 위해서도 법전을 왔다 갔다 해야 하기 때문입니다. 그래서 초학자에게는 판덱텐체계가 오히려 장애물에 가깝습니다. 하지만 진입장벽이 높을수록 도달했을 때의 성취감이 더 큰 법이지요. 멀리 가고자 하는 독자라면 판덱텐체계에 익숙해지기 위해 부단히 노력합시다.

2) 약정함으로써 그 효력이 생긴다.

어느 전형계약이든 첫 번째 조문은 모두 정의 규정으로 시작합니다. '매매란 무엇인가', '임대차란 무엇인가', '소비대차란 무엇인가' 등 단어 정의부터 하는 겁니다. 우리는 앞서 그러한 예를 넷 보았습니다 (매매, 임대차, 소비대차, 도급). 앞에서는 각 단어가 무슨 의미인지에 대해서만 설명하였는데, 이번에는 문장 자체에 주목을 해봅시다.

제563조(매매의 의의) 매매는 당사자 일방이 재산권을 상대방에게 이전할 것을 약정하고 상대방이 그 대금을 지급할 것을 약정함으로써 그 효력이 생긴다.

제618조(임대차의 의의) 임대차는 당사자 일방이 상대방에게 목적물을 사용, 수익하게 할 것을 약정하고 상대방이 이에 대하여 차임을 지급할 것을 약정함으로써 그 효력이 생긴다.

제598조(소비대차의 의의) 소비대차는 당사자 일방이 금전 기타 대체물의 소유권을 상대방에게 이전할 것을 약정하고 상대방은 그와 같은 종류, 품질 및 수량으로 반환할 것을 약정함으로써 그 효력이 생긴다.

제664조(도급의 의의) 도급은 당사자 일방이 어느 일을 완성할 것을 약정하고 상대방이 그 일의 결과에 대하여 보수를 지급할 것을 약정함으로써 그 효력이 생긴다.

모든 정의 규정이 동일한 문장 패턴을 가지고 있습니다. 하나같이 **"...약정함으로써 그 효력이 생긴다."**라고 적고 있죠. 찬찬히 음미해 봅시다. 매매는 재산권을 이전하고, 상대방은 그 대금을 지급하는 게 아닙니다. 재산권 이전을 '약정'하고, 상대방은 그 대금 지급을 '약정'하는 겁니다. 임대차는 목적물을 사용, 수익하고, 상대방은 이에 대해 차임을 지급하는 게 아닙니다. 목적물의 사용, 수익을 '약정'하고, 상대방은 이에 대해 차임 지급을 '약정'하는 겁니다. 소비대차도, 도급도 마찬가지입니다. 모든 계약의 본질은 약정입니다. 그래서 굳이 "약정함으로써 그 효력이 생긴다"라고 적었습니다. 계약은 약속으로 성립하고, 그로써 효력이 생깁니다.

대한민국에서 가장 쉽게 쓴 민법책

계약이 약속이란 사실이 뭐 그리 대단하다고 이렇게 단계까지 나누어가며 설명한 것일까요? 약속과 처분을 구분하기 위함입니다. **약속과 처분은 다릅니다.** 민법에서는 이 둘을 구분하는 게 매우 중요합니다. 자세한 내용은 제5장에서 다룰 것이니 지금은 앞으로의 논의를 위해 필요한 정도만 간단히 알아봅시다. 법적으로 볼 때 매매는 약속만 한 단계입니다. 약속은 말에 불과합니다. 신은 말로써 세상을 창조하였으나 인간의 말에는 그만한 권능이 없습니다. 인간의 약속은 실제 이행까지 나아가야만 처분이 됩니다.

처분 방법은 처분의 대상에 따라 다릅니다. 그중 아파트의 소유권을 처분하는 경우에는 소유권이전등기라는 공시 절차를 거쳐야 합니다(제186조)*. 즉 B가 X 아파트에 대해 소유권이전 등기까지 해주어야만 A는 아파트의 소유자가 될 수 있습니다. 매매 계약만 맺은 단계에서는 A는 아직 소유자가 아닙니다.

우리는 평소에 "A가 (언제) B로부터 (무엇)을 (얼마)에 매수했다"라는 표현을 쓰곤 합니다. 여기서 '매수했다'라 함은, 물건을 사서 소유권까지 취득한 의미를 대부분 내포하죠. 그러나 엄밀한 의미에서 매수(매매)는 약속에 불과한 행위입니다. 아직 처분까지는 아닙니다. 따라서 만약 아파트를 매수를 하여 소유권까지 취득한 상황을 표현

● 제186조(부동산물권변동의 효력) 부동산에 관한 법률행위로 인한 물권의 득실변경은 등기하여야 그 효력이 생긴다.

하고 싶다면 "... **매수했고, (언제) 소유권이전등기까지 마쳤다.**"라고 적어야 합니다. 앞으로 이 책뿐만 아니라 다른 법학 서적을 읽을 때에도 '매수했다'라고만 적혀 있으면 아직 약속만 맺은 상태임을 염두에 두어야겠습니다.

IV
제삼자가 끼면
더 이상 둘만의 문제가 아니다

1. 새로운 등장인물 그리고 갈등

A는 2022. 1. 1. B로부터 X 아파트를 10억 원에 샀습니다. A는 약속대로 10억 원을 B에게 주었고, B 역시 약속대로 X 아파트를 A에게 주었습니다. 소유권 이전등기도 모두 문제없이 마쳤습니다. '그렇게 모두 행복하게 살았답니다.'라는 문장과 함께 이야기를 마무리 짓고 싶은 마음이 굴뚝같습니다. 하지만 아직 반전이 하나 남았습니다. 새로운 인물 C가 우리 이야기에 등장합니다. C는 2023. 1. 1. A로부터 X 아파트를 11억 원에 샀습니다.

이번에도 별문제 없이, C는 약속대로 11억 원을 A에게 주었고, A도 약속대로 X 아파트를 C에게 건네주었습니다. 소유권 이전등기도

[2-9]

잘 마쳤습니다. 그런데 여기서 문제가 발생합니다. X 아파트의 새 주인이 되었다 생각하며 평화로운 나날을 보내고 있는 C에게 갑작스레 B가 찾아온 겁니다. B는 C를 보자마자 다짜고짜 X 아파트를 내놓으라고 윽박지릅니다.

"내 아파트 당장 돌려주시오!"

"예? 무슨 말씀이신지요. 저는 X 아파트의 정당한 소유자입니다만. 전(前) 소유자 A로부터 11억 원을 주고 합법적으로 매수했습니다."

"X 아파트는 A가 협박을 해서 어쩔 수 없이 판 것입니다. 혼자 끙

끙 앓다가 최근에 용기를 내서 협박죄로 고소도 하고, A와 맺은 계약도 취소했소."

"그래서요? 그게 나랑 무슨 상관입니까?

"무슨 상관이냐니. 나와 A 사이의 계약이 없던 것으로 됐으니 당신도 정당한 소유자가 될 수 없는 게 이치 아니겠소! A는 처음부터 단 한 번도 X 아파트의 소유자였던 적이 없는데!"

그러면서 B는 두꺼운 민법전을 C 얼굴에 들이밉니다. B의 손가락은 민법 제110조를 가리키고 있습니다. "사기나 강박에 의한 의사표시는 취소할 수 있다." 밑줄이 여기저기 그어진 걸 보니 단단히 공부를 하고 온 모양입니다. B의 주장은 타당한 걸까요? C는 X 아파트를 B에게 돌려주어야 하는 걸까요, 아니면 돌려주지 않아도 괜찮은 것일까요?

2. C를 보호해야 할까?

1) B 주장에 관한 짧은 옹호

B의 주장은 얼마나 타당한 것일까요? B의 주장을 온전히 이해하기 위해선 처분행위, 유인론 같은 개념을 알아야 합니다. 하지만 지금

다루기에는 다소 큰 주제들이므로 다른 장에서 자세히 설명하도록 하겠습니다[제5장 참고]. 지금은 상식만으로 이 문제에 접근해 봅시다. 조금만 생각해보아도 B의 논리는 꽤나 그럴싸합니다.

① **정당한 권리자만이 정당한 권리자를 낳는다.** 앞선 자가 물건의 정당한 권리자가 아니라면 그로부터 물건을 건네받은 사람도 권리자가 될 수 없다.

⇒ 무(無)권리가 유(有)권리를 창조할 수 없다는, 간단하면서도 명료한 원칙입니다. 이에 따르면 A가 X 아파트의 정당한 권리자가 아니라면 그로부터 X 아파트를 건네받은 C도 정당한 권리자가 될 수 없습니다.

② **의사표시의 취소나 계약의 해제는 소급효(遡及效)를 갖는다.** 즉 취소나 해제가 되면 그 의사표시/계약은 처음부터 무효였던 것으로 본다.

⇒ '**소급(遡及)**'이란, '거슬러 올라가다'란 뜻의 한자어입니다. 즉 어떤 법률효과가 과거를 거슬러 올라가는 성질이 있을 때 소급효가 있다고 표현합니다. 민법의 취소와 해제에는 소급효가 있습니다 (제141조•, 제551조 참조). 따라서 의사표시를 취소하면 그 의사표시는 처음부터 무효인 것으로 보며, 계약을 해제하면 그 계약은 처음부터 무효인 것으로 봅니다.

●   제141조(취소의 효과) 취소된 법률행위는 처음부터 무효인 것으로 본다.(...)

위 두 명제를 종합해보면 다음과 같은 결론에 도달합니다. ① B가 민법 제110조에 근거해 A에 대한 의사표시를 취소합니다. ② 그러면 그 의사표시 및 이에 근거한 계약은 '처음부터' 무효였던 것이 됩니다. ③ 계약이 처음부터 무효이므로 A는 X 아파트의 정당한 권리자였던 적이 없습니다. ④ 따라서 A로부터 X 아파트를 받은 C 역시 정당한 권리자가 될 수 없습니다. ⑤ 따라서 B의 주장이 타당하고, C는 원 소유자인 B에게 X 아파트를 돌려주어야 합니다.

2) C를 보호해야 할까?

B의 주장은 일단 타당합니다. 이제 C는 영락없이 X 아파트를 뺏길 것만 같습니다. 하지만 이대로 B의 손을 들어주기에는 C가 너무 억울해할 것 같습니다. 입장을 바꿔서 생각해봅시다. A에게 협박을 당해 강제로 X 아파트를 팔아야 했던 B는 억울할 수 있습니다. 하지만 B가 억울하다면 C는 더 억울합니다. C는 무슨 죄입니까? C 입장에서 X 아파트를 뺏긴다면 정말 마른하늘에 날벼락을 맞는 기분일 겁니다.

사회 전체 관점에서도 C를 보호해줄 필요가 있습니다. 만약 C 같은 상황을 보호해주지 않는다면 아파트 거래에 응하려는 사람이 많이 줄어들 것입니다. 겁이 나기 때문입니다. 어느 날 갑자기 나타난 원소유자에 의해서 아파트를 도로 뺏길지도 모르는데 누가 쉽게 거래에 응할까요. 요컨대 거래의 안전을 지키기 위해서라도 C를 보호할 필요는 분명히 존재합니다. 하지만 또 반대로, 항상 C만 보호해줄 수는 없습니다. 상황에 따라서는 B를 보호해주어야 할 필요성이 더 크거나 C를 보호해주어야 할 필요성이 적은 경우도 있기 때문입니다.

3) 누구 편을 들어주어야 할까?

C와 같은 사람을 법률용어로 **제삼자**(또는 '**제3자**'라고 표기하기도 합니다)라고 합니다. 쉽게 말해 제삼자란 사건의 당사자는 아닌, 그러나 사건에 이해관계를 갖는 사람을 말합니다. B가 A에게 "좋습니다. X 아파트를 10억 원에 팔겠습니다."라고 말할 때, 의사표시의 당사자는 B와 A입니다. C는 아닙니다. 그러나 A, B 사이의 의사표시가 취소가 되면 C도 영향을 받으므로 C는 제삼자입니다. 법률행위와 계약에서도 마찬가지입니다. 법률행위나 계약의 당사자는 A와 B 뿐입니다. C는 당사자가 아닙니다. 그러나 A와 B 사이의 법률행위 또는 계약이 무효가 되면 C에게도 영향을 줍니다. 따라서 C는 제삼자입니다.

민법은 제삼자의 보호를 큰 원칙으로 삼습니다. 그러나 상황에 따라 예외를 두기도 합니다. 앞서 말했듯이 제삼자를 보호해주어야 할 이유가 적거나 당사자를 보호해주어야 할 이유가 더 큰 경우에 그렇습니다. 예를 들어 만약 C가 A와 B의 사정을 모두 알고 있었다면 C를 보호해줄 필요가 적어질 겁니다. C가 주장하고 싶은 건 결국 자신은 A가 X 아파트의 정당한 소유자인 줄 알았다는 겁니다. 하지만 C가 뒷사정을 모두 알았다면 A를 정당한 소유자로 쉬이 생각하지 않았을 겁니다. X 아파트는 A가 협박으로 취득한 물건이기 때문이지요. (혹여 C 스스로 문제없다고 생각했더라도 사회가 용인하기 어렵습니다.)

'어떠한 사실을 아는 상태'를 민법에서는 **'악의(惡意)'**라고 합니다. 반대로 '어떠한 사실을 모르는 상태'는 **'선의(善意)'**라고 합니다. 우리가 일상생활에서 사용하는 용어와 달라 조금 어색한 느낌입니다. 그러나 전문용어이므로 너무 의미부여하지 않고 그냥 익숙해지면 되겠습니다. 민법에서 선의와 악의는 착한 마음, 나쁜 마음과 무관합니다. 그냥 어떤 사실을 아는지 모르는지를 가리키는 용어입니다.

우리 이야기에서 C가 악의라면, 그를 보호해줄 필요는 적어집니다. 이때에는 원 소유자 B에게 X 아파트를 돌려주어야 할 겁니다. 그러나 C가 선의라면 X 아파트를 뺏기지 않을 수 있도록 보호해주는 것이 타당할 것 같습니다. 아래서 곧 보겠지만 실제 민법 규정은 두 경우를 나누어 판단하고 있습니다.

3. 임무: 제삼자를 보호하라!

선의의 C는 보호하고, 악의인 C는 보호하지 않는다는 결론은 제삼자 보호의 한 예에 불과합니다. 제삼자인 C를 왜 보호해주어야 하는지, 언제 보호해주어야 하는지에 대해서 간단한 논리를 세웠으니 이제 실제 법에서는 뭐라고 하는지 확인해봅시다. 법학은 순수 논리 학문이 아닌, 해석과 주석의 학문이므로 어느 정도 논리를 세운 뒤에는 반드시 조문을 직접 확인해 보아야 합니다.

1) 의사표시의 취소: 제110조의 경우

제110조(사기, 강박에 의한 의사표시) ① 사기나 강박에 의한 의사표시는 취소할 수 있다. (…) ③ (…) 의사표시의 취소는 선의의 제삼자에게 대항하지 못한다.

사기나 강박에 의한 의사표시는 취소할 수 있습니다. 그러나 의사표시의 취소는 '선의의' 제삼자에게 대항하지 못합니다(제110조 제3항). 그러니까 제삼자가 뒷사정을 모르는 상황에서만 그를 보호하겠다는 겁니다. A가 B를 협박한 사실을 C가 알고 있었다면(=악의라면), 그는 취소의 영향을 받습니다. 악의의 C는 B에게 X 아파트를 돌려주어야 합니다.

여기서 잠시 "대항하지 못한다"라는 표현을 음미해봅시다. 이 문장은 민법전 전체를 통틀어 가장 많이 등장하는 표현 중 하나로, 민법의 사고방식이 잘 드러나 있습니다. B가 제110조에 근거해 의사표시를 취소하면 의사표시는 취소됩니다. 제삼자 C가 있기 때문에 취소를 못한다? 그렇지 않습니다. 민법 제110조는 법률요건으로 '강박에 의한 의사표시'만을 정하고 있습니다. 강박에 의한 의사표시가 있으면 의사표시는 취소할 수 있습니다.

하지만 선의의 제삼자에게 의사표시 취소 사실을 가지고 대항하지 못합니다. 선의의 제삼자에게 그러한 사실을 주장하지 말란 겁니다. 취소는 취소고, 그 사실을 제삼자에게 주장할 수 있는지 여부는 다른 문제입니다. 그러면 어떻게 되는 걸까요? 간단합니다. A와의 계약(정확히는 의사표시)은 취소되었으니 무효이고, 단 C로부터 X 아파트를 가져오지는 못합니다. B가 화가 난다면 A에게 성질을 부리면 됩니다[1]. C에게는 아무런 화풀이를 할 수 없습니다. 이처럼 민법은 단계를 나누어서, 각 당사자끼리 판단하는 사고방식을 좋아합니다. B와 A의 문제는 B와 A의 문제고, B와 C의 문제는 B와 C의 문제입니다. 앞으로도 자주 등장할 방법론이니 미리 익숙해지도록 합시다.

2) 계약의 해제: 제548조의 경우

제548조(해제의 효과, 원상회복의무) ① 당사자 일방이 계약을 해제한 때에는 각 당사자는 그 상대방에 대하여 원상회복의 의무가 있다. 그러나 제삼자의 권리를 해하지 못한다. (…)

계약을 해제하면 각 당사자는 그 상대방에 대하여 원상회복의 의무가 있습니다. 그러나 제삼자의 권리를 해하지는 못합니다. 흥미롭게도 민법 제548조에는 선의나 악의에 대한 언급이 없습니다. 실제 계약의 해제에서는 선의, 악의를 불문하고 제삼자를 보호합니다. 거래의 안전 쪽에 힘을 실어주려는 입법자들의 강한 결단을 읽어낼 수 있는 대목이지요. 해제의 제삼자는 사실 할 이야기도 많고, 구체적으로 들어가면 어려운 법리도 많습니다. 하지만 지금은 조문 자체에 주목해봅시다. 의사표시의 취소와 다르게 계약의 해제에서는 제삼자의 선악을 불문하고 보호하는 것이 원칙입니다.

3) 법률행위의 무효: 제103조의 경우

제103조(반사회질서의 법률행위) 선량한 풍속 기타 사회질서에 위반한 사항을 내용으로 하는 법률행위는 무효로 한다.

"선량한 풍속 기타 사회질서에 위반한 사항을 내용으로 하는 법률행위는 무효로 한다." 땅땅땅. 그리고 끝입니다. 제삼자에 대한 언급이 전혀 없습니다. 따라서 제103조의 제삼자는 문언 해석상 선악을 불문하고 보호받지 못합니다. 반사회질서의 법률행위에 대해서는 거래의 안전을 일부 희생해서라도 실제 권리자를 보호하겠다는 입법자의 강력한 결단을 읽어낼 수 있는 대목입니다.

앞서 법률행위를 배우며 A와 B의 거래가 이중매매의 일환으로 이루어진 사안에 대해 알아보았습니다. 제2매수인 A가 B의 배임 행위에 적극 가담한 경우에는 제103조에 위반하여 무효라는 결론이었습니다. 여기에 제삼자가 끼면 어떻게 될까요? A가 반사회적 이중매매로 취득한 X 아파트를 C에게 팔았다고 해봅시다. C는 이중매매 사실에 대해선 전혀 알지 못했습니다.

C를 보호할 수 있을까요? 없습니다. 민법 제103조에 제삼자 보호에 대한 내용이 전혀 없기 때문입니다. 따라서 제삼자 C가 설령 이중

매매 사실에 대해 무지한 상태였다고 하더라도 그는 보호받을 수 없습니다.

이처럼 제삼자의 보호 문제는 규정마다 다르게 접근합니다. 제삼자가 끼어든 구조 자체는 동일한데 결론이 다 다른 것입니다. 어느 경우에는 선의인 경우만 보호하고, 어느 경우에는 선악을 불문하고 보호하며, 또 다른 경우엔 선악을 불문하고 보호하지 않습니다. 민법에는 이외에도 제삼자 보호 규정이 많습니다. 다른 경우는 앞으로 더 공부해봅시다. 다만 앞서 보았듯이, 제삼자 보호 문제는 논리로만 접근할 수는 없는 문제이므로 반드시 조문을 직접 찾아 읽어보아야겠습니다.

제3장

약속은
지켜져야 한다

어느 약속이든 약속을 지키는 방법은 오직 하나입니다.
약속한 내용 그대로, 딱 그렇게만 행동해야 합니다.

I
약속은
지켜져야 한다

1. 팍타 순트 세르반다!

벌써 한 시간째입니다. 분명 12시까지 O카페에서 만나기로 했는데 1시가 다 되도록 B로부터 연락 한 통 없습니다. 짜증 난 A는 자리에서 일어납니다. 어젯밤에는 C에게 문자를 보냈지만 이쪽도 깜깜무소식입니다. A는 작년 C에게 1,000만 원을 빌려주었습니다. 돈은 1년 뒤에 갚기로 했는데, 변제기가 가까워지자 C가 연락을 끊고 잠적을 해 버린 것이죠. 생각할수록 막막하고 화가 납니다. 그때 갑자기 친구 D로부터 연락이 옵니다. A와 D는 일주일 전에 물건 몇 개를 공동 구매했습니다. 그런데 배달 온 물건에 문제가 많다고 합니다. 물건 개수도 모자라고, 무엇보다 여기저기 흠집이 나있어서 새 상품 같지 않다는 겁니다. A는 정말 자리에 주저앉아 울고 싶은 심정입니다.

팍타 순트 세르반다(Pacta Sunt Servanda). '약속은 지켜져야 한다'라는 의미의 라틴어 격언입니다. 모두가 수긍하는 문장이지만 안타깝게도 항상 잘 지켜지는 원칙은 아니지요. 이번 장에서는 민법에서 말하는 약속에 대해 공부해봅시다. 민법이 바라보는 약속이란 무엇인지, 약속을 어기고 지킨다는 건 무슨 의미인지, 또 약속을 어기면 법적으로 어떤 조치를 취할 수 있는지 등에 대해 차근히 알아보겠습니다.

2. 채무내용에 좇거나, 좇지 아니하거나

민법에서 말하는 약속은 #채권입니다. 빠르게 복습해봅시다. A는 2022. 1. 1. B로부터 X 아파트를 10억 원에 매수했습니다. 앞서 '채권'이란 '누군가 다른 누구에게 무언가를 시킬 수 있는 권리'라 하였습니다. A는 B에게 X 아파트를 달라고 요구할 수 있으므로 채권자입니다. A가 채권자이므로 반대편에 서있는 B는 자연스레 채무자가 되겠군요. 만약 B가 채무를 내용대로 이행한다면 그는 약속을 지킨 것입니다. 반대로 B가 채무 내용대로 이행하지 않는다면—예를 들어 B가 다른 사람에게 아파트를 팔아넘김으로써 더 이상 A에게 아파트를 건넬 수 없게 된 경우—B는 약속을 어긴 겁니다.

이처럼 민법은 약속 준수 여부를 채무자가 채무 내용을 따랐는지에 따라 판단합니다. 쉽게 말해 채무 내용을 따르면 약속을 지킨 것이고, 채무 내용을 따르지 않으면 약속을 어긴 것이죠. 민법전은 멋스

대한민국에서 가장 쉽게 쓴 민법책

럽게 표현하는 걸 좋아해서 '따른다'라는 표현 대신 '좇다'라는 표현을 사용했습니다. 그러나 본질은 같습니다. '채무내용에 좇은' 것은 약속을 지킨 것이고, '채무내용에 좇지 아니한' 것은 약속을 어긴 겁니다.

> 제460조(변제제공의 방법) 변제는 채무내용에 좇은 현실제공으로 이를 하여야 한다. 그러나 채권자가 미리 변제받기를 거절하거나 채무의 이행에 채권자의 행위를 요하는 경우에는 변제준비의 완료를 통지하고 그 수령을 최고하면 된다.

> 제390조(채무불이행과 손해배상) 채무자가 채무의 내용에 좇은 이행을 하지 아니한 때에는 채권자는 손해배상을 청구할 수 있다. 그러나 채무자의 고의나 과실없이 이행할 수 없게 된 때에는 그러하지 아니하다.

제460조를 봅시다. '채무내용에 좇은' 행위를 **변제(辨濟)**라고 합니다. 이러한 변제는 '현실제공', 즉 채권자가 손만 뻗으면 닿을 거리에 두고 오는 것이 원칙입니다. 채무자가 변제를 하면 채권은 만족을 얻고 소멸합니다. 한편 약속을 지키는 행위를 **이행(履行)**이라고 부르기도 합니다. 뉘앙스 차이가 조금 있습니다만 실무에선 구별 실익이 없어두 단어를 편하게 혼용합니다.* 반면 '채무내용에 좇지 아니한' 행위를 **넓은 의미의 채무불이행(債務不履行)****이라고 합니다(제390조 참고). 채

- **변제**는 약속을 지킨 결과로 채권이 소멸함을 강조하는 느낌이 있고, **이행**은 약속을 지키는 채무자의 행위를 강조하는 느낌이 있습니다. 의미상 차이는 없습니다. 한편 채무자의 건네는 행위를 강조하고 싶을 때 **급부**라는 표현을 쓰기도 합니다.
- [비교] **'좁은 의미의 채무불이행'**은 채무자가 '채무내용에 좇지 아니한' 것에 더하여, '채무자의 고의 또는 과실까지 갖춘 경우'를 말합니다.

무내용을 좇은 변제와, 채무내용을 좇지 아니한 채무불이행의 두 문구 대조가 무척 흥미롭습니다.

민법의 약속은 #계약이 아닙니다. 방금 위에서 보았듯이 민법의 약속은 #채권입니다. 우리가 이렇게 해석하는 이유는 조문에 그리 적혀 있기 때문입니다. 만약 조문에 '계약내용에 좇아'라거나, '계약내용에 좇지 아니한' 같은 표현이 나왔다면 주저 없이 민법의 약속을 계약이라 했을 겁니다. 하지만 민법 제460조와 제390조에 등장하는 주인공은 다른 누구도 아닌 채권입니다.

민법은 왜 약속을 계약이 아닌 채권 차원에서 정했을까요? 법정채권 때문입니다. 앞서 제2장에서 채권에 두 종류가 있다고 하였습니다. 약정에 의해 성립하는 약정채권과, 법률요건을 갖추면 자동으로 성립하는 법정채권이 그 둘입니다. 그런데 모든 계약은 약정채권입니다. 따라서 #채권에서 약속에 관한 법리를 만들고 나면 #계약에는 바로 적용할 수 있습니다. 하지만 그 반대는 불가합니다. #계약을 약속이라 해버리면 법정채권에는 공백이 발생하기 때문입니다.

약속을 어기고 지키는 문제는 약정채권에서도, 법정채권에서도 발생합니다. 법정채권의 예를 하나 떠올려봅시다. C는 D에게 교통사고를 당했습니다. 교통사고 피해액으로 500만 원이 발생하여서 C가 D에게 손해배상 청구를 했습니다. C는 D에게 돈을 달라고 요구할 권리가 있으므로 채권자이고, 따라서 자연스럽게 D는 그의 채무자가 되

대한민국에서 가장 쉽게 쓴 민법책

겠군요. 만약 D가 '채무내용에 좇아' C에게 돈을 준다면? C의 손해배상 채권은 만족을 얻고 소멸합니다. 즉 변제가 이루어집니다. 반면 D가 '채무내용을 좇지 아니하고' 돈을 주지 않고 버티면? C는 손해액 500만 원에 더해, 지연일수에 비례해 지연손해금까지도 청구할 수 있습니다. D가 채무불이행을 하였기 때문입니다. 이처럼 법정채권에서도 변제와 채무불이행 문제는 얼마든지 발생 가능합니다.

그래서 민법은 약속을 #채권으로 정하였습니다. #계약에도 곧바로 적용이 가능하면서, 동시에 법정채권까지 한꺼번에 다루기 위해서 말입니다. 다만 앞으로 이 책에서는 특별한 사정이 없는 한 약정채권만을 예로 사용하겠습니다. 약속이라는 표현으로 채권과 계약을 동시에 어우르기 위함입니다. 따라서 이 책에서 약속이라는 표현을 마주치면 '여기서는 채권인가? 계약인가?'하고 너무 구분 짓기보다는, 우리가 흔히 생각하는 약속을 떠올리면 되겠습니다.

3. 약속불이행의 세 가지 모습

어느 약속이든 약속을 지키는 방법은 오직 하나입니다. 약속한 내용 그대로, 딱 그렇게만 행동해야 합니다. 예를 들어 A가 8월 5일 오후 1시에 성균관대학교 정문 앞에서 B를 만나 2011년 한정판 나이키 농구화를 건네주고 B로부터 20만 원을 받기로 했다고 해봅시다. A와 B가 서로 약속을 지키는 유일한 방법은 8월 5일 오후 1시 성균관대학

교 정문 앞에서 만나, A는 B에게 한정판 나이키 농구화를, B는 A에게 20만 원을 주는 방법밖에는 없습니다.

반면 약속을 어기는 방법은 무수히 많습니다. 약속한 내용 중 어느 하나라도 어긋나면 '채무내용에 좋은 이행'이 아니기 때문입니다. 예를 들어 누군가가 약속 시간에 늦는다거나, B가 돈을 주지 않는다거나, A의 농구화가 약속했던 한정판이 아니라면 모두 약속을 지키지 못한 겁니다. 그런 점에서 민법 제390조는 굉장히 잘 만든 조문입니다. "채무의 내용을 좋은 이행을 하지 아니한 때"라고 하여 매우 일반적이고 포괄적으로 규정하였기 때문입니다.

다양한 채무불이행 모습을 한 번에 담을 수 있는 조문이 있음에도 불구하고 대부분의 수험서는 채무불이행을 오래된 유형론에 맞추어 한정적으로 설명합니다. 예컨대 채무불이행의 가장 대표적인 유형으로 '이행지체'와 '이행불능'이 있다는 식입니다. 틀린 말은 아니지만 조문 원본에 충실한 해석은 아니므로 최선은 아닙니다. 채무불이행은 그냥 조문 그대로 해석하면 됩니다. 어떤 약속이 있고, 그 약속과 실제 이행 사이에 괴리가 발생하면 약속 위반입니다. 형태는 상관없습니다. 제390조는 유형론을 알지 못하기 때문입니다.

반면 기존 유형론을 탈피하는 것과는 별개로, 채무불이행을 다양한 모습으로 나누어 보는 작업은 의미가 있습니다. 닮은 것끼리 서로 묶고 비교를 하는 과정에서 자연스레 사물의 본질에 다가갈 수 있으

대한민국에서 가장 쉽게 쓴 민법책

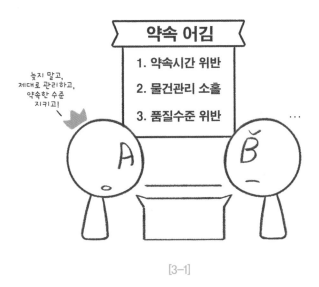

[3-1]

니 말입니다. 이 책이 제시하고자 하는 모습은 세 가지입니다. ① 약
속시간 위반, ② 물건관리 소홀, ③ 품질수준 위반, 이렇게 셋입니다.
이 셋은 고정된 유형이라기보다는 우리가 일상생활에서 가장 흔하게
접할 수 있는 약속 위반의 예시입니다. 그러니 위 셋에 너무 몰입하여
주객이 전도되는 일은 없도록 합시다. 여러 번 강조하지만 채무불이행
은 위 셋 외에도 다양한 모습으로 존재할 수 있습니다.

(1) 약속시간 위반

> [예시] B는 2021. 1. 1. A로부터 1,000만 원을 연이자 5%로 하여 빌리
> 고, 1년 뒤에 갚기로 하였습니다. 그런데 2022. 1. 1.이 지난 후에도 B
> 가 A에게 돈을 갚지 않습니다.

특정 시일까지 어떤 행위를 하기로 해놓고 약속시간을 어기는 경우입니다. 약속시간 위반에 대해선 특별히 더 설명할 것이 없습니다. 지각이야 말로 약속 위반하면 떠오르는 가장 전형적인 유형이니까요. 뒤에서 보겠지만 이처럼 '약속 시간을 위반하는 경우'를 법률용어로 '이행지체(履行遲滯)'라고 합니다.

(2) 물건관리 소홀

[예시] B는 2021. 6. 1. A에게 미술 작품 한 점을 5,000만 원에 팔았습니다. 둘은 일주일 뒤에 다시 만나 B는 A에게 미술품을, A는 B에게 5,000만 원을 건네주기로 하였습니다. 그런데 6. 3.에 B의 실수로 미술품이 크게 훼손되었습니다.

특정 물건을 건네주기로 약속하였는데 물건 관리를 소홀히 하여 문제가 생긴 경우입니다. 앞서 약속과 처분은 다르다고 하였습니다. 따라서 B가 A에게 미술품을 넘겨주기로 '약속'만 한 단계에서는 미술품은 아직 A 소유가 아닙니다. B의 것이죠. 하지만 아무리 소유자라도 누군가에게 넘겨주기로 약속을 한 뒤에는 조심해야 합니다. B는 온전한 미술품을 B에게 전달해줄 의무(채무)가 있기 때문입니다. 민법 제374조를 봅시다.

제374조 (특정물인도채무자의 선관주의) 특정물의 인도가 채권의 목적인 때에는 채무자는 그 물건을 인도하기까지 선량한 관리자의 주의로 보존하여야 한다.

약속 내용이 특정 물건을 상대방에게 건네주는 것인 경우, 채무자는 그 물건을 건네주기 직전까지 열심을 다해 주의하며 이를 보관해야 합니다. 민법은 이를 멋스러운 표현으로 '선량한 관리자의 주의의무', 혹은 줄여서 **선관주의의무(善管注意義務)**'라고 합니다. A에겐 선량한 관리자의 주의의무가 있는데 이를 다하지 못하였으므로 약속 위반입니다. 교과서에서는 선관주의의무를 "채무자의 직업, 사회적 경제적 지위 등을 고려하여 일반적으로 요구되는 정도의 주의의무"라고 적습니다.

> 제681조(수임인의 선관의무) 수임인은 위임의 본지에 따라 선량한 관리자의 주의로써 위임사무를 처리하여야 한다.

> 제695조(무상수치인의 주의의무) 보수없이 임치를 받은 자는 임치물을 자기재산과 동일한 주의로 보관하여야 한다.

선관주의의무와 관련하여 두 가지만 더 알아봅시다. 첫째, 선관주의의무는 사실 물건 관리에만 적용되는 법리는 아닙니다. 훨씬 더 포괄적인 개념입니다. 민법은 무언가를 관리해야 하는 상황에서 종종 선관주의의무를 꺼냅니다. 예를 들어 위임 계약에서도 선관주의의무가 적용됩니다. 앞의 제681조를 봅시다. 위임이란 어떤 사무의 처리를 타인에게 맡기는 계약입니다. 조문은 수임인이 위임의 본지에 따라 선량한 관리자의 주의로써 위임사무를 처리해야 한다고 적고 있습니다.

둘째, 선관주의의무보다 가벼운 주의의무가 존재합니다. 앞의 제695조를 봅시다. 무상임치, 즉 돈을 받지 않고 어떤 물건을 맡아주는 경우, 임치를 받은 자는 임치물을 자기재산과 동일한 주의로만 보관하면 됩니다. '자기재산과 동일한 주의'는 선관주의의무와 대조되는 개념입니다. 전자가 후자보다 가볍죠. 민법은 선관주의의무를 원칙으로 삼고, 예외적인 경우에만 자기재산과 동일한 정도의 주의의무만 요구합니다(제695조, 제922조 등 참고).

(3) 품질수준 위반

[예시 1] A는 2023. 1. 1. B에게 전원주택 건축을 부탁하였습니다. B는 Z 건물을 완성하였고 A로부터 돈을 받으며 건네주었죠. 그런데 얼마 안 가 건물에 조금씩 문제가 발생하기 시작했습니다. 천장에서는 물이 새고, 기둥 중 하나에 금이 간 것입니다. A는 B에게 하자를 보수하라며 항의하고 있습니다.

[예시 2] C는 2023. 6. 1. D로부터 Y 아파트를 매수했습니다. C는 Y 아파트가 D 소유인 줄 알고 계약을 맺었는데, 알고 보니 Y 아파트는 E 소유였습니다. D는 잔금기일까지 Y 아파트 소유권을 얻어 넘겨주겠다고 호언장담하였으나 끝내 그러하지 못했습니다.

제667조(수급인의 담보책임) ① 완성된 목적물 또는 완성전의 성취된 부분에 하자가 있는 때에는 도급인은 수급인에 대하여 상당한 기간을 정하여 그 하자의 보수를 청구할 수 있다. 그러나 하자가 중요하지 아니한 경

우에 그 보수에 과다한 비용을 요할 때에는 그러하지 아니하다. ② 도급인은 하자의 보수에 갈음하여 또는 보수와 함께 손해배상을 청구할 수 있다. (…)

품질 수준이 약속한 수준에 미치지 못한다면 약속 위반입니다. 제667조를 봅시다. 완성된 목적물에 하자가 있는 때에는 도급인은 수급인에게 상당한 기간을 정하여 하자 보수를 요구할 수 있습니다. 또는 하자 보수 대신에 손해배상을 청구할 수도 있죠. 따라서 [예시 1]에서 A는 B에게 Z 건물 고쳐달라고 하거나, 손해배상을 청구할 수 있습니다. B가 약속을 어겼기 때문입니다. 이 사례는 이후 제4장에서 담보책임(擔保責任)이라는 이름으로 한 번 더 등장할 것이니 참고로 기억해둡시다.

제569조(타인의 권리의 매매) 매매의 목적이 된 권리가 타인에게 속한 경우에는 매도인은 그 권리를 취득하여 매수인에게 이전하여야 한다.

제570조(동전─매도인의 담보책임) 전조의 경우에 매도인이 그 권리를 취득하여 매수인에게 이전할 수 없는 때에는 매수인은 계약을 해제할 수 있다. 그러나 매수인이 계약당시 그 권리가 매도인에게 속하지 아니함을 안 때에는 손해배상을 청구하지 못한다.

약속 수준과 실제 수준 사이에 괴리가 발생하는 경우가 하나 더 있습니다. 권리상 흠결이 발생하는 경우입니다. [예시 2]를 봅시다. 민법 앞에서 본 제569조에 따라 매도인 D는 E로부터 Y 아파트 소유권을 취득하여 C에게 넘겨줄 의무가 있습니다.* 그러나 끝내 소유권을 취득하지 못하였군요. D는 C에게 아파트를 넘겨줄 수 없으니 약속 불이행입니다. 제570조에 따라 C는 (선악을 불문하고) 계약을 해제하거나, (선의라면) 손해배상 청구도 가능합니다. 이 사례 역시 제4장에서 보다 자세히 설명하도록 하겠습니다. 지금은 이러한 논의가 있다는 사실만 알고 넘어갑시다. 물건상 하자 때문이든, 권리상 흠결 때문이든 어떤 물건의 수준이 약속된 수준과 다르면 약속을 어긴 것입니다.

● 남의 물건(정확히는 권리)으로도 비즈니스를 할 수 있습니다. 그러한 사실만으로 거래가 불법이 되는 건 아닙니다. 민법이 요구하는 것은 오직 하나, 만약 타인에게 속한 권리라면 이를 적법하게 취득하여 넘기라는 겁니다(제569조). 이를 **타인 권리의 매매**라고 합니다. 자세한 설명은 제4장에서 보겠습니다.

II
약속을 어기면
손해를 배상해야 한다

1. 약속을 어기면 손해를 배상해야 한다

제390조(채무불이행과 손해배상) 채무자가 채무의 내용에 좇은 이행을 하지 아니한 때에는 채권자는 손해배상을 청구할 수 있다. 그러나 채무자의 고의나 과실없이 이행할 수 없게 된 때에는 그러하지 아니하다.

채무자가 약속을 어기면 채권자는 손해배상을 청구할 수 있습니다. 민법 제390조가 요구하는 요건은 세 가지입니다. ① 채무자가 채무 내용에 좇은 이행을 하지 않고, ② 그로 인해 손해가 발생했는데, ③ 채무자가 고의 또는 과실로 채무를 불이행하였을 것, 이렇게 셋입니다. 첫 번째 요건은 앞서 살펴보았습니다. 이제 두 번째와 세 번째 요건을 알아봅시다.

손해배상을 청구하려면 '손해'가 존재해야 합니다. 학자들은 손해에 대해 할 말이 많습니다. 손해에 대한 이론을 어떻게 구성하느냐에 따라 받아낼 수 있는 금액이 달라지니 관심이 갈 수밖에 없겠죠. 실제 교과서에서는 손해의 정의부터, 종류, 인과관계, 범위, 산정 등 여러 쟁점을 세세히 다룹니다. 우리는 초학자 신분을 변명 삼아 쉽게 접근해봅시다. 손해란 "그 위법행위가 없었더라면 존재하였을 재산상태와 그 위법행위가 가해진 현재의 재산상태의 차이"입니다(대판(전) 1992. 6. 23. 91다33070 참고)*. 위 정의에 입각하여 우리는 이론적인 내용은 건너뛰고 다양한 사례를 나열식으로 살펴보겠습니다. 이 사례, 저 사례를 보면서 '아 손해는 이렇게 구하는 거구나'하고 대략적인 느낌을 가져간다면 목표 달성입니다. 이해하기 쉽도록 앞서 정리한 ① 약속시간 위반, ② 물건관리 소홀, ③ 품질수준 위반의 틀을 그대로 사용하겠습니다.

한편 손해배상을 청구하려면 채무자에게 **귀책사유(歸責事由)**가 있어야 합니다. '귀책사유'란 한자 뜻 그대로, '손해배상책임(責)을 채무자에게 귀속(歸)시킬 수 있는 사유'를 말합니다. 채무자는 고의 또는 과실로 채무를 불이행해야 합니다. **'고의(故意)'**란 '위법한 결과를 인식하면서 이를 의욕하는 것'을 말합니다. 쉽게 말해 '일부러' 약속을 어기는 겁니다. 반면 **'과실(過失)'**이란 '주의의무의 위반, 즉 사회생활상 요구되는 주의를 기울였다면 자기 행위로 인한 일정한 결과의 발생

● 손해를 이처럼 정의하는 견해를 **차액설**이라고 합니다. 다수설 및 판례의 입장입니다.

을 알 수 있어서 그러한 결과를 회피할 수 있었을 것인데, 그 주의를 다하지 않음으로써 그러한 결과를 발생하게 하는 심리상태'를 말합니다. 쉽게 말해 '실수로' 약속을 어기는 것이지요. 아래 단을 나누어 좀 더 자세히 살펴봅시다. 한편 채무자의 귀책사유는 제390조 단서에 규정되어 있는데, 조문이 명시되어 있는 위치가 갖는 의미에 대해서도 간단히 알아보겠습니다.

2. 약속시간 위반과 손해

1) 금전채무의 경우

돈을 빌리고 갚는 약속에서는 손해의 산정이 비교적 쉽습니다. 약속한 시점까지 돈을 갚지 못하면 그 이후부터는 **'지연이자'**를 내야 합니다. 예를 들어 A가 2022. 2. 1. B로부터 1,000만 원을 연이율 3%로 빌렸다고 해봅시다. 돈은 1년 뒤에 갚기로 했습니다. 그런데 A가 1년 뒤에도 돈을 갚지 않습니다. 참다못한 B가 A에게 소송을 제기하면 얼마를 청구할 수 있을까요? 우선 원금 1,000만 원과 **약정이자** 30만 원을 청구할 수 있는 건 당연합니다. 약속이 있으니까요. 여기에 더하여 채권자 B는 채무자 A가 약속시간을 어긴 지체일수에 비례하여 지연이자도 구할 수 있습니다. 채무자 A가 약속시간을 어겼기 때문입니다.

제397조(금전채무불이행에 대한 특칙) ① 금전채무불이행의 손해배상액은 법정이율에 의한다. 그러나 법령의 제한에 위반하지 아니한 약정이율이 있으면 그 이율에 의한다. ② 전항의 손해배상에 관하여는 채권자는 손해의 증명을 요하지 아니하고 채무자는 과실없음을 항변하지 못한다.

제379조(법정이율) 이자있는 채권의 이율은 다른 법률의 규정이나 당사자의 약정이 없으면 연 5푼으로 한다.

돈을 주고받는 약속을 **금전채무**라고 합니다. 제397조 제2항을 봅시다. 금전채무불이행으로 손해배상을 청구하는 경우 채권자는 자신의 손해를 증명할 필요가 없습니다. 그저 ① 채무자로부터 얼마 받을 권리가 있는데, ② 채무자가 주지 않았다 딱 이 두 가지만 주장 증명하면 됩니다. 반대로 채무자는 자신의 과실없음을 항변하지 못합니다. 쉽게 말해 돈이 없어서 주지 못했다는 항변은 하지 말란 겁니다. 돈이 갖는 특별한 성질 때문입니다. 돈은 언제나 존재하며 (내 주머니에 없는 게 문제입니다만), 언제나 표시된 화폐가치만큼만 가치를 갖는 대체물입니다. 그래서 금전채무는 불능을 알지 못합니다. 누군가 돈을 주지 않았다면 그저 늦은 것일 뿐입니다.

금전채무불이행의 손해배상액은 법정이율에 의합니다. 또는 법령 제한에 위반하지 아니한 약정이율이 있으면 그 이율에 의합니다(제397조 제1항). 우리 사안에도 약정이율이 있기는 합니다만, 약정이율은 연 3%로 법정이율 연 5%(5푼)보다 적군요(제379조). 이런 경우 판례는 적어도 지연손해금은 법정이율 5%로 계산할 수 있다고 합니다(대판

2009. 12. 24. 2009다85342*). 약속에 근거한 약정이자와 손해배상의 성질을 갖는 지연이자 사이의 차이를 새삼 느낄 수 있는 대목이라 하겠습니다. 요컨대 채권자 B는 원금 1,000만 원과 (약정이율 연 3%로 계산한) '약정이자' 30만 원, 그리고 2023. 2. 1.부터 A가 돈을 다 갚는 날까지 (법정이율 연 5%로 계산한) '지연이자'에 대해 청구를 할 수 있습니다.**

2) 금전채무가 아닌 경우

(1) 물건을 전달을 해야 하는데 늦게 전달한 경우

이번에도 약속시간을 위반한 경우입니다. 다만 이번에는 금전채무가 아니라 특정 물건을 전달하는 약속입니다. 사례로 볼까요. A는 2022. 8. 5. B로부터 Z 노트북을 4일간 빌리기로 했습니다. 하루 사용료는 5,000원입니다. 그런데 4일이 지난 후에도 A가 B에게 노트북을 돌려주지 않습니다. A는 약속 시간을 어겼습니다.

- "민법 제397조 제1항은 본문에서 금전채무불이행의 손해배상액을 법정이율에 의할 것을 규정하고 그 단서에서 '그러나 법령의 제한에 위반하지 아니한 약정이율이 있으면 그 이율에 의한다'고 정한다. 이 단서규정은 약정이율이 법정이율 이상인 경우에만 적용되고, 약정이율이 법정이율보다 낮은 경우에는 그 본문으로 돌아가 법정이율에 의하여 지연손해금을 정할 것이다. 우선 금전채무에 관하여 아예 이자약정이 없어서 이자청구를 전혀 할 수 없는 경우에도 채무자의 이행지체로 인한 지연손해금은 법정이율에 의하여 청구할 수 있으므로, 이자를 조금이라도 청구할 수 있었던 경우에는 더욱이나 법정이율에 의한 지연손해금을 청구할 수 있다고 하여야 한다."
- 참고로 법정이율로 지연손해금을 정할 때에는 단리로 계산을 합니다.

손해를 구하는 방식은 금전채무 때와 비슷합니다. 지체한 일수에 비례하여 손해액을 산정하면 됩니다. 만약 A가 약속 시간을 지켰다면 B는 그 시점 이후 노트북을 다른 사람에게 빌려주거나, 자신이 직접 사용하여 이익을 얻었을 텐데 그러지 못했기 때문입니다. 따라서 B는 A에게 지체한 일수에 5,000원을 곱한 금액을 지연손해금 명목으로 청구할 수 있습니다.

(2) 늦게 도착한 물건이 채권자에게 아무런 이익을 주지 못할 때

앞의 두 사례는 손해를 구하는 방식이 서로 비슷했습니다. 하나는 금전채무이고, 다른 하나는 금전채무가 아닌 경우였습니다만 결국 지체일수에 비례하여 지연손해금을 구하는 방식이 본질상 닮아있었지요. 이번에는 약속시간 위반의 경우이지만 전혀 다른 방식으로 손해를 구하는 방법을 하나 알아보겠습니다.

C는 2022. 2. 20. D로부터 X 웨딩케이크를 50만 원에 샀습니다. C는 D에게 50만 원을 곧바로 지급했고, D는 C의 결혼식 날짜(2022. 3. 1.)에 맞추어 케이크를 가져다주기로 했습니다. 그런데 D가 약속을 어기고 맙니다. 결혼식이 끝나고 이틀 후에야 비로소 케이크를 전달한 것이지요. 화가 난 C는 D에게 손해배상을 청구하고 싶습니다. 어떻게 하면 좋을까요? 만약 기존의 방식을 그대로 사용한다면 C는 D로부터 X 케이크를 받고, 이틀치 지연손해금을 청구할 수 있을 겁니다. 그런데 조금 이상합니다. 이틀 늦게 도착한 웨딩케이크는 이미 결혼식을 마친 C에게 아무런 의미가 없기 때문입니다.

제395조(이행지체와 전보배상) 채무자가 채무의 <u>이행을 지체한 경우에</u> 채권자가 상당한 기간을 정하여 이행을 최고하여도 그 기간내에 이행하지 아니하거나 <u>지체후의 이행이 채권자에게 이익이 없는 때</u>에는 채권자는 수령을 거절하고 이행에 갈음한 손해배상을 청구할 수 있다.

'일정한 시일 또는 일정한 기간내에 이행하지 아니하면 아무런 의미가 없는 약속'을 **'정기행위(定期行爲)'**라고 합니다.● 제395조를 봅시다. 정기행위에서 약속 시간을 늦는 경우, 즉 "지체후의 이행이 채권자에게 이익이 없는 때"에는 채권자는 수령을 거절하고 이행에 갈음하여(대신하여) 손해배상을 청구할 수 있습니다. 예를 들어 C가 결혼식 당일에 급하게 대체품을 구하느라 70만 원을 썼다면, C는 D가 건네는 케이크 수령을 거절하고 70만 원 손해배상을 청구할 수 있습니다.

한편 "채권자가 상당한 기간을 정하여 이행을 최고하여도 그 기간내에 이행하지 아니"하는 경우에도 마찬가지입니다(제395조). 여기서 **최고(催告)**는 베스트(最高)의 의미가 아닙니다. 채무자에게 이행을 재촉하는 행위를 말합니다. 앞서 본 노트북 사례로 돌아가볼까요. A가 계속 노트북을 반환하지 않을 시 채권자 B는 상당한 기간을 정하여 이행을 최고하고(="다음 주까지는 노트북 꼭 반환하세요"), 그럼에도 그 기

● 우리가 흔히 사용하는 '정기적'이란 표현과 의미가 조금 다릅니다. 예를 들어 "이 모임은 매달 첫 번째, 세 번째주 일요일에 정기적으로 모입니다"라고 말할 때의 '정기적으로'는 일정 기간을 간격으로 여러 번 반복되는 의미를 담고 있습니다. 반면 민법에서 말하는 정기행위는 그런 의미를 담고 있지 않습니다. 한자 뜻 그대로 일정한 시일 또는 기간이 정하여져 있는 어떤 행위로서, 그 시일 또는 기간내에 이행되지 아니하면 아무런 의미가 없는 행위를 의미합니다.

간내에 이행하지 아니하면 B는 수령을 거절하고 이행에 갈음한 손해배상을 청구할 수 있습니다. 예를 들어 노트북 반환 대신 그 시가에 맞추어 돈으로 손해배상을 구할 수 있는 것이지요.

본래 이행에 갈음하여 손해배상을 청구하는 걸 **전보배상(塡補賠償)**이라고 합니다. 메울 전(塡)에, 꿰맬 보(補)라는 한자에서도 유추할 수 있듯이, 본래 이행을 '메꾸는' 손해배상입니다. 약속시간 위반의 손해는 지연손해금 형태로 구할 수도 있고, 전보배상 형태로 구할 수도 있습니다. 전자가 기본기라면, 후자는 응용 같은 느낌입니다. 후자의 경우, 즉 약속시간 위반에서 전보배상을 청구하기 위해선 앞에서 본 민법 제395조에 따라 ① 상당한 기간을 정하여 최고를 하였음에도 이행을 하지 않은 사정이 있거나, ② 정기행위라서 지체후의 이행이 채권자에게 이익이 없다는 특수한 사정이 있어야 합니다.

3. 물품관리 소홀, 품질수준 위반과 손해

1) 부족한 만큼 배상하거나

물품관리 소홀과 품질수준 위반은 손해를 구하는 방식이 서로 비슷합니다. 사실 손해를 바라보는 관점부터 많이 닮았습니다. 교과서에서는 손해를 "있어야 할 상태와 현재 상태 사이의 차이"라고 적습니다. 우리는 어느 시점에서 이 '차이'가 발생한 것인지에 따라 두 경우를 구분할 수 있습니다. 물품관리 소홀은 '약속 이후에' 차이가 발생한 경우입니다. 약속을 할 당시에는 멀쩡한 물건이었는데 그 이후에 관리를 제대로 하지 않아서 손해가 발생한 것이지요. 반면 품질수준 위반은 '약속 이전부터' 차이가 존재했던 경우입니다. 파는 사람은 분명 10만큼 가치를 지니는 물건이라 하였는데 사실은 5만큼 밖에 가치가 없는 물건이었던 것이고, 이러한 흠결이 있는 채로 매도인이 인도 또는 이전을 함으로써 그 차이가 매수인에게 손해로 실현되었다고 볼 수 있기 때문입니다.

이처럼 물품관리 소홀과 품질수준 위반의 손해배상에는 논리상 맞닿는 부분이 있습니다. 둘을 함께 묶어서 정리해봅시다. A는 2022. 5. 1. B로부터 X 자동차를 300만 원에 매수하였습니다. 둘은 열흘 뒤에 만나 A는 B에게 300만 원을, B는 A에게 X 자동차를 건네 주기로 하였습니다. B는 X 자동차가 분명 잘 굴러간다고 했는데 A가 실제 운전을 해보니 엔진에 문제가 있었습니다. 이유는 다음과 같습니다.

[상황 1]

X 자동차는 본래 잘 굴러가는 차였는데 B가 계약을 한 뒤 관리를 소홀히 하였습니다. B가 자동차를 험하게 다루었고, 그새 엔진에 문제가 생겼습니다.

[상황 2]

X 자동차 엔진에는 처음부터 문제가 있었습니다. B가 A에게 자동차

품질수준에 대해 거짓말을 한 겁니다.

첫 번째 상황은 물건관리를 제대로 안 한 것이고, 두 번째 상황은 약속한 품질수준을 위반한 것입니다. 어느 상황이든 모두 채무불이행입니다. 이럴 때에는 손해의 산정을 어떻게 하면 좋을까요? 가장 상식적인 방법은 수리비만큼을 청구하는 겁니다. 만약 수리비가 30만 원이라면 A는 B에게 30만 원을 달라고 요구할 수 있습니다. 혹은 어차피 A가 B에게 매매대금으로 300만 원을 주어야 하니, 300만 원에서 30만 원을 빼고 270만 원만 주겠다고 주장할 수도 있겠군요.

2) 대체할 수 있는 시가(市價)만큼 배상하거나

채무자가 물건관리를 소홀히 하거나, 품질수준을 위반한 경우 우리는 그에게 수리비를 청구하여 손해를 배상받을 수 있습니다. 그런데 이 방식에는 한 가지 전제가 깔려있습니다. 약간의 수리를 거치면 물건을 쓸 수 있다는 전제입니다. 만약 훼손의 정도가 너무 심하면 수리가 무의미합니다. 심지어 수리비가 새 물건을 사는 금액보다 더 비쌀 수도 있지요.

물건관리 소홀, 혹은 품질수준 위반 정도가 너무 심하여 계약의 목적을 달성할 수 없는 지경이면 이 약속은 있으나마나 한 약속입니다. 이 경우에는 본래 물건에 갈음하여 손해배상을 받는 게 더 타당합니다. 즉 '전보배상'을 구하는 겁니다. 예를 들어 A가 B로부터 받기로 한 자동차가 완전히 망가진 상태였다고 해봅시다. X 자동차를 수리하는 데에는 500만 원이 들고, X 자동차와 비슷한 수준의 중고차시가(市價)는 320만 원입니다. 이런 경우 특별한 사정이 없는 한 손해배상액은 320만 원으로 제한함이 타당합니다. '그 위법행위가 없었더라면 존재하였을 재산상태', 약속이 제대로 지켜졌다면 누렸을 이익수준이 320만 원이기 때문입니다.[2] 따라서 채권자 A는 손해배상으로 320만 원을 청구하거나, 어차피 자신도 B에게 300만 원을 주어야 하니 그 차액 20만 원을 달라고 요구할 수 있겠습니다. (어느 쪽이든 A가 궁극적으로 누리는 손해배상액은 20만 원입니다.)

4. 채무자의 고의 또는 과실

채무자가 채무의 내용에 좋은 이행을 하지 아니한 때에는 채권자는 손해배상을 청구할 수 있습니다. 단 채무자의 고의나 과실없이 이행할 수 없게 된 때에는 그러하지 아니합니다(제390조). 여기서 고의란 쉽게 말해 '일부러' 약속을 어기는 것이고, 과실은 '실수로' 약속을 어기는 겁니다. 민법 제390조는 고의와 과실의 차이를 알지 못합니다. 일부러 약속을 어겼든, 실수로 약속을 어겼든 채무자는 손해배상책임을 부담하지요. (형법이 고의범과 과실범을 다르게 취급하는 것과는 대조적입니다.) 반대로 귀책사유가 없다면 채무의 내용에 좋은 이행이 없더라도 채무자는 손해배상책임을 부담하지 않습니다. 우리 민법

은 과실책임이 원칙이기 때문입니다. 무과실책임은 예외적인 경우에만 적용합니다.[3]

채무자는 자신에게 귀책사유가 '없음'을 주장·증명해야 합니다. 즉 귀책사유의 존부는 채무자의 항변 사항입니다. 따라서 채권자가 제390조를 근거로 손해배상을 청구하고 싶다면 그는 딱 두 가지만 주장·증명하면 됩니다. ① 채무자가 채무의 내용에 좇은 이행을 하지 않았다는 사실, ② 또 그로 인해 손해가 발생했다는 사실만 말하면 됩니다. 채무자에게 귀책사유가 있다는 사실은 분명 채무불이행책임의 세 번째 요건이기는 하지만 채권자가 증명할 내용은 아닙니다.

> 제390조(채무불이행과 손해배상) 채무자가 채무의 내용에 좇은 이행을 하지 아니한 때에는 채권자는 손해배상을 청구할 수 있다. 그러나 채무자의 고의나 과실없이 이행할 수 없게 된 때에는 그러하지 아니하다.

> 제750조(불법행위의 내용) 고의 또는 과실로 인한 위법행위로 타인에게 손해를 가한 자는 그 손해를 배상할 책임이 있다.

민법 제390조와 제750조를 비교해봅시다. 고의 또는 과실로 인한 위법행위로 타인에게 손해를 가한 자는 그 손해를 배상할 책임이 있습니다(제750조). 이를 불법행위책임이라고 합니다. 불법행위책임에서도 '고의 또는 과실'이라는 표현이 등장합니다. 여기까지는 채무불이행책임과 비슷합니다. 그런데 요건의 위치가 조금 다릅니다. 제750조에서는 고의·과실 요건이 **본문(本文)**에서 바로 등장한 반면, 제390조에서는 **단서(但書)**에 규정되어 있습니다. 똑같은 말을 전자는 긍정문으로, 후자는 이중 부정문으로 표현한 식입니다. (손해배상책임을 지려면 고의 또는 과실이 있어야 한다 = 고의나 과실이 '없으면' 손해배상책임이 '없다')

이러한 문언 차이 때문에 우리는 두 조문을 다르게 해석합니다. 앞서 채무불이행의 채무자는 자신에게 귀책사유가 없음을 주장·증명해야 한다고 했습니다. 채무자의 귀책사유가 단서에 규정되어 있다는 사실을 충실히 반영한 훌륭한 해석이지요. 반면 불법행위의 피해자는 손해배상을 청구하기 위해 가해자의 고의 또는 과실 사실까지 피해자가 주장·증명해야 합니다. 조문이 '고의 또는 과실로 인한 위법행위'의 존재를 적극적으로 요구하고 있기 때문입니다.

III
약속을 어기면
계약이 해제될 수 있다

1. 약속을 어기면 계약이 해제될 수 있다

약속을 어기면 계약이 해제될 수도 있습니다. **해제(解除)**란 쉽게 말해, 묶인 계약을 푸는(解) 겁니다. 해제를 하면 계약은 없던 것(무효)이 됩니다. 계약을 푸는 방법은 크게 두 가지입니다. 마치 부부가 이혼할 때와 같습니다. 부부는 합의를 해서 이혼할 수도 있고, 법으로 정해진 사유로 이혼할 수도 있습니다. 두 번째 방법은 특히 한쪽 당사자는 이혼을 하고 싶지 않을 때 의미가 있습니다. 예를 들어 바람을 핀 배우자와 이혼을 하려 한다면 유책자가 아무리 이혼하기 싫다 하여도 혼인관계를 일방적으로 끊을 수 있습니다. 법에 정해진 사유가 있기 때문입니다(제840조 참고).

계약도 마찬가지입니다. 계약은 '당사자끼리 합의로 해제'를 할 수도 있고, '법에 정해진 사유에 근거해' 해제를 할 수도 있습니다. 전자를 '약정해제', 후자를 '법정해제'라고 합니다. 약정해제에 대해선 특별히 더 알아볼 게 없습니다. 당사자끼리 합의로 묶은 것을, 합의로 푸는 것이니 법이 개입할 일이 아닙니다. 문제는 **법정해제**입니다. 법정해제가 문제되는 사안에선 계약 당사자 중 누군가는 계약이 유지되길 바라고 있습니다. 그럼에도 법이 정한 사유로 계약 효력을 없애는 것이므로 매우 강력한 제도라 하겠습니다. 따라서 법정해제는 요건을 정확하게 알아야 합니다. 이번 절에서는 법정해제에 대해 조금 더 알아보겠습니다.

2. 준비물: 이행지체와 이행불능

1) 이행지체와 이행불능

법정해제를 공부하는 가장 일반적인 방법은 다음과 같습니다. 우선 채무불이행 유형에 '이행지체'와 '이행불능'이 있다는 걸 배웁니다. 그리고 이행지체 또는 이행불능의 법률효과로서 손해배상 청구(제390조)와 계약 해제(제544조~제546조)를 공부합니다.

> 채무불이행(이행지체 or 이행불능) → 손해배상청구 or 계약해제

깔끔한 정리입니다. 하지만 가장 훌륭한 정리는 아닙니다. 조문 내용에 아주 충실한 해석은 아니기 때문입니다. 앞서 채무불이행에 따른 손해배상청구는 #채권에서, 채무불이행에 따른 법정해제는 #계약에서 논한다고 하였습니다. 조문상 위치도 전혀 달랐습니다. 따라서 두 법률효과를 채무불이행이란 이름 하에 막연히 정리해두는 건 다소 위험한 일입니다. 무엇보다 민법 제390조는 채무불이행 유형론을 알지 못합니다. 제390조는 "채무의 내용을 좋은 이행을 하지 아니한 때"라고만 적고 있을 뿐입니다. 제390조 그 어디에도 이행지체나 이행불능이란 단어는 등장하지 않습니다.

민법 제390조만 공부할 생각이라면 우리는 이행지체와 이행불능에 대해 몰라도 됩니다. 하지만 법정해제를 위해서는 알아야 합니다. 법정해제를 공부하는 가장 좋은 방법은 모든 민법 주제가 그러하듯 조문을 직접 읽어보는 것입니다. 그런데 법정해제 조문에는 이행지체와 이행불능이라는 단어가 직접 등장합니다. 조문 제목부터 제544조는 '이행지체와 해제'이고, 제546조는 '이행불능과 해제'입니다. 따라서 법정해제 공부에 앞서 우리는 두 단어를 꼭 숙지해두어야 합니다.

그래서 이행지체와 이행불능은 무엇인가요? **'이행지체(履行遲滯)'** 란 '급부의 실현이 가능함에도 불구하고 채무자가 그에게 책임있는 사유로 급부를 적시에 이행하지 않는 경우'를 말합니다. 이행지체는 쉽게 말해 약속시간을 어긴 겁니다. A가 2022. 1. 1. B로부터 1,000만원을 연이율 3%로 정하여 빌려갔습니다. 돈은 1년 뒤에 갚기로 했습

대한민국에서 가장 쉽게 쓴 민법책

니다. 그런데 1년이 지난 뒤에도 A가 돈을 갚지 않습니다. 이러한 상황을 이행지체라고 합니다. 참고로 지체 여부 판단의 기준이 되는 그 약속 시간을 **이행기**, 또는 **변제기**라고도 합니다.

한편 **'이행불능(履行不能)'**이란 '채무자에게 책임 있는 사유로 급부가 후발적으로 불가능해진 경우'를 말합니다. C는 2022. 1. 1. D로부터 멋진 고려 도자기 한 점을 5,000만 원에 샀습니다. 둘은 이틀 뒤에 다시 만나 C는 D에게 5,000만 원을, D는 C에게 고려 도자기를 건네주기로 하였습니다. 그런데 약속한 바로 다음 날 D가 실수로 고려 도자기를 깨고 말았습니다. 이제 D는 C에게 도자기를 건네줄 수 없습니다. 이러한 상황을 이행불능이라고 합니다.

혹은 다음과 같은 경우도 있습니다. C는 2023. 1. 1. D로부터 X 아파트를 10억 원에 샀습니다. 둘은 일주일 뒤에 다시 만나 C는 D에게 10억 원을, D는 C에게 X 아파트 및 소유권이전에 필요한 서류를 넘겨주기로 하였습니다. 그런데 이틀 뒤 E가 등장해 아파트를 11억 원에 팔라고 D에게 제안합니다. D는 제안을 승낙하고 소유권을 E에게 넘겼습니다. 이제 D는 C에게 X 아파트를 양도할 수 없습니다. 이미 E에게 양도했기 때문입니다. 이러한 상황도 이행불능에 해당합니다.

2) 넓은 의미의 불능

불능은 무척 흥미로운 주제입니다. 이행불능 이야기가 나온 김에 간단히 알아봅시다. **넓은 의미의 불능**은 급부 이행이 불가능한 모든 상황을 총칭합니다.[*] 물리적인 이유일 수도 있고, 사회관념적인 이유일 수도 있습니다.[**] 예를 들어 약속한 서류가 불타 없어지는 건 전자에 해당합니다. 반면 약혼자에게 주기로 한 반지가 바다에 빠지는 건 후자입니다. 반지를 건네주는 게 이론상 불가한 건 아니지만, '현실적으로' 불가능합니다.

학자들은 불능에 대해 할 말이 많습니다. 불가능이라는 개념 자체가 조금만 확장을 하면 온갖 주제에 사용될 수 있는 잠재력을 갖고

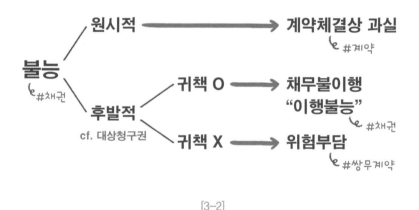

[3-2]

있기 때문입니다. 초학자인 우리는 간단하게만 접근해봅시다. 민법은 크게 두 가지 기준을 가지고 불능을 분류합니다. ① 첫 번째 기준은 '언제 불능이 됐는가?'이고, ② 두 번째 기준은 '왜 불능이 됐는가?'입니다. 그림 3-2는 이렇게 하여 탄생한 세 종류의 불능을 정리한 것입니다.

(1) 언제 불능이 되었습니까? **'원시적(原始的) 불능'**은 '처음부터 급부가 불가능했던 경우'를 뜻합니다. 반면 **'후발적(後發的) 불능'**은 '채권 성립 당시에는 가능했으나, 그 이후에 불능이 된 경우'를 뜻합니다. 그러니까 우리의 주요 관심사인 좁은 의미의 이행불능은 후발적 불능의 일종이라 할 수 있겠군요.

(2) 원시적 불능의 경우 채무 자체가 성립하지 않습니다. 이를 **'원시적 불능 도그마'**라고도 합니다. 원시적 불능은 이론적으로 접근하면 길을 헤매기 십상입니다. 우리는 이론 말고 실제 조문에 있는 것에 한정하여 검토를 해봅시다. 우리 민법전은 원시적 불능을 여기저기 사용하지 않습니다. 딱 한 군데, #계약에서만 명시적으로 사용하고 있습니다.

> 제535조(계약체결상의 과실) ①목적이 불능한 계약을 체결할 때에 그 불능을 알았거나 알 수 있었을 자는 상대방이 그 계약의 유효를 믿었음으로 인하여 받은 손해를 배상하여야 한다. 그러나 그 배상액은 계약이 유효함으로 인하여 생길 이익액을 넘지 못한다. ②전항의 규정은 상대방이 그 불능을 알았거나 알 수 있었을 경우에는 적용하지 아니한다.

목적이 불능한 계약을 체결할 때에 그 불능을 알았거나 알 수 있었을 자는 상대방이 그 계약의 유효를 믿었음으로 인하여 받은 손해를 배상해야 합니다. 다만 그 배상액은 계약이 유효함으로 인하여 생길 이익액을 넘지 못합니다(제535조 제1항). 한편 상대방이 그 불능을 알았거나 알 수 있었을 경우에는 적용하지 않습니다(제535조 제2항). 이를 **계약체결상의 과실**이라고 합니다.

사례로 볼까요. A는 2022. 1. 1. B로부터 Y 조각상을 500만 원에 샀습니다. 둘은 삼일 뒤에 만나 A는 B에게 500만 원을, B는 A에게 조각상을 건네주기로 하였습니다. 조각상을 옮기기 위해 A는 인부한 명과 대형 트럭 한 대를 50만 원에 준비했습니다. 그런데 조각상은 사실 계약을 맺기 전부터 부서진 상태였습니다. B는 이 사실을 알고 있었으나, A에게 알리지 않고 조각상을 팔았습니다. (A는 조각상이 부서졌다는 사실을 알지 못하였고, 알 수도 없었습니다.) 화가 난 A는 이제 어떻게 대처해야 할까요? 우선 이 계약은 무효입니다. 처음부터 목적달성이 불능한 계약이기 때문입니다(원시적 불능의 효과). 그리고 A는 B에게 '그 계약의 유효를 믿었음으로 인하여 받은 손해'를 배상하라 요구할 수 있습니다. A는 거래가 유효하다는 전제 하에 인부와 대형 트럭을 준비했고, 그 과정에서 50만 원을 지출했습니다. 따라서 A는 B에게 50만 원 손해배상을 청구할 수 있겠습니다.

우리 민법전은 원시적 불능을 #계약에서만 사용하니까, 우리도 그에 맞춰 좀 더 기억하기 쉽게 문장을 바꿔봅시다. '원시적 불능인 계

약은 무효이다. 처음부터 불능인 계약을 체결한 경우 민법 제535조를 사용하여 사건을 해결한다.'

(3) 후발적 불능의 경우 채무자는 급부의무를 면합니다. 이것이 후발적 불능의 첫 번째 효과입니다. 그래서 불능의 항변은 강력합니다. 채무자의 귀책 여부를 따지지 않고 본래 급부의무를 면하여주니 말입니다. (면해줄 수밖에 없습니다. 급부가 더 이상 불가하다는데 무엇을 더 어쩌겠습니까.)

후발적 불능의 두 번째 효과부터는 채무자의 귀책 여부를 따집니다. 경우의 수는 크게 두 가지입니다. 하나는 '채무자의 잘못으로' 채무가 후발적으로 불가능해진 경우이고, 다른 하나는 '채무자의 잘못 없이' 채무가 후발적으로 불가능해진 경우입니다. 전자는 이미 앞서 공부하였습니다. 바로 이행불능 상황—채무자 잘못으로 고려 도자기가 깨져버린 상황—이지요. 후자는 아직 공부하지 않았습니다. **위험부담(危險負擔)**이라 불리는 이 주제는 제4장에서 자세히 공부할 것입니다. 여기서는 간단히 좌표만 잡아봅시다. 채무자의 잘못 없이 후발적 불능이 일어난 경우는 (적어도 민법전에서는) #쌍무계약에서 논의를 합니다. 아래 제537조와 제538조를 가벼운 마음으로 읽어볼까요. 두 조문 모두 '쌍무계약의 당사자'라는 문구로 시작하는 걸 확인할 수 있습니다.

제537조(채무자위험부담주의) 쌍무계약의 당사자 일방의 채무가 당사자 쌍방의 책임없는 사유로 이행할 수 없게 된 때에는 채무자는 상대방의 이행을 청구하지 못한다.

제538조(채권자귀책사유로 인한 이행불능) ① 쌍무계약의 당사자 일방의 채무가 채권자의 책임있는 사유로 이행할 수 없게 된 때에는 채무자는 상대방의 이행을 청구할 수 있다. 채권자의 수령지체 중에 당사자쌍방의 책임없는 사유로 이행할 수 없게 된 때에도 같다. ② 전항의 경우에 채무자는 자기의 채무를 면함으로써 이익을 얻은 때에는 이를 채권자에게 상환하여야 한다.

(4) **대상청구권(代償請求權)**이라는 제도가 있습니다. 그런데 조문이 없습니다. 그래서 무척 흥미로운 녀석입니다. 조문이 존재하지 않음에도 학계와 판례가 합심하여 법리를 인정하는 경우는 흔치 않기 때문입니다(대판 1995. 12. 22. 95다38080 판결 참고).

대상청구권이란 '채무가 불능으로 되면서 채무자가 이에 갈음하여 어떤 이익을 얻은 경우에 채권자가 그 이익의 상환을 청구할 수 있는 권리'입니다. 정의에서 알 수 있듯이 대상청구권은 채무자의 귀책사유를 묻지 않고, 후발적 불능이기만 하면 사용할 수 있습니다.

사례로 볼까요. A는 2022. 1. 1. B로부터 X 토지를 10억 원에 샀습니다. 계약금 1억 원은 계약 당일, 중도금 4억 원은 2. 1., 잔금 5억 원은 3. 1. B가 토지 소유권이전에 필요한 서류를 넘겨주면 그와 동시에 주기로 정했습니다. 중도금까지는 문제없이 잘 지급했습니다. 그런데 2. 5. 문제가 발생합니다. X 토지가 수용된 것입니다[•]. 국가는 토지를 수용하면서 보상금 11억 원을 B에게 주었습니다. X 토지를 넘겨받고 싶었던 A는 당황스럽습니다. 이제 둘의 법률관계는 어떻게 되는 것일까요?

채무자의 잘못 없이 후발적 불능이 발생한 상황입니다. 채무자 B가 잘못한 건 아니지만 어쨌든 토지를 A에게 넘겨줄 수 없게 되었으니 말입니다. 후발적 불능의 첫 번째 효과로 채무자 B는 급부의무를 면합니다. (면할 수밖에 없습니다. 토지를 더 이상 넘겨줄 수 없다는데 무엇을 어쩌겠습니까.) 다만 채권자 A는 채무자 B에게 대상청구권을 행사할 수 있습니다. 채무가 불능으로 되면서 채무자가 이에 갈음하여 어떤 이익을 얻었습니까? 얻었습니다. 토지가 수용되면서 B는 보상금 11억 원을 받았습니다. 따라서 A는 토지 대신 B가 얻은 11억 원을 달라고 청구할 수 있습니다.[4] 물론 A는 그 반대로 잔금 5억 원을 마저 주어야 합니다. A가 대상청구권을 행사한다는 건 계약을 유지하겠다는 뜻이니 말입니다.

(5) 불능의 이모저모를 간략히 살펴보았습니다. 불능이라는 주제 자체가 이론적 확장가능성도 크고, 논의 좌표도 여기저기 흩어져 있으므로 길을 잃지 않기 위해서는 언제나 실제 조문에 뭐라고 적혀 있

[•] **'토지 수용(收用)'**이란 '특정한 공익사업을 위하여 법률이 정한 절차에 따라서 국가나 지방자치단체 또는 공공단체가 강제적으로 토지의 소유권 등을 취득하는 일'을 말합니다.

는지를 먼저 확인해야겠습니다.

3. 해제 조문 읽어보기

준비물을 모두 갖추었습니다. 이행지체와 이행불능에 대해 충분히 공부했으니 이제 본격적으로 법정해제에 대해 알아봅시다. 법정해제는 민법 조문이 잘 규정된 편이라서 순서대로 읽기만 하여도 큰 틀을 잡는데에 부족함이 없습니다.

1) 제543조

제543조(해지, 해제권) ① 계약 또는 법률의 규정에 의하여 당사자의 일방이나 쌍방이 해지 또는 해제의 권리가 있는 때에는 그 해지 또는 해제는 상대방에 대한 의사표시로 한다. ② 전항의 의사표시는 철회하지 못한다.

해지 또는 해제는 상대방에 대한 의사표시로 합니다(제543조). 방법에는 제한이 없습니다. 예를 들어 구두(口頭)로도 해제의 의사표시를 할 수 있습니다. 다만 법정 다툼까지 간다면 해제를 주장하는 측에서 의사표시의 존재 사실을 주장·입증해야 하므로, 해제를 원하는 쪽이라면 (내용증명을 받은) 서면으로 의사표시를 해두는 게 좋겠습니다.

2) 제544조

제544조 (이행지체와 해제) 당사자 일방이 그 채무를 이행하지 아니하는 때에는 상대방은 상당한 기간을 정하여 그 이행을 최고하고 그 기간내에 이행하지 아니한 때에는 계약을 해제할 수 있다. 그러나 채무자가 미리 이행하지 아니할 의사를 표시한 경우에는 최고를 요하지 아니한다.

제544조는 이행지체에 근거한 법정해제를 규정하고 있습니다. 당사자 일방이 그 채무를 이행하지 아니하는 때에는 상대방은 상당한 기간을 정하여 그 이행을 최고하고, 그 기간내에 이행하지 아니한 때에는 계약을 해제할 수 있습니다(제544조). 여기서 최고(催告)는 베스트(最高)의 의미가 아닙니다. 이행을 재촉(催)하는 행위를 말합니다.

앞서 배운 손해배상청구와 민법 제544조를 비교해봅시다. 제390조에서는 채무자가 "채무내용에 좇은 이행을 하지 아니"하고, 그로 인해 손해가 발생하면 곧바로 손해배상을 청구할 수 있었습니다.[*] 비교적 간단한 편이었죠. 그런데 민법 제544조에 따른 계약해제는 어떠합니까? ① 우선 상대방이 이행지체에 빠져야 하고, ② 상당한 기간을 정하여 재촉도 해보아야 하며, ③ 그 기간이 지나야 비로소 해제권이 생깁니다. ④ 그리고 그렇게 생긴 해제권은 행사가 되어야, 즉 상대방에 대한 해제의 의사표시(="계약 해제하겠습니다.")가 있어야 계약이 해제됩니다(제543조). 한 번 맺어진 계약을 어떻게든 깨뜨리지 않으려는 민

---

[*] 물론 채무자의 귀책사유도 필요했지만, 이는 채무자 항변 사유였습니다.

법의 눈물 겨운 노력을 엿볼 수 있는 대목입니다.

한편 제544조 단서에 따라 '채무자가 미리 이행하지 아니할 의사를 표시한 경우에는 최고를 요하지 않'습니다. 최고라는 건 채무를 이행하라고 재촉하는 것인데, 채무자가 미리 이행하지 않겠노라 선언을 한 경우에는 최고를 하는 게 무의미하기 때문입니다.[5]

3) 제545조

제545조 (정기행위와 해제) 계약의 성질 또는 당사자의 의사표시에 의하여 일정한 시일 또는 일정한 기간내에 이행하지 아니하면 계약의 목적을 달성할 수 없을 경우에 당사자 일방이 그 시기에 이행하지 아니한 때에는 상대방은 전조의 최고를 하지 아니하고 계약을 해제할 수 있다.

제545조는 정기행위에서의 법정해제를 규정하고 있습니다. 앞서 '정기행위(定期行爲)'란 '일정한 시일 또는 일정한 기간내에 이행하지 아니하면 계약의 목적을 달성할 수 없는 행위'라 하였습니다. 정기행위에서는 약속한 '그 시기'가 지나면 곧바로 계약을 해제할 수 있습니다. 최고(催告)를 할 필요도, 상당한 기간을 기다릴 필요도 없습니다. 이미 계약 목적을 달성할 수 없는데 이행을 재촉하는 게 무슨 의미가 있겠습니까? (민법 제544조와 제545조는 서로 형제와 같은 조문입니다. 제545조도 본질적으로는 '이행지체'에 따른 법정해제이기 때문입니다. 다만 정기행위라는 특수성 때문에 최고 절차가 완화된 것이라 볼 수 있습니다.)

4) 제546조

제546조 (이행불능과 해제) 채무자의 책임있는 사유로 이행이 불능하게 된 때에는 채권자는 계약을 해제할 수 있다.

제546조는 이행불능에 근거한 법정해제를 규정하고 있습니다. 채무자의 책임있는 사유로 이행이 불능하게 된 때에는 채권자는 계약을 해제할 수 있습니다(제546조). 이행지체와 다르게 이행불능은 단순합니다. 최고를 할 필요도, 상당한 기간을 기다릴 필요도 없습니다. 생각해보면 당연합니다. 불가능한 이행을 재촉한다는 건 말이 안 되기 때문입니다.

5) 제548조, 제549조

제548조 (해제의 효과, 원상회복의무) ① 당사자 일방이 계약을 해제한 때에는 각 당사자는 그 상대방에 대하여 원상회복의 의무가 있다. 그러나 제삼자의 권리를 해하지 못한다. ② 전항의 경우에 반환할 금전에는 그 받은 날로부터 이자를 가하여야 한다.

제549조 (원상회복의무와 동시이행) 제536조의 규정은 전조의 경우에 준용한다.

계약을 해제한 때에는 각 당사자는 그 상대방에 대하여 원상회복할 의무가 있습니다(제548조). 예로 봅시다. A는 2022. 1. 1. B로부터 X 아파트를 10억 원에 샀습니다. A는 약속대로 10억 원을, B는 약속대로 아파트 소유권을 줬습니다. 그런데 석 달 뒤에 계약이 해제되었습니다. 이런 경우 B는 A에게 10억 원을, A는 B에게 아파트 소유권을 돌려주어야 합니다. 다만 원상회복을 하면서 제삼자의 권리를 해하지는 못합니다(제548조 제2항). 따라서 C라는 제삼자가 위 계약 해제 전에 A와 매매 계약을 맺고 X 아파트에 대해 등기를 마치는 등 완전한 소유권을 취득한 경우, A와 B 사이의 계약이 해제되더라도 C는 보호됩니다[제삼자의 보호에 대한 자세한 설명은 제2장 참고].

한편 계약 해제로 인한 원상회복은 서로 동시에 하는 게 원칙입니다(제549조, 제536조). 그게 공평하기 때문입니다. 제536조는 동시이행 항변권에 관한 조문인데, 이는 제4장에서 더 살펴보겠습니다.

6) 제550조

제550조 (해지의 효과) 당사자 일방이 계약을 해지한 때에는 계약은 장래에 대하여 그 효력을 잃는다.

해제와 해지는 서로 다른 법률용어입니다. 일상생활에선 종종 혼용하는데, 이번 기회에 그 차이점을 명확히 해봅시다. 둘 다 계약을 무효로 만든다는 점은 같습니다. 그러나 해제(解除)에는 소급효가 있고, **해지(解止)**에는 장래효만 있습니다.

앞서 소급효(遡及效)란 '과거로 거슬러 올라가 효과를 미치는 것'이라 하였습니다[제2장 참고]. 해제에는 소급효가 있습니다. 그래서 계약을 해제하면 계약은 처음부터 무효였던 것으로 됩니다. 하지만 해지

대한민국에서 가장 쉽게 쓴 민법책

에는 **장래효(將來效)**만 있습니다. 따라서 계약을 해지하면 그 시점 이후부터만 무효입니다. 예를 들어 A가 1년간 유지해오던 X 신문사 구독권을 해지한다고 해봅시다. A가 구독권을 해지하더라도 X 신문사는 A가 지금까지 낸 구독료를 원상회복(환불)하지 않습니다. A 역시 지금까지 X 신문사로부터 받은 이익을 원상회복(신문 반납)하지 않습니다. 해지 이전까지의 계약은 유효하기 때문입니다. 앞으로 주고받을 구독료와 신문이 없을 뿐입니다.

해지의 장래효는 민법 제550조에 규정되어 있습니다. 해제의 소급효를 명시한 규정은 따로 없습니다. 다만 제550조 반대해석상 해제에는 소급효가 있다고 봅니다.

7) 제551조

제551조 (해지, 해제와 손해배상) 계약의 해지 또는 해제는 손해배상의 청구에 영향을 미치지 아니한다.

계약의 해지 또는 해제는 손해배상의 청구에 영향을 미치지 않습니다(제551조). 약속이 사라졌다고 이미 발생한 손해가 사라지는 건 아니기 때문입니다. 따라서 계약이 해제되더라도 채권자는 손해배상을 청구할 수 있습니다.

사례로 볼까요. A는 2022. 1. 1. B로부터 X 아파트를 10억 원에 샀습니다. 계약금 1억 원은 계약 당일에, 중도금 4억 원은 3. 1.에, 잔금 5억 원은 5. 1. B가 A에게 X 아파트 소유권이전등기에 필요한 서류를 교부함과 동시에 주기로 하였습니다. A는 약속대로 중도금 4억 원까지 B에게 지급하였습니다. 그런데 주변 아파트 시가가 올라가는 걸 본 B는 욕심에 눈이 멀어 2022. 4. 15. C에게 X 아파트를 11억 원에 팔았고, 다음 날 X 아파트에 대한 소유권이전등기까지 마쳐주었습니다. (C는 이중매매 사실에 대해 알지 못하였습니다.)

B는 약속을 어겼습니다. A는 무엇을 할 수 있을까요? 우선 제546조에 따라 계약을 해제할 수 있겠습니다. '채무자의 책임있는 사유로 이행이 불능하게 된 때'에 해당하기 때문입니다. 계약을 해제하면 각 당사자는 원상회복을 해야 하고(제548조), 따라서 B는 A로부터 받은 돈을 돌려주어야 합니다.●

여기서 더 나아가 A는 B에게 손해배상을 청구할 수도 있습니다(제551조). 채무자 B는 약속을 어겼고, 그로 인해 채권자 A는 손해를 입었으며, 사건의 경우 B에게 고의도 인정됩니다. 따라서 A는 B에게 채무불이행에 따른 손해배상청구도 할 수 있습니다(제390조). 손해 금액은? 매도인의 매매목적물에 관한 소유권이전등기 의무가 이행불능이

● 당사자 일방이 계약을 해제한 때에는 각 당사자는 상대방에 대하여 원상회복의무가 있고, 이 경우 반환할 금전에는 받은 날로부터 이자를 가산하여 지급하여야 합니다(제548조 제2항). 따라서 이 사건의 경우, 계약금 1억 원 및 계약금을 받은 날인 2022. 1. 1.부터 이를 반환하는 날까지의 이자, 중도금 4억 원 및 중도금을 받은 날인 2022. 3. 1.부터 이를 반환하는 날까지의 이자를 합한 금액을 돌려주어야 합니다(대판 2013. 4. 26. 2011다50509 등 참조).

대한민국에서 가장 쉽게 쓴 민법책

됨으로 말미암아 매수인이 입는 손해액은 원칙적으로 그 이행불능이 될 당시의 목적물의 시가 상당액인데(대판 1996. 6. 14. 94다61359, 94다 61366 참고), 이 사건의 경우 B가 X 아파트를 C에게 완전히 넘겨준 시점, 즉 소유권이전등기까지 마쳐준 시점에서 이행불능이 되었습니다.[6] 당시 목적물 시가 상당액은 11억 원이므로, A는 B에게 1억 원 상당을 손해로 청구할 수 있겠군요. 만약 약속이 유효했다면 A가 누렸을 이익과 현재 상태의 차이가 1억 원이니 말입니다.*

---

* 약속이 유효했다면 A는 시가 11억 원 상당의 X 아파트를 소유했겠지만, 동시에 10억 원을 매매대금으로 지급해야 합니다. 반면 지금은 어떻습니까? A는 X 아파트 소유권을 취득하진 못했지만, 매매대금도 내지 않습니다. 요컨대 A 주머니 속에는 여전히 10억 원이 있는 것이지요. 따라서 이 약속이 깨져서 A가 본 손해—약속이 유효하였으면 누렸을 이익과 현재 상태의 차이—는 1억 원입니다.

IV
변제제공에 관한
짧은 설명

1. 채권자 때문에 어그러진 약속?

"너 때문에 약속이 모두 어그러졌어."

　　A는 2022. 1. 1. B로부터 X 아파트를 10억 원에 샀습니다. 그런데 약속이 어그러졌습니다. 아무런 추가 정보 없이 범인을 지목해야 한다면 누가 먼저 떠오르나요? 아마 대부분은 채무자를 지목할 겁니다. 10억 원을 내지 않는 채무자 A를 떠올렸든, 아파트 소유권을 넘기지 않는 채무자 B를 떠올렸든 마찬가지입니다. 의무를 부담하는 건 채무자니까, 채무자가 약속을 어겼으리라 짐작하는 것이지요.

　　하지만 약속은 채권자에 의해 망가지기도 합니다. 사례로 볼까요.

A는 2023. 1. 1. B로부터 X 세탁기를 100만 원에 샀습니다. 둘은 이틀 뒤 오후 12시에 A의 집 앞에서 만나 B는 A에게 세탁기를, A는 B에게 100만 원을 주기로 했습니다. 그런데 A가 약속 당일 오전 11시경 급한 일로 집을 나왔습니다. 약속 장소에 도착한 B는 열심히 문을 두드렸지만 대답이 없습니다. 전화도 묵묵부답입니다. 15분가량을 기다리다 지친 B는 어쩔 수 없이 세탁기를 싣고 다시 가게로 돌아왔습니다.

엄밀히 따지면 채무자 B는 변제에 실패했습니다. 하지만 그 실패를 B의 탓으로 돌리기는 어려워 보입니다. B는 약속대로 오후 12시까지 집 앞으로 갔습니다. 그가 변제에 실패한 이유는 '채권자' A가 제대로 수령하지 않았기 때문입니다.

사례를 하나만 더 봅시다. C는 2022. 6. 1. D로부터 Y 아파트를 15억 원에 샀습니다. 돈을 주고받는 관점에서는 C가 채무자, D가 채권자입니다. 그런데 중도금까지 받고 잔금만 남은 시점에서 갑자기 D가 2억 원을 더 달라고 떼를 씁니다. 그 사이에 아파트 값이 많이 올라 배가 아팠던 것입니다. D는 잔금 5억 원에 2억 원을 추가로 얹어 총 7억 원을 주지 않으면 아파트를 줄 수 없다고 못을 박습니다. C는 약속대로 5억 원을 건네려 하였으나 D가 수령을 거절하였습니다.

이번에도 C는 변제에 실패했습니다. 그러나 C가 변제를 못했다고 손가락질할 사람은 없을 겁니다. C는 약속대로 5억 원을 건네려 하였으나, '채권자' D가 수령을 거절했기 때문입니다.

2. 변제제공이란 개념의 탄생

이처럼 약속은 채권자에 의해 어그러지기도 합니다. 그래서 민법은 **변제제공(辨濟提供)** 이라는 개념을 고안해냈습니다. 변제제공은 말 그대로 변제를 '제공'하는 것, 혹은 그 제공 방법을 일컫습니다. 이 개념 덕분에 채무자는 걱정을 한시름 놓게 되었습니다. 민법에서 정해준 대로만 변제를 제공하면 설령 채권자가 수령을 게을리하더라도 (그래서 '채무내용에 좇은' 변제에는 성공하지 못하더라도) 자신은 최선을 다했다고 주장할 수 있기 때문입니다. 변제제공은 민법 제460조에 규정되어 있습니다. 조문을 읽어보고 주석을 몇 개 달아봅시다.

> 제460조(변제제공의 방법) 변제는 채무내용에 좇은 현실제공으로 이를 하여야 한다. 그러나 채권자가 미리 변제받기를 거절하거나 채무의 이행에 채권자의 행위를 요하는 경우에는 변제준비의 완료를 통지하고 그 수령을 최고하면 된다.

> 제461조(변제제공의 효과) 변제의 제공은 그때로부터 채무불이행의 책임을 면하게 한다.

● '변제의 제공', '이행제공', '이행의 제공'이라고도 표현합니다.

1) 변제를 제공하는 방법은 크게 두 가지입니다. 현실제공(現實提供)과 구두제공(口頭提供)이 그 둘입니다. 전자는 제460조 본문에, 후자는 제460조 단서에 규정되어 있습니다. 한편 현실제공도, 구두제공도 하지 않았으나 마치 이행제공이 있었던 것처럼 취급하는 경우도 있습니다. 이를 구두제공조차 요하지 않는 경우라고 합니다. (그래서 책에 따라서는 변제제공 방법을 곧바로 세 가지라 소개하기도 합니다.)

2) **'현실제공'**이란 '채권자가 손만 뻗으면 닿을 거리에 변제를 두고 오는 것'입니다. 대부분의 약속은 **지참채무(持參債務)**, 즉 채무자가 직접 채권자가 있는 곳까지 가서 이행을 하는 방식이므로, 현실제공이 변제제공의 가장 원칙적 형태라 하겠습니다. 한편 채무자가 약속 시간에 맞추어 현실제공을 하러 갔다면 채권자가 설령 부재중이었더라도 현실제공은 이루어진 것으로 봅니다.

3) **구두제공**이란 ① '채권자가 미리 변제받기를 거절'하거나 '채무의 이행에 채권자의 행위를 요하는 경우', ② 채무자가 변제의 준비를 완료하고, 그 완료를 채권자에게 통지하면서 ③ 변제를 수령해 가라고 최고하는 것입니다(제460조 단서). 보다시피 구두제공은 현실제공에 비해서는 분명 완화된 제공 방식입니다. 채권자가 미리 변제받기를 거절하는 등 사유가 있으니 채무자가 해야 하는 최선의 범위가 줄어들 수밖에요. 다만 곰곰이 생각해보면 완화의 정도가 그리 대단한 건 아닙니다. 채무자는 어쨌든 변제의 준비는 완료해야 하기 때문입니다. 하지만 그럼에도 구두제공은 중요합니다. 그 다음 유형인 '구두제공조

차 필요없는 경우'를 온전히 이해하기 위해 중요합니다.

4) **구두제공조차 요하지 않는 경우**도 존재합니다. 조문에는 없지만 해석상 인정하고 있습니다. 예를 들어 채권자가 미리 변제받기를 거절하되, 너무나 진지하고도 종국적으로 거절을 하는 경우 채무자는 구두제공조차 필요하지 않을 수 있습니다. 절대로 변제를 받지 않겠노라 선언한 사람에게* 변제의 준비를 완료했다고 통지하고, 수령를 최고하는 게 무슨 소용이 있을까요. 무익한 형식행위에 불과하므로 해석상 과감히 생략하는 것이지요(대판 1995. 4. 28. 94다16083 참고).

5) 변제제공은 여러 가지 법률효과를 가져옵니다. 하지만 가장 중요한 효과는 단연 앞에서 본 제461조입니다. 우선 조문의 제목과 위치부터가 상징적입니다. 변제제공을 정의한 제460조 바로 뒤에 등장하는 첫 번째 조문이기 때문입니다. 변제의 제공은 그때로부터 채무불이행의 책임을 면하게 합니다. 생각해 보면 이치에 맞습니다. 변제제공은 채무자가 할 수 있는 최선이기 때문입니다. 이런 채무자에게 '채무의 내용에 좇은 현실제공'을 하지 않았다는 이유로 불이행의 책임을 묻는 건 타당하지 않습니다.

---

* #쌍무계약에서 종종 일어나는 일입니다. 계약에 극심한 불만을 가진 사람은 자기 채무를 이행하지 않을 뿐만 아니라, 상대방의 변제도 거부합니다. 상대방으로부터 변제를 받으면 자신의 이행을 거부할 명분이 사라지니 말입니다.

하지만 변제제공이 모든 형태의 채무불이행을 면해주는 건 아닙니다. 제461조의 문언에도 불구하고 제한하여 해석합니다. 우리는 앞서 채무불이행의 여러 형태 중 특히 중요한 셋(① 약속시간 위반, ② 물건관리 소홀, ③ 품질수준 위반)을 살펴보았습니다. 결론부터 말하자면, 변제제공은 채무자가 약속시간을 어겨 발생한 책임은 면해주는 반면, 물건관리를 소홀히 하여 발생한 책임은 조금 완화시켜 주는 것에 그칩니다. 그런가 하면 품질수준 위반의 경우에는 아무런 면책 효과를 갖지 못합니다. 단을 나누어 좀 더 자세히 살펴봅시다.

3. 변제제공의 여러 효과

[3-3]

변제제공은 여러 법률효과를 갖습니다. 우리는 그중에서 가장 중요한 셋을 뽑아 큰 그림을 그려봅시다. 변제제공의 법률효과는 크게 세 방향으로 접근할 수 있습니다. 변제제공이 ① 채무자에게 미치는 영향, ② 채권자에게 미치는 영향, ③ 쌍무계약에 미치는 영향, 이렇게 셋입니다.●

1) 변제제공이 채무자에게 미치는 영향

변제제공은 변제가 아닙니다. 따라서 변제를 제공만 한 단계에서

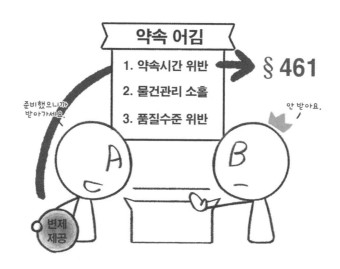

[3-4]

● 우선은 '현실제공'을 염두에 두고 읽기를 권합니다.

는 채무가 아직 소멸하지 않습니다. 이것이 변제제공이 채무자에게 미치는 첫 번째 영향입니다. 변제제공이 채무자에게 미치는 두 번째 영향은 앞서 본 제461조입니다. 변제제공은 그때로부터 채무불이행의 책임을 면해줍니다. 하지만 제461조도 만능은 아닙니다. 학자들은 문언에도 불구하고 제461조를 이행지체, 즉 약속시간 위반 사안에만 적용되는 것으로 제한해서 해석합니다. 물품관리 소홀이나 품질수준 위반은 변제제공으로 책임이 사라지지 않습니다.

변제제공은 그때로부터 채무자의 이행지체 책임을 면해줍니다. 채권자가 수령을 거절하는 것만으로도 속이 타들어 가는데, 여기에 더해 시간 지체에 대한 책임까지 지라고 한다면 너무 가혹하기 때문입니다. 그래서 약속시간 지체 사안은 제461조를 온전히 적용받습니다. 반면 품질수준 위반은 제461조의 적용을 받지 않습니다. 약속한 수준에 미치지 못한 제공은 애당초 '변제준비를 완료'한 것이 아니기 때문입니다. 변제준비를 완료하지 않았으므로 채권자가 변제 수령을 거절하더라도 정당합니다. 따라서 품질수준 위반에서는 변제제공이 낄 자리가 없습니다.

한편 물품관리 소홀은 조금 더 복잡합니다. 결론부터 말하자면 변제제공이 되었다고 그때부터 물건 관리를 마구잡이로 해도 되는 건 아닙니다. 하지만 또 예전만큼 주의를 기울여가며 관리할 필요도 없습니다. 물건을 관리할 의무는 존재하지만 채무자의 책임이 경감되는 겁니다. 이를 더 이해하기 위해선 '채권자지체'에 대해 알아야 합니다.

채권자지체는 채무자의 변제제공이 채권자에게 영향을 미치는 법률효과입니다.

2) 변제제공이 채권자에게 미치는 영향

채권자가 이행을 받을 수 없거나 받지 아니한 때에는 이행의 제공이 있는 때로부터 지체책임이 있습니다(제400조). 이를 **채권자지체**라고 합니다. 변제를 받지 아니한 채권자에게 주어지는 일종의 페널티입니다. 그런데 채권자지체는 흥미롭게도, 채무자에게도 영향을 미칩니다. 채무자가 쏘아 올린 이행제공(변제제공)이란 공이 채권자를 거쳐 다시 채무자에게 영향을 미치는 형세입니다. 채권자지체 중에는 채무자

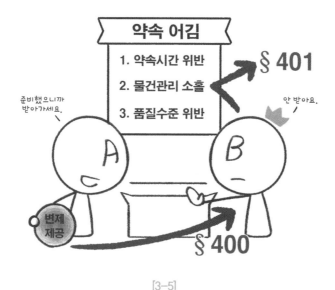

[3-5]

는 고의 또는 중대한 과실이 없으면 불이행으로 인한 모든 책임이 없습니다(제401조).

> 제400조(채권자지체) 채권자가 이행을 받을 수 없거나 받지 아니한 때에는 이행의 제공있는 때로부터 지체책임이 있다.

> 제401조(채권자지체와 채무자의 책임) 채권자지체 중에는 채무자는 고의 또는 중대한 과실이 없으면 불이행으로 인한 모든 책임이 없다.

민법상 과실(過失)에는 경과실과 중과실, 이렇게 두 종류가 있습니다. '중과실(重過失)'은 '행위자의 직업, 행위의 종류, 목적 등에 비추어 그 행위에 일반적으로 요구되는 주의를 현저하게 결여한 것'을 말합니다. '경과실(輕過失)'은 '중과실보다 주의의무 위반의 정도가 가벼운 경우'를 뜻합니다. 우리가 앞서 배운 '고의 또는 과실'에서의 과실은 경과실에 해당합니다. (그래서 민법이 중과실을 강조하고 싶을 때에는 '고의 또는 중대한 과실'이라는 표현을 사용합니다.)

채권자지체 중에는 채무자는 고의 또는 중대한 과실이 없으면 불이행으로 인한 모든 책임이 없습니다. 즉 채권자지체 중 채무자의 '경과실'로 발생한 불이행에 대하여는 채무자가 책임이 없습니다. 이 지점에서 앞에서 본 민법 제461조와 지금 보고 있는 제401조가 해석상 충돌합니다. 전자(제461조)에 따르면 변제의 제공은 그때로부터 채무불이행의 책임을 면하게 합니다. 아무런 추가 요건도 없습니다. 고의에 의한 불이행도, 과실에 의한 불이행도 제461조 문언에 따르면 책임을 면합니다. 반면 후자(제401조)에 따르면 채무자는 경과실로 발생한 불이행 책임만 면합니다. 고의에 의한 불이행이나, 중과실에 의한 불이행에 대해서는 여전히 책임을 지는 것이죠. 두 조문이 서로 모순인 것처럼 보입니다.

어느 조문이 맞는 걸까요? 학자들은 각 조문이 규율하는 상황이 다르다고 봅니다. 제461조는 약속시간 지체를 위한 조문으로, 제401조는 물품관리 소홀을 위한 조문으로 나누는 겁니다. 이행제공을 한 뒤라도 물품관리를 완전히 소홀히 할 수는 없습니다. 앞서 설명한 세탁기 사안을 다시 떠올려봅시다. 약속 시간에 맞춰 A를 찾아간 B는 짜증이 날 겁니다. 그러나 그렇다고 세탁기를 함부로 해선 안 됩니다. 아직 채무 자체가 사라진 건 아니기 때문입니다. 만약 A가 뒤늦게라도 세탁기를 건네 달라고 하면 B는 세탁기를 가져다주어야 합니다. (쓸데없이 왕복을 하느라 추가로 든 비용과 시간은 별도로 청구할 일입니다.) 아래 두 사례를 보며 조금 더 고민해봅시다. 세탁기를 싣고 돌아가는 B에게 교통사고가 발생했습니다. 교통사고로 세탁기는 크게 파손되었습니다.

> [사례 1]
> 교통사고는 B의 중과실로 일어난 일입니다. 너무 화가 난다는 이유로 가게로 돌아가는 길 내내 난폭운전을 했기 때문입니다. 결국 브레이크를 제때 밟지 못하고 사실상 고의에 가까운 교통사고를 냈습니다. 교통사고로 세탁기는 크게 망가졌습니다.

[사례 2]
교통사고는 B의 경과실로 일어난 일입니다. 먼길을 왔다 갔다 하느
라 피곤한 중에 뒤차가 추돌사고를 냈습니다. 교통사고로 세탁기는
크게 망가졌습니다.

"어제는 미안하게 됐습니다. 급하게 일이 생겨서 잠시 밖으로 나갔
는데 그 사이에 집을 찾아오신 모양이더군요. 오늘이라도 세탁기 받
을 수 있을까요? 배송비는 따로 챙겨드리겠습니다."

"네, 저도 그게 좋겠습니다. 약속한 대금도 준비해주십시오. 그런
데 건네드릴 물건에 문제 좀 생겼습니다."

"무슨 일이시죠?"

"어제 세탁기를 싣고 돌아가는 길에 교통사고가 나서 세탁기가 크
게 고장 났습니다."

"그게 저랑 무슨 상관이죠? 그럼 새 세탁기를 주시면 되지 않나
요?"

"아니죠. 저는 약속된 시간에, 약속된 장소로 세탁기를 들고나갔
습니다. 만약 그때 제대로 세탁기를 건네받으셨다면 이런 일도 없었을
거 아닙니까."

"네? 이게 무슨 황당한 논리인지?"

"민법 제461조 모르십니까? 변제제공한 때로부터 채무불이행 책임을 면한다. 제가 좀 실수한 부분이 있긴 하지만 제가 변제제공을 한 시점부터 저는 채무불이행 책임이 없습니다. 물품관리를 소홀히 한 정황이 있더라도 저에겐 책임이 없다 이 말입니다."

"도대체 당황스러워서 말이 안 나오는군요. 난 모르겠고, 새 세탁기로 가져오세요!"

"나도 그럴 순 없습니다. 망가진 세탁기 들고 갈 테니 배송비랑 약속한 대금 준비하고 계십시오!"

누구의 주장이 타당합니까? 사례에 따라 결론이 다릅니다. 우선 민법 제461조를 언급한 B의 설명은 틀렸습니다. 앞서 보았듯이 물품관리 소홀 사안에서는 제461조를 적용하지 않습니다. 여기서는 제401조를 적용합니다. 제401조는 경과실에 따른 물건관리 소홀만 눈감아줍니다. 고의나 중과실로 물건관리를 소홀히 한 경우에는 여전히 채무불이행 책임을 묻죠. 따라서 첫 번째 사례에서 채무자 B는 채무불이행에 대한 책임이 있습니다. B는 망가진 세탁기를 가져다주면서 수리비 등을 보태주든지, 아예 새 세탁기를 가져다주어야 할 겁니다. 그러나 두 번째 사례에서는 B에게 물건관리 소홀에 대한 책임이 없습니다. 경과실로 문제가 발생하였기 때문입니다. 따라서 A는 대금을 전부 주면서 망가진 세탁기를 받을 수밖에 없습니다. 이것이 채권자지체로 인한 A의 운명입니다.

다소 어려운 이야기였습니다. 다시 정리하면 다음과 같습니다. 이행제공은 채무불이행 책임을 줄여주는 효과가 있습니다. 그중 약속시간 위반은 제461조 덕분에 아예 면책이 됩니다. 반면 물건관리 소홀은 제401조에 따라 경과실인 경우에만 면책이 됩니다. 마지막으로 품질수준 위반은 이행제공으로부터 받을 수 있는 면책 효과가 없습니다.

3) 변제제공(이행제공)이 쌍무계약에 미치는 영향

이행제공은 쌍무계약에서도 활약을 합니다. 이행제공은 쌍무계약 당사자가 갖는 동시이행의 항변권을 깨는 효과가 있습니다. 동시이행 항변권은 매우 중요한 내용이므로 바로 다음 장에서 더 자세히 설명하도록 하겠습니다[제4장 참고]. 지금은 이행제공을 설명하기 위해 필요한 정도로만 간단히 알아봅시다.

쌍무계약은 서로가 서로에게 의무를 지는 계약이라 하였습니다. 쉽게 말해 계약 당사자 A가 B에게 줄 것이 있다면, 상대방 B도 A에게 줄 것이 있는 상황입니다. 이런 상황에선 누가 언제 이행을 하는지가 중요합니다. 내 의무를 먼저 이행하면 상대방은 의무를 이행하지 않고 도망가버릴지 걱정되기 때문입니다. 그래서 민법은 이행 순서에 대해 특별히 약속으로 정한 게 없다면 서로 동시에 이행하는 걸 원칙으로 삼습니다. 민법 제536조를 봅시다.

제536조(동시이행의 항변권) ① 쌍무계약의 당사자 일방은 상대방이 그 채무이행을 제공할 때까지 자기의 채무이행을 거절할 수 있다. 그러나 상대방의 채무가 변제기에 있지 아니하는 때에는 그러하지 아니하다.

쌍무계약에서는 상대방이 채무이행을 제공할 때까지 자기의 채무이행을 거절할 수 있습니다. 이것이 동시이행 항변권입니다. 따라서 만약 상대방의 동시이행 항변을 깨고 싶다면 이행의 제공을 하면 됩니다. 조문에 "이행을 제공할 때까지"만 채무이행을 거절할 수 있다고 정했기 때문입니다. 쌍무계약에서 계약 당사자의 동시이행 항변권을 깨는 것, 이것이 이행제공이 쌍무계약에 미치는 영향입니다.

[3-6]

대한민국에서 가장 쉽게 쓴 민법책

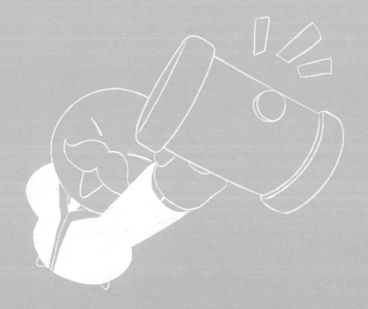

제4장

쌍무계약과
마법 저울 이야기

여기 저울이 하나 있습니다.
얼마를 올리기로 했는지는 중요하지 않습니다. 평형을 이루는 게 중요합니다.
약속을 했기 때문입니다.

I
쌍무계약과
마법 저울 이야기

1. 어느 마법 저울 이야기

여기 저울이 하나 있습니다. 이 저울은 대상의 무게를 재는 것이 아니라 '가치'를 잽니다. 저울 양쪽에 올린 가치의 크기가 같아지면 평형을 이루지요. 저울 양쪽에는 두 사람이 서 있습니다. 각자 10만큼의 가치를 올리기로 했다면 10을, 20만큼의 가치를 올리기로 하였다면 20을 올려놓아야 합니다. 얼마를 올리기로 했는지는 중요하지 않습니다. 평형을 이루는 게 중요합니다. 약속을 했기 때문입니다. 한편 저울에 가치를 올려놓는 '방법'도 무척 중요합니다. 저울 양쪽이 서로 대가적 관계에 있기 때문입니다. 따라서 저울 사용에 앞서 누가, 언제 어떤 순서로 올려놓을지 등에 대해서도 미리 정해두는 게 좋습니다.

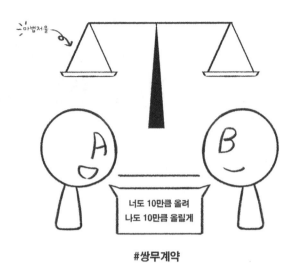

#쌍무계약

[4-1]

　이 이야기는 앞서 배운 쌍무계약에 대한 비유입니다. 앞서 쌍무계약은 서로가 서로에게 의무를 부담하는 계약이라 하였죠. 저울의 양쪽 쟁반이 서로 대가적 관계에 있듯이, 쌍무계약의 양쪽 채무는 서로 대가적 관계로 얽혀 있습니다. 이를 어려운 표현으로 쌍무계약상의 **견련관계(牽連關係)**라고 합니다. 이끌 견(牽), 잇닿을 련(連)이라는 뜻풀이 그대로, 서로 이어져 있다는 의미입니다.

　견련성은 쌍무계약 전체를 관통하는 키워드입니다. 양쪽 채무가 서로 대가적 관계로 얽혀 있으므로, ① 쌍방이 채무를 이행하는 방법에 대해서도, ② 쌍무계약의 성립과 존속 여부에 대해서도 견련성은 할 말이 많습니다. ③ 더 나아가 저울의 평형을 유지하는 문제, 즉 유상계약의 **등가성(等價性)** 문제와도 밀접한 연관성이 있지요. 각 내용은 순서대로 동시이행 항변권(제536조), 위험부담(제537조. 제538조), 담보책임(제569조~제584조)이라는 모습으로 민법에 구현되어 있습니다.

각 내용을 하나씩 살펴보면서 #쌍무계약의 큰 그림을 잡아봅시다. 쌍무계약은 계약의 일종이기 때문에 앞서 배운 내용들은 쌍무계약에도 그대로 적용됩니다. 하지만 그 역은 성립하지 않습니다. 즉 쌍무계약이라는 특수한 약속에서만 논의할 수 있는 내용이 있는 겁니다. 이번 장에서 주목할 내용이 바로 그러한 논의입니다. 본래는 ① 동시이행 항변권, ② 위험부담, ③ 담보책임 순으로 설명하는 것이 오래된 관행이나, 직관적 이해를 돕기 위해 ③-①-② 순으로 설명하겠습니다.

2. 채무자가 이행을 청구한다고?

> 제537조 (채무자위험부담주의) 쌍무계약의 당사자 일방의 채무가 당사자쌍방의 책임없는 사유로 이행할 수 없게 된 때에는 채무자는 상대방의 이행을 청구하지 못한다.

본격적인 공부에 앞서 조문을 하나만 읽어볼까요. 쌍무계약의 당사자 일방의 채무가 당사자쌍방의 책임없는 사유로 이행할 수 없게 된 때에는 '채무자'는 상대방의 이행을 청구하지 못합니다(제537조). 얼핏 들었을 때는 맞는 말 같은데 곱씹어 볼수록 이상합니다. 채무자는 본래 이행 청구를 할 수 없는 사람입니다. 이행 청구는 채권자가 하는 것이고, 채무자는 청구를 '받는' 사람일 뿐이죠. 그런데 조문의 말투는 그게 아닙니다. 마치 채무자가 원래는 이행을 청구할 수 있는데, 제537조라는 특수 상황에서만 청구를 할 수 없는 것처럼 썼습니다. 이게 무슨 말일까요? 해석의 열쇠는 #쌍무계약에 있습니다. 제537조는 다음과 같은 상황을 염두에 둔 조문입니다.

① A는 B에게 한정판 야구 카드를, B는 그 대가로 A에게 한정판 농구화를 건네주기로 약속을 하였습니다. 서로가 서로에게 의무를 지는 약속이니까 쌍무계약을 맺은 겁니다.

② 그런데 A가 B에게 야구 카드를 건네줄 수 없게 되었습니다. A 아랫집에서 화재가 났는데 불길이 위층으로 올라오는 바람에 방에서 보관 중이던 카드가 훼손된 것이지요. A 잘못으로 발생한 화재는 아니었지만, 어쨌든 카드는 건네줄 수 없게 되었습니다.

③ 이런 경우 A는 상대방 B에게 이행을 청구할 수 없습니다(제537조). 저울 위에 야구 카드를 올려놓을 수 없으니 B에게도 농구화를 올리도록 요구하지 말란 겁니다. 한쪽에 농구화만 올린다면 저울의 평형이 깨질 테니 말입니다.

이제야 궁금증이 풀립니다. 조문이 하고 싶은 말은 '채권자 A는 상대방 B에게 이행을 청구할 수 없다'입니다. 그런데 A는 채무자이기도 합니다. 그는 채무자로서 야구 카드를 B에게 건네주었어야 하지만 그러지 못했습니다. '채무자로서' A에게 생긴 일을 이유로 '채권자로서'

A의 권리를 제한하려다 보니 표현이 어색하게 나온 겁니다. 이는 오직 #쌍무계약에서만 가능한 일입니다. 쌍무계약에서는 한 당사자가 채무자이면서 동시에 채권자이기 때문입니다.

우리가 앞서 채무불이행을 공부할 때에는 이러한 어려움이 없었습니다. 제390조에 따라 채무자가 채무 내용에 좇은 이행을 하지 아니하면 채권자는 손해배상을 청구할 수 있었습니다. 여기서는 채권자와 채무자 관계가 일차원적이라서 해석이 어렵지 않았습니다. 그런데 쌍무계약에서는 이렇게 할 수가 없습니다. 계약 당사자가 (어느 측면에서는) 채권자이면서 동시에 (다른 측면에서는) 채무자이다 보니까 누가 누구에게 무엇을 시키는지가 헷갈리는 겁니다. 그래서 실제 쌍무계약 조문에서는 '채권자', '채무자'라는 표현보다는 '당사자 일방', '상대방' 같은 표현이 더 자주 등장합니다. 관계가 다차원적이라서 그렇습니다. 앞으로 쌍무계약 조문을 해석할 때에는 이러한 쌍무계약의 특징을 꼭 염두에 두어야겠습니다.

Ⅱ
원칙1:
평형을 유지하라

1. 첫 번째 원칙

마법 저울에는 몇 가지 사용 원칙이 있습니다. 그중 첫 번째는 '평형 유지'입니다. 마법 저울은 평형을 유지해야 하며, 만약 평형이 깨질 경우 이를 되찾기 위해 다양한 방법을 동원할 수 있습니다. 예를 들어 우리는 가벼운 쪽을 더 무겁게 만들거나, 무거운 쪽을 더 가볍게 만들어 균형을 되찾을 수 있습니다. 혹은 양쪽을 모두 비워서 평형을 만들 수도 있지요. (이 마지막 방법은 양쪽의 무게 차이가 클 때 특히 유용합니다. 아무것도 없는 저울은 기본적으로 평형 상태를 유지하기 때문입니다.)

저울이 균형을 찾아가는 모습은 민법의 **담보책임(擔保責任)**을 닮

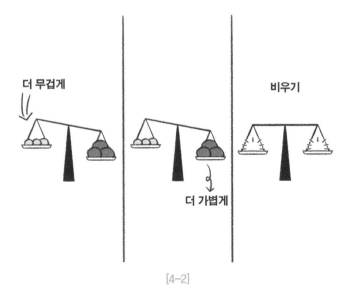

더 무겁게

비우기

더 가볍게

[4-2]

아 있습니다. 교과서에서는 '담보책임'을 "유상계약에서 채권자가 넘겨받은 권리나 물건에 흠결이 있어 급부의 등가성이 깨진 경우, 등가성을 회복할 수 있도록 채무자가 채권자에게 부담하는 책임"이라고 적습니다. 저울 위에 20씩 올리기로 했다면 양쪽 모두 20씩 올려야 합니다. 누군가가 약속과 다르게 15만큼만 올리는 경우, 그러니까 급부의 등가성이 깨지는 경우, 우리는 담보책임을 사용해 앞에서 본 방법들로 저울의 균형을 회복할 수 있습니다.

사실 담보책임은 유상계약(有償契約)에서 논의되는 제도입니다(제567조 참조). 유상계약과 쌍무계약은 의미가 비슷해 자주 헷갈립니다. 실제로 모든 쌍무계약은 유상계약입니다. 쌍무계약에서 말하는 '채무의 상호의존성'이 유상계약에서 말하는 '서로 대가적 의미가 있는 재산상의 출연'보다 더 좁은 개념이기 때문입니다[제2장 '계약의 종류' 주석 참고].

엄밀하게 따지면 쌍무계약과 유상계약은 서로 다른 개념이므로 담보책임을 쌍무계약에서 논하는 건 조금 아쉬운 정리입니다. 하지만 지금은 그 차이에 너무 주목하지 맙시다. 대부분의 유상계약은 동시에 쌍무계약이고, 여기서 벗어나는 예외는 극히 드물기 때문입니다.[7] 따라서 이번 절에서는 '유상계약 = 쌍무계약'을 전제한 채로 마법 저울의 비유를 좀 더 활용해보겠습니다.

2. 민법의 담보책임

1) 담보책임: 가장 단순한 정리

우리는 가벼운 쪽을 더 무겁게 하거나, 혹은 무거운 쪽을 더 가볍게 하거나, 혹은 양쪽을 모두 비움으로써 기울어진 저울을 다시 평평하게 만들 수 있습니다. 민법의 담보책임도 마찬가지입니다. 쌍무계약에서 등가성이 깨지면 우리는 다음과 같은 조치를 취하여 균형을 회복할 수 있습니다.

매수인은 담보책임에 기하여 매도인에게 **손해배상**을 청구할 수 있습니다. 이는 가벼운 쪽을 더 무겁게 만드는 것과 같습니다. 저울에

20씩 올리기로 했는데 매도인은 15짜리 물건을 올렸다고 해봅시다. 물건을 산 매수인은 부족한 5만큼에 대해 손해배상을 청구하여 균형을 회복할 수 있습니다. "약속한 수준보다 모자라잖아. 부족한 만큼 손해배상해!"

매수인은 담보책임에 기하여 매도인에게 **대금감액**을 청구할 수도 있습니다. 이는 무거운 쪽을 더 가볍게 만드는 것과 같습니다. "너 20 올리기로 해놓고 15만 올렸네? 알았어. 그럼 나도 5 빼서 15만 올릴게."

매수인은 담보책임에 기하여 매도인과의 계약을 **해제**할 수도 있습니다. 이는 양쪽 저울을 모두 비우는 것과 같습니다. 해제는 계약목적을 달성할 수 없는 상황에서 사용하는 특단의 조치입니다. 예를 들어 양쪽에 20씩 올리기로 했는데 매도인이 0.5짜리 물건을 올렸다고 해봅시다. 나머지 19.5는 손해배상을 해주겠다고 하네요. 그런데 매수인 입장에선 0.5를 받을 바에야 그냥 계약 자체를 없애는 게 편할 수도 있습니다. 0.5짜리 물건으로는 본래 계약 목적을 전혀 달성할수 없을 때 특히 그렇습니다. 이런 경우 매수인은 계약을 해제하여 저울의 균형을 회복할 수 있습니다.

2) 담보책임: 보다 정교한 정리

담보책임을 마법 저울에 빗대어 설명하면 이해하기는 분명 쉽습니다. 그런데 이 비유는 담보책임을 너무 단순화한 것이라서 여기에서 설명을 멈추기는 조금 위험합니다. 예를 들어 다음과 같은 문제가 있습니다. ① 본래 담보책임은 매매를 여러 '유형'으로 나누어 접근합니다(예: 권리가 타인에게 속한 경우, 수량이 부족한 경우, 제한물권이 있는 경우 등). 그런데 방금 설명에서는 유형을 전혀 나누지 않았습니다. ② 또한 '대금감액청구'가 마치 대단한 비중을 차지하는 것처럼 설명이 되었습니다. 하지만 감액청구권은 특정 담보책임 유형에서만 사용할 수 있는 독특한 청구권입니다. ③ 무엇보다 방금 설명에서는 담보책임을 위한 법률요건이 전혀 등장하지 않았습니다. 하지만 실제 담보책임을 청구하기 위해선 여러 법률요건을 만족해야만 합니다.

〈 민법의 담보책임 〉

타인의 권리의 매매 (제569조 ~ 제571조)

권리의 일부가 타인에게 속한 경우 (제573조, 제574조)

수량부족, 일부멸실의 경우 (제574조)

제한물권이 있는 경우 (제575조)

저당권, 전세권의 행사와 매도인의 담보책임 (제576조)

저당권의 목적이 된 지상권, 전세권의 매매와 매도인의 담보책임 (제577조)

경매와 매도인의 담보책임 (제578조)

채권매매와 매도인의 담보책임 (제579조)

매도인의 하자담보책임 (제580조)

종류매매와 매도인의 하자담보책임 (제581조)

담보책임을 온전히 이해하는 유일한 방법은 역시나 조문을 직접 읽는 것입니다. 하지만 지금 단계에서 담보책임 조문을 직접 읽기에는 애로사항이 많습니다. 앞의 담보책임 조문들을 정리해 놓은 박스를 잠시 봅시다. 우선 공부하지 않은 단어가 너무 많이 등장합니다. 예를 들어 제575조부터 제577조는 '제한물권', '저당권', '전세권', '경매' 같은 단어를 다 알아야 온전히 이해할 수 있습니다. 그렇다고 그냥 무턱대고 읽기에는 각 조문마다 구사하는 문장 스타일이 달라서 공통점을 직관적으로 찾아내기가 어려우며, 그나마 이해할 수 있는 나머지 조문만 가지고 설명을 하기에는 담보책임의 큰 틀을 잡기에 충분하지 않습니다. 심지어 담보책임은 학자 간 견해 대립도 심한 편입니다.

	선악불문	선의	선의+계약목적달성X	제척기간
570조	해제	손해배상		없음
572조	cf. 대금감액	손해배상	해제	안 날부터 1년 (계약시부터 1년)
574조		손해배상	해제	안 날부터 1년 (계약시부터 1년)
575조		손해배상 (견해대립)	해제	안 날부터 1년
580조		손해배상 (무과실 要)	해제 (무과실 要)	안 날부터 6월
581조		손해배상 (580조 준용) cf. 완전물급부청구권	해제 (580조 준용)	안 날부터 6월

[4-3]

위의 그림 4-3은 담보책임 조문 내용을 보기 좋게 간소화시킨 것입니다. (부차적인 내용이나 견해 대립은 과감하게 생략하였습니다.) 우리가 가져갈 내용은 세 가지입니다. ① '선의'의 매수인은 매도인에게 '손해배상'을 청구할 수 있다. ② '선의'의 매수인이 받은 물건으로 '계약 목적을 아예 달성할 수 없는 지경'이면 '해제'도 가능하다. ③ 담보책임에 기한(기초한) 권리는 일정 기간('제척기간') 안에 행사해야 한다. 이 셋이 민법 담보책임의 큰 원칙입니다. 나머지는 특수한 경우라 보아도 무방합니다. 아래 단을 나누어 좀 더 자세히 알아봅시다.

3. 담보책임에 기한 손해배상청구와 해제

1) 선의의 매수인과 담보책임

A는 2022. 1. 1. B로부터 X 건물을 10억 원에 샀습니다. 큰돈이 오고 가는 거래라서 매매에 앞서 건물 상태를 꼼꼼히 검사했습니다. 당시에는 아무런 문제를 발견할 수 없었습니다. 주변 시세에 비해선 조금 비싼 편이었지만 신축이라서 그냥 샀습니다. 그런데 3개월 후부터 문제가 발생합니다. 외부 기둥에 금이 가고, 천장에선 물이 새고, 이상한 냄새가 나기 시작한 겁니다. A는 너무 당황스럽습니다. 이럴 줄 알았다면 건물을 매수하지 않거나, 적어도 10억 원보다는 적은 금액을 제시했을 테니 말입니다.

C는 2022. 6. 1. D로부터 Y 건물을 7억 원에 샀습니다. 큰돈이

오고 가는 거래라서 매매에 앞서 건물 상태를 꼼꼼히 검사했습니다. 그런데 검사한 지 얼마 지나지 않아 건물 상태가 엉망이란 걸 알았습니다. 외부 기둥에는 금이 가 있고, 천장에선 물이 새며, 방에선 이상한 냄새가 났습니다. 원래는 10억 원에 거래를 하려고 했는데 이런 상태라면 너무 비싼 것 같습니다. C가 D에게 건물 상태를 따지자 D는 가격을 낮추어 주겠다고 합니다. 둘은 긴 협상 끝에 7억 원에 계약을 맺었습니다.

A와 C가 각각 매수한 건물은 '건물 기둥에 금이 가고, 천장에서 물이 새고, 이상한 냄새가 나는 것'은 같습니다. 그런데 매수인 A는 화가 나고, 매수인 C는 만족스럽습니다. 전자는 자신이 생각한 상태와 실제가 다르기 때문이고, 후자는 자신이 생각한 상태와 실제가 같기 때문입니다. 만약 마법 저울이 앞에 있었다면 A는 균형이 깨졌다고 소리칠 테고, C는 적어도 균형에 대해선 별말이 없을 겁니다.

이처럼 급부의 등가성에 대한 판단은 당사자가 대상의 흠결을 미리 알고 있었는지에 따라 달라집니다. 대상의 흠결을 미리 알고 있던 C 같은 매수인을 **'악의의 매수인'**이라고 합니다. 그는 가격을 산정하면서 흠의 존재를 고려했을 것이고, 따라서 특별히 보호해줄 필요가 없습니다. 하지만 A처럼 흠의 존재를 알지 못했던 매수인은 보호해줄 필요가 있습니다. 급부의 등가성이 심히 훼손되었기 때문입니다. A와 같은 매수인은 **'선의의 매수인'**이라고 합니다. 선의의 매수인은 원칙적으로 담보책임에 기한 손해배상을 청구할 수 있습니다.

한편 선의의 매수인은 담보책임에 근거해 계약을 해제할 수도 있습니다. 다만 계약을 해제하려면 매수인이 선의라는 사실만으로는 부족합니다. 매도인으로부터 받은 대상에 흠이 너무 많아서 계약을 유지하는 게 무의미할 정도에 이르러야 합니다. 이를 법문에서는 "계약 목적을 달성할 수 없을 때"라고 적습니다(제572조, 제575조 등 참고). 민법은 한 번 맺어진 계약이 깨지는 걸 그다지 좋아하지 않습니다. 담보책임에 기한 해제도 비슷한 취지로 이해할 수 있겠습니다.

2) 제척기간에 관한 짧은 설명

담보책임에 기한 권리는 일정한 기간 안에 행사해야 합니다. 이러한 기간을 어려운 말로 '제척기간(除斥期間)'이라 합니다. 제척기간은 권리를 행사할 수 있는 법정기간으로서 그 기간이 경과하면 권리가 소멸합니다. 권리자로 하여금 자신의 권리를 신속하게 행사하도록 함으로써 법률관계를 조속히 확정하려는 것이지요(대판 1995. 11. 10. 94다22682·22699 참고). 제척기간은 담보책임 외에도 점유보호청구권(제204조 제3항, 제205조 제2항), 채권자취소권(제406조 제2항) 등에서 사용됩니다.

앞서 말한 바, 본래 담보책임은 매매를 여러 유형으로 나누어 접근합니다. 자연스럽게 각 유형에 따른 제척기간도 서로 조금씩 다릅니다. 하지만 큰 원칙이 없는 건 아닙니다. 담보책임에 기한 권리 행사는 '안 날로부터 1년'이 원칙입니다.˙ 쉽게 말해, 마법 저울이 평형이 아니란 걸 알게 된 선의의 매수인은 그 사실을 알게 된 날로부터 1년 내에 권리를 행사해야 합니다.

3) 중요하고도 특별한 두 경우: 제570조, 제580조

선의의 매수인은 담보책임에 근거해 손해배상을 청구할 수 있고, 계약의 목적을 달성할 수 없는 지경이면 계약 해제도 가능합니다. 그리고 이러한 권리는 흠결이 있음을 안 날로부터 1년 내에 행사해야 합니다. 이것이 담보책임의 큰 원칙입니다. 이 책 전반에 걸쳐 원칙을 세우고 나면 예외는 과감히 생략하였는데 이번에는 두 가지만 추가해봅시다. 실생활에서는 아래 두 경우를 훨씬 더 자주 접하기 때문에 원칙보다 오히려 더 중요합니다.

(1) 제570조: 타인 권리의 매매

A는 2022. 1. 1. B로부터 Y 아파트를 15억 원에 샀습니다. 그런데 B는 Y 아파트의 소유자가 아닙니다. C의 소유입니다. 등기부에도 아직 C 소유로 나옵니다.

"Y 아파트 파신다고 하지 않으셨나요? 아파트 등기부를 떼보니 C 소유로 나오는데요?"

● '안 날로부터'가 제척기간의 기산점인 이유는, 담보책임은 기본적으로 선의 매수인이 행사하는 권리이기 때문입니다. 그래서 악의의 매수인도 권리를 행사할 수 있는 담보책임의 경우(예: 제572조, 제574조)에는 '안 날부터'라는 표현 외에도, '계약시부터'라는 표현도 조문에 등장합니다.

"맞습니다. Y 아파트는 아직 C 소유죠. 하지만 곧 제 것이 될 겁니다."

그러면서 B는 A에게 계약서 한 장을 내보여줍니다. 계약서는 B가 2021. 11. 30. C로부터 Y 아파트를 14억 원에 매수한다는 내용이었습니다.

"중도금까지 이미 다 완납했습니다. 이제 잔금 처리만 하면 되니 걱정하지 마시고 계약서에 도장 찍으시죠."

"좋습니다, 한 번 믿어보지요. C와의 잔금 처리는 잘 끝내도록 하세요."

약속과 처분은 다릅니다. 약속은 누구나 할 수 있지만, 처분은 권한 있는 사람만 할 수 있습니다. 약속이 말뿐이라면 처분은 실제 이행이지요. B는 자기 소유가 아닌 것을 A에게 팔고 있습니다. 남의 것을 가지고 거래를 했으니까 무효이거나 불법일까요? 그렇지 않습니다. B는 C 소유 아파트를 '처분'할 수 없을 뿐이지, 넘겨주겠다는 '약속'은 얼마든지 할 수 있습니다. 약속은 누구나 할 수 있기 때문입니다.

제569조(타인의 권리의 매매) 매매의 목적이 된 권리가 타인에게 속한 경우에는 매도인은 그 권리를 취득하여 매수인에게 이전하여야 한다.

제570조(동전-매도인의 담보책임) 전조의 경우에 매도인이 그 권리를 취

득하여 매수인에게 이전할 수 없는 때에는 매수인은 계약을 해제할 수 있다. 그러나 매수인이 계약당시 그 권리가 매도인에게 속하지 아니함을 안 때에는 손해배상을 청구하지 못한다.

타인에게 속한 권리를 매매의 목적으로 삼을 수도 있습니다. 이를 **'타인의 권리의 매매'**라고 합니다. 타인 권리의 매매는 무효도 아니고, 불법도 아닙니다. 그저 약속대로 매도인이 권리를 취득하여 매수인에게 넘겨주면 됩니다(제569조). 문제는 타인의 권리를 제대로 취득하지 못할 때입니다. 제570조를 봅시다. 매도인이 그 권리를 취득하여 매수인에게 이전할 수 없는 때에는 매수인은 계약을 해제할 수 있습니다. 그러나 매수인이 계약당시 그 권리가 매도인에게 속하지 아니함을 안 때에는 손해배상을 청구할 수 없습니다.

제570조에 근거한 손해배상 청구는 우리가 앞서 배운 원칙과 동일합니다. 계약 당시 그 권리가 매도인에게 속하지 아니함을 몰랐던 매수인, 즉 선의의 매수인만 손해배상을 청구할 수 있습니다(제570조 단서). 그런데 해제는 조금 다릅니다. 조문 해석상 제570조 매수인은 선악을 불문하고 계약을 해제할 수 있습니다. 예를 들어 방금 사례에서 B가 C에게 잔금을 치르지 못해 Y 아파트의 소유권을 얻지 못했다고 해봅시다. B가 권리를 취득하여 매수인에게 이전할 수 없게 되었으므로 매수인 A는 계약을 해제할 수 있습니다(제570조 본문). 즉 A는 악의의 매수인이지만 (즉 B와 계약을 맺을 때부터 Y 아파트가 B 소유가 아니라는 사실을 알고 있었지만) 여전히 해제를 할 수 있다는 것이

지요. 선의의 매수인이 계약목적을 달성할 수 없는 수준에 이르러야 비로소 해제를 할 수 있었던 기존 원칙과는 사뭇 다른 모습입니다.

타인 권리 매매는 제척기간의 관점에서도 특별합니다. 타인 권리 매매는 제척기간이 따로 없습니다. 제척기간을 정한 조문이 전혀 없기 때문입니다. 즉 타인 권리 매매에서 매수인은 특별한 기간의 제한 없이 계약 해제를 청구하거나, 선의인 경우에는 손해배상을 청구할 수 있습니다. '안 날로부터 1년' 내에 권리를 행사해야 했던 대원칙과는 대조적인 모습입니다. 타인 권리 매매가 무효 또는 불법은 아니지만 어쨌든 남의 권리를 가지고 한 비즈니스인 만큼 제척기간의 제한을 없애 나름 균형을 맞춘 것이라 볼 수 있겠습니다.

(2) 제580조: 물건의 하자담보책임

매도인의 담보책임에는 사실 두 종류가 있습니다. ① 권리의 흠에 대한 것과, ② 물건의 흠에 대한 것, 이렇게 둘입니다. 예를 들어 A가 2022. 5. 5. B로부터 Z 건물을 매수했다고 해봅시다. A가 Z 건물을 온전하게 사용하려면 Z 건물은 권리상으로도 흠결이 없어야 하고, 기능상으로도 하자가 없어야 합니다.

방금 배운 타인 권리의 매매가 권리상 흠결의 좋은 예입니다. 예를 들어 Z 건물이 사실은 C 소유라고 해봅시다. 매매의 목적이 된 권리가 타인에게 속한 경우 매도인은 그 권리를 취득하여 매수인에게 이전하여야 합니다. 만약 매도인이 그 권리를 취득하여 매수인에게 이전할 수 없는 때에는 매수인은 계약을 해제하거나 선의인 경우 손해배상도 청구할 수 있습니다. 왜 그렇습니까? 약속받은 권리 수준과 실제 수준 사이에 괴리가 발생했기 때문입니다. A는 Z 건물에 대한 완전한 소유권을 취득할 것으로 기대하고 있었습니다. 그런데 B가 권리 취득에 실패함으로써 A의 기대도 물거품이 되었죠. 이처럼 기대했던 권리 수준과 실제 사이에 발생한 괴리를 **권리상 흠결**, 또는 **권리의 흠**이라고 합니다.

한편 기능상의 흠결은 다음과 같은 것입니다. 예를 들어 건물을 건네받고 얼마되지 않아 기둥이 무너진다거나, 2층 천장에서 물이 새는 경우 등입니다. 이처럼 매수인이 약속받은 물건 수준과 실제 수준 사이에 발생하는 괴리를 **기능상의 흠결**, 또는 **물건의 흠**, 또는 **하자(瑕疵)**라고 합니다.● 초학자인 우리에게는 권리의 흠보다는 물건의 흠이 조금 더 직관적이고 이해하기도 쉽지요. 그래서 이 절에서는 타인 권리 매매를 제외하고는 계속 물건의 흠을 예로 들어 설명했습니다. 하지만 민법 조문 전체를 놓고 보면 물건의 하자담보책임은 오히려 담보책임의 특수 사례에 가깝습니다.

우리는 앞서 담보책임의 첫 번째 원칙을 '선의의 매수인은 손해배상을 청구할 수 있다'로 정하였습니다. 그런데 이 원칙은 엄밀히 따지면 권리의 흠을 위한 것입니다. 물건의 흠을 위해서는 매수인이 선의

● 그래서 제580조 이하를 물건의 '하자'담보책임이라고도 부릅니다.

인 것만으로는 부족합니다. 그는 물건에 하자가 존재한다는 사실을 모르고(=선의), 모른 데에 과실도 없어야 합니다(=무과실). 보통 둘을 합쳐서 **선의·무과실 요건**이라고 합니다(아래 제580조 참조). 또한 하자를 안 날부터 6개월 이내에 하자담보책임을 청구해야만 합니다(제582조). 시간이 지날수록 문제의 원인이 물건의 하자에서 비롯된 것인지, 아니면 다른 원인에서 비롯된 것인지 명확히 알아내기가 어렵기 때문에 일반 원칙(안 날로부터 1년)에 비해 더 짧은 제척기간을 설정한 것이지요.

제580조(매도인의 하자담보책임) ① 매매의 목적물에 하자가 있는 때에는 제575조제1항의 규정을 준용한다. 그러나 매수인이 하자있는 것을 알았거나 과실로 인하여 이를 알지 못한 때에는 그러하지 아니하다. (…)

제575조(제한물권있는 경우와 매도인의 담보책임) ① 매매의 목적물이 지상권, 지역권, 전세권, 질권 또는 유치권의 목적이 된 경우에 매수인이 이를 알지 못한 때에는 이로 인하여 계약의 목적을 달성할 수 없는 경우에 한하여 매수인은 계약을 해제할 수 있다. 기타의 경우에는 손해배상만을 청구할 수 있다.

제582조(전2조의 권리행사기간) 전2조에 의한 권리는 매수인이 그 사실을 안 날로부터 6월내에 행사하여야 한다.

A는 2022. 5. 5. B로부터 Z 건물을 10억 원에 매수했습니다. 처음에는 괜찮았는데 입주 3개월 뒤부터 하나씩 문제가 발생합니다. 외부 기둥에 금이 가고, 천장에선 물이 새고, 방 여기저기서 이상한 냄새가 납니다. A는 B에게 담보책임을 묻고 싶습니다. 어떻게 해야 할

까요? 우선 Z 건물에 나타난 여러 하자는 기능상 문제이므로 '물건의 흠'으로 처리해야 합니다. 따라서 매수인 A는 '선의·무과실'이어야 합니다. 즉 A는 건물을 살 당시 하자의 존재를 몰랐어야 하고, 그러한 사실을 모른 데에 과실이 없어야 합니다. 예를 들어 A는 자신이 매수에 앞서 건물을 아주 꼼꼼하게 검사한 사실, 일반인으로서는 이후 발견된 하자를 미리 알 수 없었다는 사실 등을 주장하면 사건을 자신에게 유리하게 이끌어 갈 수 있을 겁니다.[8]

한편 매수인 A는 건물에 하자가 있다는 사실을 안 날로부터 6개월 내에 권리를 행사해야 합니다(제582조). 이 기간은 제척기간으로서 재판상 또는 재판 외의 권리행사기간이며 재판상 청구를 위한 출소기간은 아닙니다(대판 2000. 6. 9. 2000다15371 참고). 즉 매수인 A는 하자를 안 날로부터 6개월 내에 매도인 B에게 하자보수를 청구한 사실을 입증할 수 있으면 충분하고, 꼭 그 기간 안에 재판상 청구까지 할 필요는 없겠습니다.

4. 보론: 담보책임과 채무불이행

악의의 매수인은 담보책임에게 기해 손해배상을 청구할 수 없습니다. 그는 물건 혹은 권리상 존재하는 흠을 이미 알고 있었기 때문입니다. 하지만 악의의 매수인이 전혀 손해배상 청구를 할 수 없는 건 아닙니다. '담보책임에 기한' 손해배상 청구를 하지 못할 뿐입니다. 그럼 무엇이 가능할까요? 그는 채무불이행 법리를 활용할 수 있습니다. 즉 악의의 매수인도 채무불이행에 기하여 손해배상 청구를 하는 건 가능합니다.

우리는 담보책임을 채무불이행의 한 모습으로 이해할 수 있습니다. 저울이 균형을 잃었다는 건 약속을 어겼다는 것과 같은 뜻이기 때문입니다. (앞서 제3장에서 설명한 '품질수준 위반'은 담보책임을 염두에 두고 만든 예시입니다. 담보책임의 본질은 약속한 품질 수준을 어기는 것이기 때문입니다.)[9] 그래서 선의의 매수인이든, 악의의 매수인이든 매도인이 하자 있는 대상을 건네주면 기본적으로 채무불이행에 따른 손해배상을 청구할 수 있습니다.

채무불이행에 따른 손해배상 제도가 있음에도 민법이 담보책임 제도를 만든 이유가 무엇일까요? 채무불이행은 선악을 구분하지도 않고, #쌍무계약에만 한정하여 사용하는 것도 아니므로● 굳이 담보책임을 사용할 이유가 없어 보이는데 말이죠. 그 이유는 각 청구를 위한 법률요건과 그에 따른 효과, 입증책임 등이 서로 다르기 때문입니다. 예를 들어 A가 2022. 5. 5. B로부터 Z 건물을 매수했다고 해봅시다. 3개월 후 건물 천장에서 물이 새기 시작하여 매도인에게 손해배상 청구를 하려 합니다. 이런 경우 매수인 A에게는 두 가지 옵션이 있습니

● **[복습]** 채무불이행에 기한 손해배상청구(제390조)는 #채권채무에서의 논의였습니다. 반면 이번 절에서 살펴본 담보책임은 #쌍무계약(정확히는 '유상계약')에서만 검토할 수 있는 논의입니다.

다. 하나는 담보책임에 근거하여 손해배상을 구하는 것이고, 다른 하나는 채무불이행에 근거하여 손해배상을 구하는 것입니다. 전자를 택하고자 한다면 담보책임에서 요구하는 요건(매수인의 선의·무과실, 안 날로부터 6월)을 갖추어야 할 것이고, 후자를 택하고자 한다면 민법 제390조에서 요구하는 요건(채무의 내용을 좇지 않음, 그로 인한 손해, 채무자의 귀책사유)을 갖추어야 하겠지요.

어떤 방식이 더 우월한 것일까요? 그건 확답할 수 없습니다. 상황에 따라 다릅니다. 어느 경우에는 채무불이행 입증을 위한 자료가 더 풍부할지 모릅니다. 그런 경우에는 채무불이행에 따른 손해배상 청구를 하면 됩니다. 반대로 담보책임에 대한 주장·증명이 더 쉬워 보인다면, 그때에는 담보책임에 기한 손해배상 청구를 하면 되겠습니다.[10]

III
원칙 2:
동시에 이행하라

1. 두 번째 원칙

앞에서 본 마법 저울에서 가치를 올릴 때 평형을 유지하는 것만큼이나 중요한 일이 있습니다. 바로 이행순서를 지키는 일입니다. 쌍무계약에서는 어느 누구도 먼저 이행하려 하지 않습니다. 상대방이 내 이행만 받고 도망가는 건 아닌지 걱정되기 때문입니다. 그래서 대부분의 경우 당사자끼리 미리 이행 순서를 정해두곤 합니다. 예를 들어 A가 2023. 1. 1. B로부터 X 아파트를 10억 원에 샀다고 해봅시다. 계약금 1억 원은 계약 당일에, 중도금 4억 원은 2주 뒤에, 잔금 5억 원은 1. 31. 매도인 B가 소유권이전등기에 필요한 서류를 건네주면 그와 동시에 주기로 정했습니다. 만약 계약일로부터 2주 뒤에 A가 중도금 4억 원을 지급하지 않는다면? 그는 약속시간을 어긴 겁니다. 중도금은 분명 A가 먼저 주기로 약속을 했기 때문입니다.

이처럼 이행순서가 정해진 경우는 비교적 단순합니다. 정해진 순서에 따라 이행을 하면 됩니다. 그런데 이행순서를 따로 정하지 않거나, 혹은 서로 동시에 이행하기로 정한 경우에는 상황이 복잡해집니다. 서로 먼저 물건을 올리라고 목소리만 높이다가 약속 시간이 훌쩍 지나가 버리는 경우가 종종 발생하기 때문입니다. 다음과 같은 상황을 떠올려봅시다. 철수와 영희가 서로 인형을 교환하려고 합니다. 철수는 영희에게 코끼리 인형을, 영희는 철수에게 사자 인형을 주기로 하였죠. 이행순서는 따로 정하지 않았습니다.

[4-4]

"코끼리 인형 주기로 했잖아. 빨리 내놔."

"너나 사자 인형 빨리 줘. 네가 주면 나도 줄게."

"싫어. 네가 먼저 줘."

이대로는 평행선만 달리겠다 판단한 철수가 꾀를 냅니다.

"그래 그럼. 다섯 세고 서로 건네주기로 하자."

"좋아. 코끼리 인형 꼭 줘."

"알았어. 하나, 둘, 셋, 넷..."

"다섯"

하지만 어느 누구도 상대에게 인형을 건네지 않았습니다. 둘 다
한 손으로 자기 인형은 품에 꼬옥 끌어안은 채 반대쪽 손을 내밀며
상대의 이행을 기다릴 뿐입니다.

"뭐야 너! 다섯 세고 주기로 했는데 왜 안 줘! 너 나빠!"

"너야말로 다섯 세고 주기로 했잖아! 선생님한테 다 이를 거야!"

이제 싸움은 인형 건네주기에서 약속시간 위반에 대한 책임론으

로까지 번집니다. 철수는 영희가 약속시간을 위반했다고 주장하고 있고, 영희는 철수가 약속시간을 위반했다고 주장하고 있습니다. 둘의 주장은 타당한 것일까요? 둘의 교착 상태는 어떻게 해야 해소할 수 있을까요?

2. 동시이행항변권과 이행제공

방금 사례에서 철수와 영희는 약속시간을 위반한 걸까요? 그렇게 볼 여지도 있습니다. 둘 다 '다섯 센 후'라는 약속 시점을 지나쳐 버렸으니 말입니다. 하지만 우리 민법은 다른 해석안을 택하였습니다. #쌍무계약이라는 전체 구조에 주목하여, 양쪽 모두에게 지체 책임을 묻는 대신 오히려 양쪽 모두의 지체 사실을 정당화하기로 한 것이지요. 민법은 이를 **동시이행의 항변권**(이하 '동이항'이라고도 하겠습니다)이라는 개념으로 설명합니다. 동이항은 제536조에 규정되어 있습니다.

제536조(동시이행의 항변권) ① 쌍무계약의 당사자 일방은 상대방이 그 채무이행을 제공할 때 까지 자기의 채무이행을 거절할 수 있다. 그러나 상대방의 채무가 변제기에 있지 아니하는 때에는 그러하지 아니하다. ② 당사자 일방이 상대방에게 먼저 이행하여야 할 경우에 상대방의 이행이 곤란할 현저한 사유가 있는 때에는 전항 본문과 같다.

제536조 제1항 본문을 읽어봅시다. '쌍무계약의 당사자 일방은 상대방이 그 채무이행을 제공할 때까지 자기의 채무이행을 거절'할 수

코끼리 인형이랑
사자 인형이랑
서로 바꾸자

빨리 줘

네가 먼저

동시이행항변권

[4-5]

있습니다.[*] 쉽게 말해, #쌍무계약에서 상대방이 나에게 이행을 하라고 요구를 하면, 나는 상대방에게 동시에 이행하자고 주장하며 버틸 수 있다는 겁니다.

동시이행의 항변권은 마치 튼튼한 방패와 같습니다. 이 방패는 쌍방의 채무가 모두 이행기에 달하였을 때 진정으로 빛을 발합니다. 철수 이야기로 돌아가볼까요. '다섯 센 후'라는 시점을 기준으로, 그보

---

[*] 그러나 상대방의 채무가 변제기에 있지 아니하는 때에는 그러하지 않습니다(제536조 제1항 단서). 즉 상대의 이행 청구에 동이항으로 대항하기 위해선 상대방의 채무가 변제기에 있어야 합니다. 한편 당사자 일방이 상대방에게 먼저 이행해야 하는 경우라도 상대방의 이행이 곤란할 현저한 사유가 있는 때에는 자기의 채무이행을 거절할 수 있습니다(제536조 제2항). 이를 '불안의 항변'이라고 합니다.

다 이전 시점에 철수가 이행지체에 빠지지 않는 건 당연합니다. 아직 이행기가 아니니까요. 하지만 '다섯 센 후'라는 시점을 기준으로, 그보다 이후 시점에 철수가 이행지체에 빠지지 않는 건 사실 당연한 일이 아닙니다. 엄밀히 말하면 약속시간을 넘긴 것이지만 '동이항'이라는 방패 덕분에 이행지체 책임을 면하는 것이지요. 조문 표현을 빌려 다시 적자면, '다섯 센 이후'에도 철수는 영희가 그 채무이행을 제공할 때까지(=사자인형을 이행제공할 때까지) 자기의 채무이행(=코끼리 인형 건네기)을 정당히 거절할 수 있고, 따라서 이행지체에 빠지지 않습니다.*

이처럼 동이항이라는 방패 뒤에 숨은 채무자는 이행기 이후라도 상대가 그 채무이행을 제공할 때까지 이행지체 책임을 면합니다. 한편 여기서 말하는 '이행의 제공'은 앞서 제3장에서 배운 변제제공을 일컫습니다(제460조). ① 현실제공이 원칙이고, 채권자가 미리 받기를 거절하거나 채권자의 행위를 요하는 경우에는 ② 구두제공도 가능합니다. 경우에 따라서는 ③ 구두제공조차 필요하지 않을 수도 있습니다.

다음 페이지의 그림 4-6을 봅시다. 드디어 철수가 용기를 내어 손을 내미는군요. 하지만 코끼리 인형을 완전히 주고 싶지는 않았는지 건네는 손은 인형을 꼭 붙잡고 있습니다. 그러면서 반대 손으로는 영희로부터 사자 인형을 받을 준비를 합니다.

● 앞선 각주에서 살핀 바, 철수가 영희에게 동이항을 주장하려면 영희의 채무가 변제기에 있어야 하는데 우리 사건에서는 '다섯 센 후'라는 시점에 철수뿐만 아니라 영희의 변제기도 도래하는 걸 알 수 있습니다.

[4-6]

"자, 여기. 나는 코끼리 인형 줄 준비 다 했어. 나한테 사자 인형 건네주면서 가져가."

철수는 자신의 채무이행을 제공하였고, 이로써 교착 상황은 해소되었습니다. 이제는 영희가 결심할 차례입니다. 그녀는 철수의 제안대로 사자 인형을 건네면서 코끼리 인형을 받아갈 수도 있고, 여전히 아무런 행동을 취하지 않을 수도 있습니다. 어느 옵션을 택할지는 그녀 마음이지만 만약 후자를 택한다면 각오를 해야겠지요. 그녀에게는 더 이상 동이항 방패가 없으므로 지금부터는 이행지체의 책임을 부담할 수 있기 때문입니다.

3. 조금 더 현실적인 사례

조금 더 현실적인 사례를 살펴봅시다. 아래의 [상황 1]과 [상황 2]는 사실상 동일한 내용입니다. #쌍무계약의 당사자 일방이 상대방의 이행지체를 주장하고자 합니다. 다만 [상황 1]은 '매수인 A'가, [상황 2]는 '매도인 B'가 주장하고 싶다는 점이 다를 뿐입니다. 두 상황이 비슷하므로 [상황 1]을 꼼꼼히 검토하고, [상황 2]는 중복되지 않는 선에서 가볍게 알아보겠습니다. 우리가 검토할 것은 세 가지입니다. ① 매수인 A는 B에게 X 아파트를 달라고 요구할 수 있는지, ② 매수인 A는 B에게 이행지체에 따른 지연배상을 구할 수 있는지, ③ 매수인 A는 B와의 계약을 해제할 수 있는지, 이렇게 셋입니다.

[공통 상황]
A는 2023. 1. 1. B로부터 X 아파트를 10억 원에 매수하였습니다. 계약금 1억 원은 계약 당일에, 중도금 4억 원은 2. 1.에, 잔금 5억 원은 3. 1.에 X 아파트 소유권 이전에 필요한 서류를 건네받음과 동시에 주기로 하였습니다. (둘은 잔금지급일에 OO공인중개사에서 만나기로 했습니다.) A는 계약 당일 계약금을 모두 지급하였고, 중도금 4억 원도 2023. 2. 1. B에게 문제없이 전달하였습니다.

[상황 1]
이후 A는 약속대로 2023. 3. 1. 잔금 5억 원을 지참하여 OO공인중개사에 나왔습니다. 하지만 매도인 B는 약속시간에 나타나지 않았습

니다. B로부터 따로 연락도 없고, 그렇다고 마냥 기다릴 수도 없는 노릇이라 A는 한 시간 정도를 기다리다 결국 돈을 챙겨 집으로 돌아갔습니다.

다음 날 A는 B에게 연락을 했습니다. 어제 왜 나타나지 않았는지 따지자 매도인 B는 "갑자기 사정이 생겨 X 아파트를 지금 당장 넘겨줄 수 없게 됐다. 2개월만 기다려주면 아파트를 넘겨주겠다"고 부탁을 합니다. 매수인 A는 그럴 수 없다고 곧바로 대답을 하였으나 그외 특별한 조치를 취하지는 않았습니다. 그렇게 2주가 지났습니다. 이제 매수인 A는 좀더 적극적인 조치를 취하고자 합니다.

[상황 2]
이후 B는 약속대로 3. 1. 소유권이전등기에 필요한 서류를 챙겨 ㅇ ㅇ공인중개사에 나왔습니다. 하지만 매수인 A는 약속시간에 나타나지 않았습니다. A로부터 따로 연락도 없고, 그렇다고 마냥 기다릴 수도 없는 노릇이라 B는 한 시간 정도를 기다리다 결국 서류를 챙겨 집으로 돌아갔습니다.

다음 날 B는 A에게 연락을 했습니다. 어제 왜 나타나지 않았는지 따지자 매수인 A는 "갑자기 사정이 생겨 목돈을 마련할 수 없게 되었다. 2개월만 기다려주면 잔금을 마련할테니 조금만 기다려달라"고 부탁을 합니다. 매도인 B는 그럴 수 없다고 곧바로 대답을 하였으나 그외 특별한 조치를 취하지는 않았습니다. 그렇게 2주가 지났습니다. 이제 매도인 B는 좀더 적극적인 조치를 취하고자 합니다.

대한민국에서 가장 쉽게 쓴 민법책

1) [상황 1]에서 매수인 A가 매도인 B에게 X 아파트를 달라고 요구할 수 있는지

네, 요구할 수 있습니다. A는 2023. 1. 1. B로부터 X 아파트를 10억 원에 매수하였으므로 이 약속에 근거하여 A는 B에게 X 아파트를 달라고 요구할 수 있습니다. 하지만 그냥 가져갈 수는 없습니다. A와 B는 서로 약속한바, '잔금 5억 원을 소유권 이전에 필요한 서류를 건네받음과 동시에 주기로' 정하였기 때문입니다. 따라서 매수인 A가 X 아파트에 대한 소유권이전등기를 구하는 소송을 제기한다면 B는 A의 잔금지급의무와 자신의 소유권이전등기의무가 서로 동시이행관계에 있음을 주장할 수 있습니다.

한편 매도인 B가 소송에서 위처럼 동시이행의 항변권을 행사하는 경우, 법원은 **상환이행판결(相換履行判決)**을 내릴 겁니다. 상환이행판결이란 쉽게 말해, 동시이행 관계에 놓인 두 채무를 서로 동시에 이행하라고 재차 확인해주는 판결문입니다. **주문(主文)**˙은 다음과 같이 적습니다.

"피고는 원고로부터 500,000,000원을 지급받음과 동시에, X 아파트에 관하여 2023. 1. 1.자 매매를 원인으로 한 소유권이전등기절차를

● **주문(主文)**이란, 판결의 결론 부분을 말합니다. 청구의 적부(適否) 및 당부(當否), 소송비용 등에 대한 판단을 적은 문장입니다.

이행하라."

2) [상황 1]에서 매수인 A는 매도인 B에게 이행지체에 따른 지연배상을 구할 수 있는지

아니요, 지연배상은 구할 수 없습니다. 찬찬히 검토해봅시다. 이행지체에 따른 지연배상을 구하려면 ① 우선 정당화할 수 없는 지체가 존재해야 하며, ② 그로 인하여 손해가 발생하고, ③ 채무자의 고의 또는 과실이 있어야 했습니다(제390조).

이 사건의 경우 서로가 약속하길, 매수인 A는 자신의 잔금지급의무를, 매도인 B는 자신의 소유권이전의무를 서로 동시에 하기로 하였으므로 B는 동시이행항변권을 갖습니다. 따라서 B가 약속한 날짜에 ○○공인중개사에 나오지 않더라도, 그 사실만으로 곧바로 이행지체에 빠지지는 않습니다. 앞서 철수의 사례에서 본 것처럼, 상대방 A의 이행 또는 이행제공이 있어야 비로소 이행지체를 논할 수 있는 것이지요(제536조).

[상황 1]에서 상대방 A는 B에게 이행제공을 한 적이 있습니까? 네, '딱 한 번' 이행제공을 한 사실이 있습니다. A는 약속대로 잔금 5억 원을 지참하여 ○○공인중개사에서 출석하였으므로 (B의 부재에도 불구하고) 현실제공은 이루어진 것으로 볼 수 있습니다. B를 보호하던 동이항의 방패는 깨졌고 이제 그는 영락없이 이행지체의 책임을

져야 할 것만 같습니다.

그런데 판례는 이것만으로는 부족하다고 선을 긋습니다. 판례에 따르면 #쌍무계약에서 상대에게 지연배상을 구하기 위해선 지연된 기간동안 당사자 일방으로서 할 수 있는 최선, 즉 자신의 채무 이행을 계속 제공해야 한다고 합니다. "동시이행항변관계에 있는 채무를 부담하는 쌍방 당사자 중 일방이 먼저 현실의 제공을 하고 상대방을 수령지체에 빠지게 하였다고 하더라도 그 이행의 제공이 계속되지 아니하였다면 과거에 이행제공이 있었다는 사실만으로 상대방이 가지는 동시이행의 항변권이 소멸하지 아니"하기 때문입니다(대판 1993. 8. 24. 92다56490 참고).[11]

[상황 1]에서 매수인 A는 그 채무이행을 한 번 제공하였으나 그 이행의 제공을 2주간 계속한 정황은 없고, 따라서 매수인 A는 매도인 B를 상대로 2주치 지연손해금을 구할 수는 없습니다.

3) [상황 1]에서 매수인 A는 매도인 B와의 계약을 해제할 수 있는지

제3장에서 배운 법정해제를 빠르게 복습해봅시다. 이행지체에 따른 법정해제(제544조)는 거쳐야 할 단계가 많았습니다. ① 우선 계약 당사자가 이행지체에 빠져야 합니다. ② 그다음엔 상당한 기간을 정하여 이행을 최고(催告)를 해야 했죠. ③ 이후 그 상당한 기간이 지나면, ④ 그제야 해제권이 생깁니다. 그렇게 생긴 해제권은 ⑤ 상대방에

게 해제의 의사표시를 하는 방식으로 권리를 행사해야만 효력이 생겼습니다(제543조).

한 번 맺어진 약속은 되도록 깨지 않으려는 민법의 눈물겨운 노력이 여기까지 느껴집니다. 그런데 이 복잡한 과정이 #쌍무계약을 만나면 한 층 더 복잡해집니다. 쌍무계약에서는 첫 번째 단계, 즉 이행지체에 빠지는 것조차 쉽지 않기 때문입니다. 그러니까 쌍무계약에서 이행지체를 원인으로 법정해제를 하려면 총 여섯 단계(이행제공으로 동이항을 깨는 단계까지를 포함)를 거쳐야 한다는 결론이 나옵니다. 실로 어마어마한 단계입니다. 그나마 다행인 점은 이러한 복잡한 절차를 현실에서는 한두 문장으로 압축하여 표현할 수 있다는 것입니다. 예를 들어 매수인 A가 다음과 같이 말했다고 해봅시다.

"나는 더이상 기다릴 수 없다. 당신에게 줄 잔금 5억 원을 모두 준비하였으니, 소유권이전등기에 필요한 관련 서류를 주면서 받아가라. 만약 2주 뒤까지 관련 서류를 주지 않는다면 계약은 없던 것으로 하겠다."

계약해제 현장에서 흔히 들을 수 있는 대사인데 공부를 하고 나니 좀더 의미심장하게 들리지 않는지요. 우선 두 번째 문장은 채무자 A의 변제제공을 함축하고 있습니다(제460조). ① 채권자 B가 다짜고짜 두 달이라는 시간을 요구하며 변제수령에 협조하지 않은바, ② 채무자 A는 변제준비를 완료하며 이를 통지했고(=잔금 5억 원을 모두 준비하였다), ③ 그 수령까지 최고하였으니(=받아가라) A로서는 자기가 할 수 있는 최선을 다한 셈입니다. 따라서 채무자 A가 실제 5억 원을 준비하고, 최고 기간동안 그 준비 상태를 적당히 유지한다면[12] 이 시점부터 B는 쭈욱 이행지체에 빠지게 됩니다(제536조). 한편 세 번째 문장은 민법 제544조에 따라 B에게 채무의 이행을 최고(催告)하는 내용입니다(=관련 서류를 달라). 2주라는 상당한 기간도 정확히 적시하였군요. 따라서 2주가 지나도록 B가 채무 이행을 하지 않는다면 A는 이 사건 계약을 해제할 수 있을 겁니다.* 단 두 문장으로 복잡다단한 여섯 단계를 단숨에 요약해 버린 게 꽤나 인상적입니다.

4) [상황 2]의 경우

(1) 매도인 B가 매수인 A에게 잔금을 달라고 요구할 수 있는지는 동일한 논리가 [상황 2]에도 적용됩니다. 매도인 B는 매수인 A에게 잔금 5억 원의 지급을 구할 수 있습니다. 서로 그리 약속했기 때문입니다. 다만 매수인 A의 잔금지급의무와 매도인 B의 소유권이전등기의무가 서로 동시이행관계에 있는바, B가 돈을 달라고 소송을 제기하면 A는 동이항을 주장할 것이고, 이에 따라 법원은 '상환이행판결'을 내릴 것입니다.

---

* "만약 2주 뒤까지 관련 서류를 주지 않으면 계약은 없던 것으로 하겠다"라는 문장에는 사실 해제의 의사표시가 이미 포함되어 있습니다. 판례는 이러한 문장을 "그 이행청구와 동시에 그 기간 내에 이행이 없는 것을 정지조건으로 하여 미리 해제의 의사표시를 한 것"이라 적습니다(대판 1992. 12. 22. 92다28549 등 참고). 이 사건의 경우, 제544조 적용에 필요한 나머지 요건을 모두 만족하였으므로 2주가 지나면 별도의 해제 의사표시 없이 계약은 해제될 것입니다.

(2) 매도인 B가 매수인 A에게 이행지체에 따른 지연배상은 구하기 어렵습니다. 매도인 B가 2023. 3. 1. 소유권이전등기에 필요한 서류를 ㅇㅇ공인중개사에 들고 나온 것은 사실이지만, 과거에 한 번 있었던 이행제공으로 상대방 A의 동이항이 영영 소멸하는 것은 아니기 때문입니다. 매도인 B는 그 이행제공을 계속한 사실이 없으므로 2주치 지연손해금을 청구할 수 없습니다.

(3) 계약해제 가능 여부도 살펴봅시다. 민법 제544조의 요건을 갖추면 매도인 B는 이 사건 계약을 해제할 수 있습니다. 즉 ① 이행지체에 빠진 상대방 A에게 ② 상당한 기간을 정하여 최고를 하고, ③ 그럼에도 상대방이 이행을 하지 않는 경우, ④ 해제의 의사표시를 전달하여 계약을 해제하는 것입니다. 요컨대 B는 다음과 같이 말할 수 있습니다.

"나는 더이상 기다릴 수 없다. 소유권이전등기에 필요한 서류를 모두 준비하여 ㅇㅇ공인중개사에 맡겨두었으니, 잔금 5억 원을 주면서 가져가라. 만약 2주 뒤까지 잔금 지급을 하지 않는다면 계약은 없던 것으로 하겠다."

매수인과 매도인의 위치만 바뀌었을 뿐 본질은 [상황 1]과 동일합니다. 두 번째 문장은 이행제공을 함축하고 있으므로 매도인 B가 실제로 서류를 준비해 공인중개사에 맡겨두었다면 그때부터 A는 이행지체에 빠집니다(제536조, 제460조). 세 번째 문장은 A를 향한 B의 이행

최고(催告)를 함축하고 있습니다. 따라서 상당한 기간인 2주가 지나면 B에게 해제권이 발생할 것입니다(제544조).

IV
원칙 3:
위험은 채무자가 부담하라

1. 세 번째 원칙

A는 2022. 1. 1. B로부터 Z 자동차를 500만 원에 샀습니다. 서로가 서로에게 의무를 지는 계약이므로 쌍무계약에 해당하겠군요. 돈을 주고받는 문제에서는 A가 채무자, B가 채권자이고, 자동차를 주고받는 문제에서는 A가 채권자, B가 채무자입니다. 문맥을 둘로 나누어서 여기서는 '자동차를 주고받는 문제'에만 주목을 해봅시다. 자동차를 건네주어야 하는 B의 채무는 언제든지 이행불능에 빠질 수 있습니다. (언제라도 깨질 수 있는 것이기에 약속 지키는 일이 그토록 소중한 것이겠죠.) B의 채무가 이행불능에 빠질 수 있는 방법은 크게 세 가지입니다. ① 채무자 B의 잘못으로 이행불능에 빠질 수도 있고, ② 채권자 A의 잘못으로 이행불능에 빠질 수도 있고, ③ 혹은 그 누구의 잘

못도 없이 이행불능에 빠질 수도 있습니다.

　첫 번째 경우는 이미 여러 번 보았습니다. 앞서 설명한 채무불이행 상황입니다[제3장 참고]. 특정물 인도가 채권의 목적인 때에는 채무자는 그 물건을 인도하기까지 선량한 관리자의 주의로 보존해야 합니다(제374조). 그런데 예를 들어 B가 자동차를 A에게 매도한 이후에 물건관리에 소홀하여 Z 자동차가 크게 훼손되었다고 해봅시다. 채무자 본인 잘못으로 Z 자동차를 더 이상 건네줄 수 없게 되었으므로 B는 채무불이행에 대한 책임을 져야 합니다(제390조). 채무자 B는 A에게 손해를 배상하거나 계약 해제를 각오해야 할 겁니다.

　하지만 약속은 채무자의 잘못으로만 깨지는 게 아닙니다. 채권자의 잘못으로 망가지기도 하고, 혹은 그 누구의 잘못 없이도 망가질

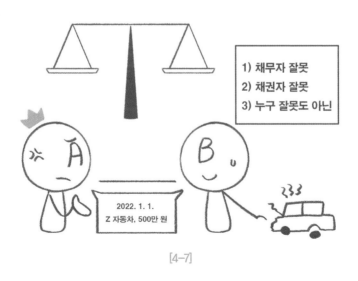

[4-7]

수 있습니다. 후자의 경우부터 먼저 살펴봅시다. 예를 들어 B가 Z 자동차를 A에게 매도한 후 잘 보관하고 있었는데 갑자기 번개에 맞아 불타버렸다고 해봅시다. B는 더 이상 Z 자동차를 A에게 건네줄 수 없게 되었습니다. 하지만 이 상황은 B의 잘못도, A의 잘못도 아닙니다.

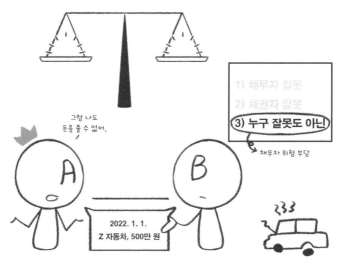

그럼 나도
돈을 줄 수 없어.

1) 채무자 잘못
2) 채권자 잘못
③ 누구 잘못도 아닌
채무자 위험 부담

2022. 1. 1.
Z 자동차, 500만 원

#쌍무계약　#쌍방 과실 없이　#불능

[4-8]

이런 경우는 어떻게 처리해야 할까요? 안타깝게도 채무불이행의 법리는 사용할 수 없습니다. 채무자 B에게 귀책사유가 없기 때문입니다. 그럼 어쩔 수 없는 일이었다고 치고 그냥 넘어가야 할까요? 그것도 타당하지 않습니다. 쌍무계약의 등가성이 깨지기 때문입니다. B는 저울 위에 아무것도 올릴 수 없는데, A만 약속한 물건을 저울 위에 올리도록 하는 것은 불공평합니다. 오랜 고민 끝에 민법은 다음과 같은 꾀를 냅니다.

쌍무계약의 당사자 일방의 채무가 당사자 쌍방의 책임없는 사유로 이행할 수 없게 된 때에는 채무자는 상대방의 이행을 청구하지 못합니다(제537조). 쉽게 말해, Z 자동차를 쌍방 책임 없이 이행할 수 없게 되었으니 채무자 B도 상대방 A에게 이행을 청구하지 말란 겁니다. 이를 '**채무자위험부담주의**'라고 합니다.[13] 여기서 '채무자'위험부담주의라고 쓴 이유는, 번개로 인한 이행불능 사건이 '채무자' B에게 일어난 일이기 때문입니다.

2. 원칙: 위험은 채무자가 부담하라

아무것도 올라가 있지 않은 빈 저울은 평형 상태를 유지합니다. 이 간단한 성질로부터 마법 저울의 세 번째 원칙이 탄생하였습니다. 그러니까 쉽게 말해 채무자위험부담주의란, 자신의 몫을 올릴 수 없으면 상대에게도 저울에 물건을 올리라고 요구하지 말라는 겁니다. 차라리 빈 저울 상태로 두라는 것이죠. 약속은 없어지는 셈이지만 그래도 평형은 평형이니까요.

채무자위험부담을 마법 저울에 빗대어 설명하면 분명 이해하기는 쉽습니다. 하지만 여기서 멈추기에는 조금 위험합니다. 위험부담은 아주 구체적인 상황에서만 사용되는 특수한 제도이기 때문입니다. 앞의 제537조 조문을 다시 읽어봅시다. 민법 제537조를 적용하려면 세 가지 법률요건이 필요합니다. #쌍무계약에서 #당사자 쌍방 귀책 없이 #일방 채무가 불능, 이렇게 셋입니다. 이 세 요건 중에서 어느 하나라도 빠지면 위험부담 사안이 아닙니다.

누군가 위험부담을 공부하다가 길을 잃는다면 법률요건을 꼼꼼히 챙기지 않은 경우가 십중팔구입니다. 위험부담은 비슷해 보이는 사례가 유독 많기 때문입니다. 스스로 법률요건을 꼼꼼히 챙겼는지 확인할 수 있는 좋은 방법이 하나 있습니다. 법률요건을 하나씩 바꿔보면서 실제 위험부담 사안과 비교를 해보는 것입니다. 여기서 몇 가지만 예를 봅시다.

1) #어느 누구의 귀책 없이 #이행불능

우선 #쌍무계약이라는 법률요건부터 빼봅시다. 예를 들어 B가 A에게 Z 자동차를 주기로 하였습니다. 대가는 없습니다. B가 그냥 공짜로 주는 겁니다. B만 A에게 의무를 지고 있으므로 쌍무계약은 아니겠군요. 이런 상황에서 Z 자동차가 누구의 잘못도 없이 번개 맞아 불타버렸습니다.

이 사례는 위험부담 사안과 매우 비슷해 보입니다. 하지만 다릅니다. 쌍무계약이 아니기 때문입니다. 애당초 B가 A에게 이행을 청구할게 없으니 위험을 부담하니 마니 논의할 게 없습니다. B의 급부의무는 사라지고 약속은 무효가 됩니다. 그냥 그것으로 끝입니다. 한편 A는 B에게 채무불이행 책임도 물을 수 없습니다. B의 채무가 불능 상태에 빠진 것은 맞지만 채무자에게 귀책사유가 없기 때문입니다. 따라서 B는 채무불이행 책임도 지지 않습니다.

2) #쌍무계약에서 #어느 누군가의 귀책으로 #이행불능

이번에는 #쌍방 귀책 없이라는 법률요건을 빼봅시다. 즉 쌍무계약에서 누군가의 잘못으로 일방 채무가 이행불능 상태에 빠진 경우입니다. 두 가지 상황이 가능합니다. ① 채무자 본인의 잘못으로 인한경우이거나, 또는 ② 채권자의 잘못으로 인한 경우입니다.

사례로 봅시다. A는 2022. 1. 1. B로부터 Z 자동차를 500만 원에 샀습니다. 그런데 그 이후에 '채무자' B가 물건관리를 소홀히 하여자동차가 크게 훼손되었습니다. 채무자 B는 무슨 책임을 져야 합니까? 앞서 배웠듯이 이행불능에 따른 채무불이행 책임을 지면 됩니다(제390조, 제546조 등). 이 사건이 쌍무계약이란 사실이 여기서 중요합니까? 아니요, 중요하지 않습니다. #쌍무계약에서도 채무불이행 법리를얼마든지 사용할 수 있기 때문입니다. 따라서 여기에는 제537조 위험부담이 낄 자리가 없습니다.

반대로 이번에는 '채권자' A 때문에 자동차가 훼손되었다고 해봅시다. 시운전을 해보겠다고 함부로 타고 다니다가 A의 중과실로 사고가 난 것입니다. 여기에는 앞에서 본 제537조를 적용할 수 있을까요? 없습니다. '채권자'라는 사람의 귀책사유가 존재하기 때문입니다. (제537조는 쌍방 모두의 귀책사유 없이 일방의 급부가 불능에 빠져야 합니다.) 그럼 이런 경우는 어떻게 처리해야 할까요? 결론부터 말하자면 민법은 이런 경우도 위험부담 문제로 봅니다. 다만 이번에는 채무자가 위험부담을 하는 것이 아니라, 채권자가 위험을 부담합니다. 이를 **채권자위험부담**이라고 합니다(제538조). 아래 단을 나누어 좀 더 자세히 살펴봅시다.

3. 채권자가 위험부담?

제538조(채권자귀책사유로 인한 이행불능) ① 쌍무계약의 당사자 일방의 채무가 채권자의 <u>책임있는 사유로</u> 이행할 수 없게 된 때에는 채무자는 상대방의 이행을 청구할 수 있다. <u>채권자의 수령지체 중에 당사자쌍방의 책임없는 사유로</u> 이행할 수 없게 된 때에도 같다. ② 전항의 경우에 채무자는 자기의 채무를 면함으로써 이익을 얻은 때에는 이를 채권자에게 상환하여야 한다.

쌍무계약에 도사리는 대가위험은 원칙적으로 채무자가 부담합니다. 논리필연적 결론은 아니지만 우리 민법은 그리 정했습니다.[14] 그래서 채무자위험부담주의가 우리 민법의 원칙입니다. 하지만 예외가 있습니다. 앞의 제538조를 봅시다. ① 쌍무계약에서 당사자 일방의 채무가 채권자의 책임있는 사유로 이행할 수 없게 된 때에는 채무자는 상대방의 이행을 청구할 수 있습니다(제1항 전단). 또는 ② 채권자의 수령지체 중에 당사자쌍방의 책임없는 사유로 이행할 수 없게 된 때에도 그러합니다(제1항 후단).

1) #쌍무계약에서 #채권자지체 중에 #쌍방 귀책 없이 #이행불능

제538조 제1항 후단부터 살펴봅시다. 제538조 역시 법률요건을 꼼꼼히 챙기는 게 가장 중요합니다. 제1항 후단을 적용하려면 네 가지 법률요건이 필요합니다. #쌍무계약에서 #채권자지체 중에 #쌍방 귀책 없이 #이행불능 상태에 빠져야 합니다. 제537조 채무자 위험부담주의와 한 군데가 다르군요. '채권자지체 중에' 이행불능 상태에 빠져야 합니다. 이 요건 하나 차이로 법률효과는 완전히 반대로 나왔습니다. 제537조에서는 채무자가 상대방에게 이행을 청구하지 못했는데, 제538조에서는 채무자가 상대방에게 이행을 청구할 수 있습니다. 대가위험을 이번에는 채권자가 부담하게 된 것이죠(채권자위험부담).

사례로 봅시다. C는 2022. 6. 1. D로부터 Y 토지를 10억 원에 샀습니다. 계약금 1억 원은 계약 당일에, 중도금 4억 원은 7. 1.에, 잔금 5억 원은 8. 1. 매도인 D가 토지 소유권이전에 필요한 서류를 건네주면 그와 동시에 지급하기로 하였습니다. C는 계약 당일 계약금을 지급하였고, 중도금도 잘 지급하였습니다. 그런데 잔금 지급일 직전에 C

가 갑자기 돈을 줄 수 없다고 합니다. 자신은 Y 토지를 공동주택사업의 승인을 조건으로 샀는데 알고 보니 승인을 받을 수 없는 땅이므로 계약 자체가 실효되었다는 겁니다. 기가 찬 D는 다음과 같이 말합니다.

"약속은 지켜져야 합니다. 나는 당신이 하는 말은 모르겠고, 돈이나 빨리 내놓으시오. Y 토지 소유권이전등기에 필요한 서류는 공인중개사에 맡기고 갈 테니 5억 원을 주면서 받아 가세요."

하지만 둘 사이의 이견은 좁혀지지 않고 계속 시간은 흐릅니다. 그러던 중 사건이 하나 더 터지고 맙니다. Y 토지가 국가에 수용(收用)되어 버린 것입니다. Y 토지가 수용되면서 D는 수용 보상금으로 9억 원을 받을 수 있는 권리를 얻었습니다.

C와 D의 법률관계는 어떻게 되는 걸까요? 차근히 분석해봅시다. 우선 C와 D의 토지 거래는 쌍무계약입니다. 그리고 이 사건 토지는 C의 잘못도, D의 잘못도 없이 국가에 수용됨으로써 이행불능에 빠졌습니다. 만약 우리 이야기가 여기까지만 주어졌다면 곧바로 마법 저울의 세 번째 원칙이 떠오릅니다. '위험은 채무자가 부담해야 한다! 토지 수용이 채무자 D의 잘못은 아니지만 제537조에 따라 상대방 C에게 이행을 청구할 수는 없다. 빈 저울 상태로 균형을 이루도록 하라!'

하지만 이번 사안은 조금 다릅니다. 채권자 C가 잘못을 한 정황, 즉 채권자지체에 빠진 정황이 있기 때문입니다. 앞서 제3장에서 배운 바, 채권자가 이행을 받을 수 없거나 받지 아니한 때에는 이행의 제공이 있는 때로부터 지체책임이 있습니다(제400조). 사안에서 채무자 D는 Y 토지를 넘겨주려고 하였으나 C가 이행을 받지 아니하였습니다. 계약이 실효되었다고 주장하면서 잔금을 지급하지도, 토지를 건네받지도 아니하였죠. 반면 채무자 D는 훌륭하게 이행제공을 하였습니다. 변제수령에 협조하지 않는 채권자를 위해 변제준비를 완료하고 통지하였으며(=소유권이전등기에 필요한 서류를 공인중개사에 맡겨두었다), 그 수령도 최고하였습니다(=가져가라)(제460조). 따라서 고집을 부리던 채권자 C는 그 순간부터 채권자지체에 빠집니다.

채권자의 수령지체 중에 당사자쌍방의 책임없는 사유로 채무를 이행할 수 없게 된 때에는 채무자는 상대에게 이행을 청구할 수 있습니다(제538조 제1항 후단). 이를 '제538조 제1항 후단의 채권자위험부담'이라고 합니다. Y 토지는 채권자지체 중에 수용되었으므로 채무자 D는 상대방 C에게 이행을 청구할 수 있겠군요. 상대방 C는 잔금 5억 원을 저울 위에 올려야 합니다.

한편 D는 Y 토지 대신 수용 보상금을 저울 위에 올려야 합니다. 채무자는 자기의 채무를 면함으로써 이익을 얻은 때에는 이를 채권자에게 상환해야 하기 때문입니다(제538조 제2항). 당연한 이치입니다. 마법 저울은 평형을 유지해야 하니 말입니다. 물론 C는 본래 약속한 Y 토지 대신 수용 보상금을 받고 만족해야 합니다만 어쩔 수 없는 일입니다. 채권자지체에 빠진 것은 본인 잘못이니 탓할 사람은 자기 자신밖에 없습니다.

2) #쌍무계약에서 #채권자 귀책으로 #이행불능

제538조를 적용하는 경우가 하나 더 있습니다. #쌍무계약에서 #채권자 귀책으로 #일방 채무가 불능으로 된 경우에도 채무자는 상대방의 이행을 청구할 수 있습니다. 이를 '제538조 제1항 전단의 채권자 위험부담'이라고 합니다.

앞서 본 A와 B의 자동차 거래로 돌아가봅시다. A는 2022. 1. 1. B로부터 Z 자동차를 500만 원에 샀습니다. 그런데 Z 자동차가 심하게 망가지고 말았습니다. 채권자 A가 함부로 시운전을 하다가 중과실로 사고를 낸 것입니다. 채무자 B의 채무 내용, 즉 온전한 Z 자동차를 건네주기로 한 약속은 이행불능에 빠졌습니다. 하지만 이행불능에 빠진 이유는 채권자 때문입니다. 따라서 채무자 B는 당당하게 다 망가진 자동차를 건네면서 A에게 500만 원을 요구할 수 있겠습니다(제538조 제1항 전단).•

• 앞서 본 제538조 제1항 후단과의 논리상 균형을 생각해보면 당연한 이치입니다. #쌍무계약에서 #채권자지체 중에 #쌍방의 책임없는 사유로 이행이 불가해진 경우도 채권자가 위험을 부담하는데, 채권자지체보다 적극적인 형태('#채권자의 잘못으로')로 채무자 이행이 불가해졌으니 채권자가 위험을 부담함이 마땅합니다.

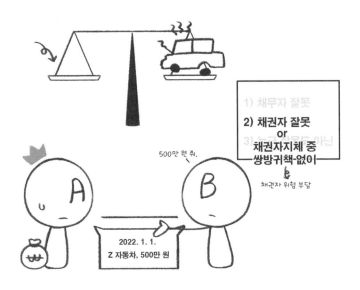

[4-9]

제5장

약속과 처분의
차이

약속을 했으니까 처분을 합니다. 약속은 처분을 정당화하는 원인입니다.
적법한 약속은 양도인과 양수인이라는 두 섬을 잇는 튼튼한 다리입니다.

I
들어가기 전에

1. 아무나 할 수 있는 약속, 아무나 할 수 없는 처분

약속과 처분은 다릅니다. 약속은 말뿐이라서 권한 없는 자라도 할 수 있고, 실제 지켜지지 않을 수도 있습니다. 그러나 처분은 권한이 있는 사람만 할 수 있고 일정한 절차를 거쳐야 하며, 그렇게 해서 처분된 것은 안정적입니다. 약속이 말뿐이라면, 처분은 실제 이행입니다.

우리가 지금까지 공부한 것은 '약속'입니다. 하나씩 짚어볼까요. 제1장, 제2장은 약속 입문편이었습니다. 여기서 우리는 민사 전반에 대한 밑그림을 그리며 약속 공부에 필요한 채권, 계약 같은 기초 개념에 대해 알아보았습니다. 제3장은 약속 기본편이었습니다. 여기서 우리는 약속에 대해 본격적으로 공부하며 민법에서 말하는 약속이란 무엇인지, 약속을 어기면 어떤 조치를 취할 수 있는지 등을 알아보았죠. 제4장은 약속 응용편이었습니다. 여기서 우리는 여러 약속 중 쌍무계약이라는 특수한 약속 형태에 대해 배우며 담보책임, 동시이행 항변, 위험부담 같은 논의에 대해 알아보았습니다.

약속에 대하여는 충분히 공부하였으니 이제는 '처분'에 대해 알아봅시다. 민법에는 여러 종류의 처분이 있습니다. 우리가 이번에 주목할 녀석은 **양도 처분(讓渡處分)**, 즉 재산권의 이전입니다. 민법이 양도 대상으로 삼는 재산권이란 무엇인지, 재산권을 양도하기 위해선 어떤 요건이 필요한지 등을 하나씩 살펴보겠습니다.

2. 왕이 되려는 자, 왕관의 무게를 견뎌라

수나라는 철수 1세가 세운 나라입니다. 철수 1세는 그의 아들 철수 2세에게, 철수 2세는 또 그의 아들 철수 3세에게 수나라 왕위를 물려주었습니다. 철수 2세까지는 나라 안팎의 여러 전쟁으로 정신이 없었는데, 이제 난세의 시대는 얼추 지나간 듯합니다. 왕위에 오른 지 얼마 안 된 철수 3세는 이제 틀을 갖추고 안정적으로 국가를 운영하고자 합니다. 철수 3세는 무엇부터 해야 할까요? 다음은 그가 왕위에 오르면서 진행한 작업입니다.

① 첫째, 조부 철수 1세의 위대한 과업을 기리는 기념비를 세웠다.

⇒ 철수 3세의 권위는 철수 1세의 권위에 뿌리를 두고 있습니다. 뿌리가 썩으면 나무 전체가 죽듯이, 철수 1세의 권위가 위협을 당하면 철수 3세의 권위도 안전할 수 없습니다. 이에 철수 3세는 가장 먼저 조부의 과업을 기리는 기념비를 세웁니다.

② 둘째, 역사서와 족보 편찬에 착수하였다.

⇒ 설령 철수 1세의 권위가 안전하더라도 그 권위가 철수 3세에게 까지 제대로 계승된 사실이 없다면 아무런 의미가 없습니다. 왕위 계승은 혈통을 따라 이루어지므로 신하들은 역사서와 족보 편찬 작업에 착수합니다. 역사서에는 철수 1세가 언제 어떻게 철수 2세를 낳았고, 철수 2세는 또 언제 어떻게 철수 3세를 낳았는지가 세세하게 기록되었습니다.

③ 셋째, 왕위 계승식을 대대적으로 진행하였다.

⇒ 철수 1세가 정당한 최초 권위자이고 그 권위가 철수 3세까지 제대로 계승되었다면 철수 3세는 정당한 왕위 계승자입니다. 그러나 이는 관념에 불과한 권위입니다. 관념 속에서 왕으로 행세하는 것이 무슨 의미가 있을까요? 따라서 그는 대대적인 왕위 계승식을 진행하여 새 왕의 탄생을 공표(公表)합니다. 이로써 철수 3세는 잠재적인 경쟁자의 야망을 잠재우고 왕권의 위엄을 세울 수 있었습니다.

재산권이 한 사람에게서 다른 사람에게로 넘어가는 장면은 한 편의 왕위 계승식과 같습니다. ① 우선 재산권을 이전해준 사람(양도인)이 정당한 권리자이어야 합니다. 양도인이 정당한 권리자가 아니라면 양수인도 정당한 권리자가 될 수 없음이 원칙입니다. ② 나아가 재산권을 이전하게 된 원인이 유효해야 합니다. 왕위가 혈통을 따라 계승된 것처럼, 재산권은 적법한 원인에 근거해서만 다음 사람에게 넘어갑니다. ③ 마지막으로 재산권을 이전받은 양수인은 그 사실을 대대적으로 알려야 합니다. 이러한 절차를 모두 거쳐야만 적법하고도 정당한 양수인이 될 수 있습니다. 보기 좋게 요약하자면 다음과 같습니다.

재산권의 이전은
① 적법한 권리자로부터 ② 적법한 원인을 통해 받고 ③ 적절한 공시(公示) 절차를 거쳐야 한다.

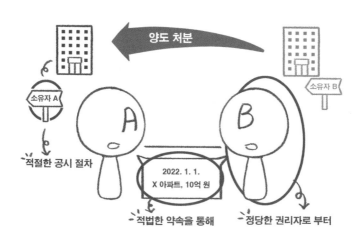

[5-1]

이제 재산권 이전의 큰 그림은 잡았습니다. 재산권과 처분에 대해 간단히 알아본 다음 위 세 요건을 하나씩 살펴봅시다. 다만 두 번째 요건을 먼저 살펴보는 것이 전체 설명에 용이합니다. 따라서 ②-①-③ 순으로 설명으로 하겠습니다.

3. 용어 정리: 재산권, 처분

1) 재산권

민법은 '재산'을 처분한다고 말하지 않습니다. '재산권'을 처분한다고 표현합니다. 조금 기술적인 이야기지만 영양가 있는 논의이므로 찬찬히 음미해봅시다. 민법에는 두 종류의 물건이 존재합니다. ① 동산과 ② 부동산이 그 둘입니다. 동산 또는 부(不)동산이라니 이 얼마나 깔끔한 정리인가요. 이분법적 사고의 특성상 우리는 모든 물건을 저둘 중 하나로 분류할 수 있습니다.

제98조(물건의 정의) 본법에서 물건이라 함은 유체물 및 전기 기타 관리할 수 있는 자연력을 말한다.

제99조(부동산, 동산) ① 토지 및 그 정착물은 부동산이다. ② 부동산 이외의 물건은 동산이다.

토지 및 그 정착물은 부동산입니다(제99조 제1항). 쉽게 말해 땅과 건물이 부동산입니다. 부동산 이외의 물건은 동산입니다(제99조 제2항). (부동산을 먼저 정의하고 부동산 이외의 모든 물건을 동산으로 정한 접근법이 꽤나 흥미롭습니다.) 한편 민법은 유체물뿐만 아니라 전기 기타 관리할 수 있는 자연력도 물건으로 봅니다(제98조). '관리할 수 있는 자연력'은 토지도, 그 정착물도 아니므로 민법의 관점에서는 동산입니다.

물건 자체는 처분의 대상이 아닙니다. 민법은 물건에 관한 권리를 처분합니다. **'물건에 관한 권리'**는 **'물권(物權)'**이라 합니다. 제6장에서 자세하게 설명할 것이므로 여기서는 간단하게만 알아봅시다. 직관적으로 이해하기 쉬운 소유권을 예로 들겠습니다. 소유권은 어떤 물건을 소유하는 권리입니다. A가 자신의 Y 아파트를 B에게 파는 경우 우리는 A가 B에게 Y 아파트를 양도 처분했다고 하죠. 일상생활에선 별문제 없는 표현입니다만 민법의 관점에서는 조금 부족한 표현입니다. 왜냐하면 민법의 관점에서 A가 B에게 파는 것은 Y 아파트라는 물건이 아니라, Y 아파트에 관한 소유권이기 때문입니다.

> 제568조(매매의 효력) ① 매도인은 매수인에 대하여 매매의 목적이 된 권리를 이전하여야 하며 매수인은 매도인에게 그 대금을 지급하여야 한다.

> 제186조(부동산물권변동의 효력) 부동산에 관한 법률행위로 인한 물권의 득실변경은 등기하여야 그 효력이 생긴다.

> 제188조(동산물권양도의 효력, 간이인도) ① 동산에 관한 물권의 양도는

그 동산을 인도하여야 효력이 생긴다. ② 양수인이 이미 그 동산을 점유한 때에는 당사자의 의사표시만으로 그 효력이 생긴다.

제568조를 봅시다. 매도인은 매수인에 대하여 매매의 목적이 된 '권리'를 이전하여야 합니다. 제186와 제188조는 또 어떠합니까? 각 조문의 제목을 읽어봅시다. 부동산변동의 효력이 아닙니다. 부동산'물권'변동의 효력입니다. 동산양도의 효력이 아니고, 동산'물권'양도의 효력입니다. 이처럼 민법은 물건과 물건에 관한 권리를 나누고 후자를 약속의 대상이자, 또 처분의 대상으로 삼고 있습니다.

제3조(권리능력의 존속기간) 사람은 생존한 동안 권리와 의무의 주체가 된다.

제34조(법인의 권리능력) 법인은 법률의 규정에 좇아 정관으로 정한 목적의 범위 내에서 권리와 의무의 주체가 된다.

한편 민법은 사람과 사람에 관한 권리를 구별하고 있습니다. 물건과 물건에 관한 권리를 구분하는 것처럼 말입니다. 민법에서 사람은 권리의 주체입니다. 제3조와 제34조를 봅시다. 민법에는 두 종류의 사람, ① 자연인과 ② 법인이 있습니다. **'자연인(自然人)'**은 '우리 인간'을 떠올리면 됩니다. 자연인은 출생하여 생존하는 동안 권리능력을 갖습니다(제3조). 반면 **'법인(法人)'**은 '인간은 아니지만 법률에서 정한 요건을 갖추어 권리능력을 갖는 존재'입니다(제34조). 법인이 무엇인지 모르는 독자는 주식회사를 떠올리면 됩니다. 예를 들어 삼성전자라는 주식회사는 생명이 없는 그냥 회사이지만 법적으로는 권리와 의무의 주체가 되는 인(사람)입니다.

> 제449조(채권의 양도성) ① 채권은 양도할 수 있다. 그러나 채권의 성질이 양도를 허용하지 아니하는 때에는 그러하지 아니하다. ② 채권은 당사자가 반대의 의사를 표시한 경우에는 양도하지 못한다. 그러나 그 의사표시로써 선의의 제삼자에게 대항하지 못한다.

사람 자체는 처분의 대상이 아닙니다. 민법은 사람에 관한 권리를 처분합니다. **'사람에 대한 권리'**는 **'채권'**이라고 합니다. 우리가 제2장에서 공부한 바로 그 채권 말입니다. 민법 제449조에 따라 우리는 채권을 양도할 수 있습니다. 예를 들어 A가 B로부터 1,000만 원을 받을 권리를 C에게 파는 상황을 떠올려봅시다. 이런 경우 C는 A의 채권을 1,000만 원에서 조금 할인된 가격에 매수할 겁니다. 채무자 B가 채무를 불이행할 가능성이 있기 때문입니다. 만약 B가 제대로 돈을 갚으면 C는 할인받은 금액만큼 투자 이익을 얻습니다. A 입장에선 B의 이행을 기다리지 않고 C로부터 곧바로 돈을 받았다는 점에서 이 거래로부터 만족을 얻습니다.

이처럼 채권을 사고파는 관념은 지금 우리에게는 무척 자연스럽습니다. 그런데 이러한 사고방식이 처음부터 당연했던 것은 아닙니다. 민법이 처음 모습을 갖추어 나가던 과거 로마 시대에는 채권의 양도라는 관념이 널리 인정되지 않았습니다. 당시 로마인은 누군가 갑자기 나타나 '내가 당신 채권자로부터 채권을 양도받았으니 이제는 나한테 돈을 갚으시오'라고 말하는 게 무척 이상하다 생각한 모양입니다. 그래서 만약 채권을 이전하고 싶다면 기존 채권 관계는 없애고 동일한 내용으로 새로운 당사자끼리 채권 관계를 맺는 방식을 취하도록 하였습니다.

과거 로마인에게 채권은 재산이 아닌 관계였습니다. 관계란 맺고 끊는 대상일 뿐 사고파는 대상은 아니었습니다. 그래서 로마인은 채권의 양도를 알지 못하였습니다. 하지만 시간이 지날수록 채권도 재산적 가치를 지닌 권리라는 생각이 자리를 잡게 되었습니다. 재산적 가치를 지닌 권리라는 점에서 물권과 차이를 둘 이유가 없었고, 그래서 채권도 양도를 할 수 있다는 법리가 탄생한 것이지요. 채권의 양도는 결코 당연한 결론이 아니었기에 민법은 제449조 첫 번째 문장에 "채권은 양도할 수 있다"고 새삼 선언을 하였습니다.

덕분에 지금 우리는 번거로운 절차 없이 채권을 양도할 수 있습니다. 하지만 로마인의 사고방식이 모두 사라진 것은 아닙니다. 지금도 채권은 분명 관계입니다. 그래서 지금의 채권 양도에는 재산권 처분의 측면과 관계 변동의 측면이 동시에 존재합니다. 서로 다른 성질의 내용이 공존하는 것이죠. 이번 장에서는 재산권의 처분이라는 측면에서만 채권 양도를 알아볼 것입니다만, 앞으로 민법 공부를 더 해나갈 독자라면 채권 양도 논의에 본래 두 가지 측면이 있다는 사실을 기억해두면 좋겠습니다.

물건과 물권, 사람과 채권의 차이를 정리했으니 이제 정식으로 재산권을 정의해봅시다. **'재산권(財産權)'**이란 '재산적 가치를 갖는 권리'를 말합니다. 재산권에는 물건에 관한 권리인 '물권'과, 사람에 대한 권리인 '채권'이 있습니다. 그러니까 민법책에서 '재산권을 처분한다'는 표현을 보면 우리는 '물권의 처분'이나 '채권의 처분'을 떠올리면 되겠습니다.

2) 처분

처분(處分)이라는 단어는 일상생활에서도 많이 사용합니다. 무언가를 종국적으로 처리한 듯한 느낌을 주고 싶을 때 "그것을 처분해버렸다."라고 말하곤 하죠. 법률용어로서 처분도 크게 다르지 않습니다. 교과서에서는 처분을 "현존하는 권리의 변동을 직접 일으키는 법률행위"라고 적습니다.

(1) 처분은 '법률행위'입니다. 법률행위이므로 법률효과를 발생시킵니다[제2장 참조]. 무슨 법률효과를 발생시킬까요? 권리의 변동이라는 효과를 가져옵니다. 예를 들어 권리를 이전시키거나, 소멸시키거나, 권리의 내용을 변경하는 것입니다. 한편 권리의 이전을 **양도(讓渡)**라고도 합니다. 그러니까 **'권리의 이전', '재산권의 이전', '양도', '양도처분'**은 모두 같은 말입니다.

(2) 처분의 대상은 '현존하는 권리'입니다. 이는 앞선 재산권 논의

와 연관됩니다. 민법은 재산을 처분하는 것이 아니라 재산권을 처분합니다.

(3) 처분은 현존하는 권리를 '직접' 변동시키는 행위입니다. 예를 들어 A가 Y 아파트의 소유권을 B에게 이전하기로 약속했다 해봅시다. 이러한 약속만으로는 권리 이전의 효과가 '직접' 발생하지는 않습니다. 적어도 대한민국에서는 그렇습니다. 곧 뒤에서 보겠지만 대한민국에서 Y 아파트 소유권을 넘기기 위해선 정당한 권리자 A가, 적법하게 매도 약속을 하고, 소유권이전등기라는 적절한 공시 절차를 거쳐야 합니다(제186조). 즉 매매는 권리 이전에 대한 약속일뿐입니다. 권리 이전의 효과를 실제 발생시킨 것은 처분입니다. 이를 두고 처분은 현존하는 권리를 직접 변동시킨다고 말합니다.

(4) '물권행위'라는 개념이 있습니다. 엄밀히 말하면 처분이 물권행위보다 큰 개념이지만, 우리는 초학자 신분을 변명 삼아 둘을 비슷하게 접근해봅시다. 교과서에서는 **물권행위(物權行爲)**를 "직접 물권의 변동을 목적으로 하는 별도의 법률행위"라고 적습니다. 물권행위는 처분행위에 속합니다.

II
요건 1:
적법한 원인을 통해 받을 것

1. 약속을 했으니까 처분을 한다.

A는 2022. 1. 1. B로부터 X 아파트를 10억 원에 샀습니다. A는 B에게 10억 원을 주었고, B는 A에게 X 아파트를 주었습니다. 왜 주었습니까? 그리하기로 서로 약속했기 때문입니다.

약속을 했으니까 처분을 합니다. 약속은 처분을 정당화하는 원인입니다. 재산권의 양도는 마치 한 섬에서 다른 섬으로 큰 보물을 옮기는 작업과 같습니다. 보물을 옮기려면 두 섬을 잇는 튼튼한 다리가 있어야 하죠. 양도 처분에서도 마찬가지입니다. 적법한 약속은 양도인과 양수인이라는 두 섬을 잇는 튼튼한 다리입니다. 약속이 전혀 없거나, 혹은 약속이 있더라도 적법하지 않다면 재산권은 한 사람에게서 다른 사람에게로 이전될 수 없습니다. 넘어갈 근거가 없기 때문입니다.

2. 과거로 거슬러 올라가 효과를 미침

어떤 보물을 한 섬에서 다른 섬으로 옮기려 합니다. 먼저 두 섬을 잇는 다리를 건설했고 많은 고생 끝에 보물도 옮겼습니다. 그런데 이후 다리가 끊어졌습니다. 다행히 현실에서는 다리가 끊어졌다는 이유로 애써 옮긴 보물을 되돌려 놓지 않습니다. 하지만 민법에서는 약속이 끊어지면 원칙적으로 처분을 되돌려 놓아야 합니다. **소급효(遡及效)** 라는 녀석 때문입니다. 교과서에서는 소급효를 "과거로 거슬러 올라가 효과를 미치는 것"이라고 적습니다. 민법에서 말하는 약속을 끊는 행위, 예를 들어 계약 '해제'나 법률행위의 '취소' 등은 일반적으로 소급효를 갖습니다.

> 제141조(취소의 효과) 취소된 법률행위는 처음부터 무효인 것으로 본다. (...)

> 제550조(해지의 효과) 당사자 일방이 계약을 해지한 때에는 계약은 장래에 대하여 그 효력을 잃는다.

취소된 법률행위는 처음부터 무효인 것으로 봅니다(제141조). 해제도 마찬가지입니다. 계약을 해제하면 그 계약은 소급하여 효력을 잃습니다(제550조 반대해석). 사례로 볼까요. A는 2022. 1. 1. B로부터 X 아파트를 매수하고 소유권 이전등기까지 받았습니다. 그런데 2022. 10. 1. 둘 사이의 계약이 해제되었습니다. 이제 이 계약은 처음부터 무효입니다. 따라서 A는 X 아파트를 소유할 수 없습니다. 애당초 넘어올 수 없는 보물이 넘어왔으니 말입니다. A는 B에게 X 아파트에 대한 소유권을 반환해야 하고, B 역시 자신이 A로부터 받은 10억 원을 돌려주어야 합니다(제548조 참고).

약속이 끊어지면 원칙적으로 처분(물권행위)도 되돌려 놓아야 합니다. 이러한 생각을 교과서에서는 '**물권행위 유인론(有因論)**'이라고 부릅니다. 단어 뜻 그대로 약속과 물권행위 사이에 인과관계(因)가 있다(有)고 보는 견해입니다. 이 견해에 따르면 처분이 이루어졌더라도 원인행위인 약속이 끊어지면 이전하였던 재산권은 당연히 복귀합니다. 반면 약속이 끊어진다고 처분(물권행위)이 무효로 되는 건 아니라고 보는 견해도 있습니다. 이러한 견해는 '**물권행위 무인론(無因論)**'이라고 합니다. 유인론과 무인론은 이론 구성에 차이가 있을 뿐이고 실제 결과로는 큰 차이가 없습니다.[15] 다만 판례가 아주 오래전부터 확고한 유인론 입장을 취하고 있으므로(대판 1977. 5. 24. 75다1394), 초학자인 우리는 아래 판례를 참고하여 유인론에 따라 논리를 정리하도록 합시다.

> 민법 제548조 제1항 본문에 의하면 계약이 해제되면 각 당사자는 상대방을 계약이 없었던 거와 같은 상태에 복귀케 할 의무를 부담한다는 뜻을 규정하고 있는바, 계약에 따른 채무의 이행으로 이미 등기나

인도를 하고 있는 경우에 그 원인 행위인 채권계약이 해제됨으로써 원상회복된다고 할 때 그 이론 구성에 관하여 해제가 있더라도 이 이행행위 그 자체는 그대로 효력을 보유하고 다만 그 급부를 반환하여 원상회복할 채권 채무관계가 발생할 뿐이라는 소위 채권적 효과설과 이미 행하여진 이행행위와 등기나 인도로 물권변동이 발생하고 있더라도 원인행위인 채권계약이 해제되면 일단 이전하였던 물권은 당연이 복귀한다는 소위 물권적 효과설이 대립되어 있다. 우리의 법제가 물권행위의 독자성과 무인성을 인정하고 있지 않는 점과 민법 제548조 제1항 단서가 거래안정을 위한 특별규정이란 점을 생각할 때 계약이 해제되면 그 계약의 이행으로 변동이 생겼던 물권은 당연히 그 계약이 없었던 원상태로 복귀한다고 봄이 타당하다 할 것이다. (대법원 1977. 5. 24. 선고 75다1394 판결)

3. 보론: 제186조와 제187조

앞서 약속은 처분을 정당화하는 원인이라고 하였습니다. A가 X 아파트의 새로운 소유자가 될 수 있었던 이유는 그가 B로부터 그 권리를 샀기 때문이었죠. 그런데 처분을 정당화하는 원인에 '약속'만 있는 것은 아닙니다. 당사자 사이 약속이 아니더라도 처분은 정당성을 갖출 수 있습니다. 예를 들어 법률 규정에 의해 처분이 이루어지기도 합니다.

제186조 (부동산물권변동의 효력) 부동산에 관한 법률행위로 인한 물권의 득실변경은 등기하여야 그 효력이 생긴다.

제187조 (등기를 요하지 아니하는 부동산물권취득) 상속, 공용징수, 판결, 경매 기타 법률의 규정에 의한 부동산에 관한 물권의 취득은 등기를 요하지 아니한다. 그러나 등기하지 아니하면 이를 처분하지 못한다.

민법 제186조와 제187조는 부동산물권변동에 관한 조문이지만 민법의 사고방식을 엿볼 수 있는 좋은 자료입니다. 두 조문은 처분의 원인을 구분하고 있습니다. 제186조는 부동산에 관한 '법률행위로 인한' 물권의 득실변경을 이야기하고 있습니다. 약속에 근거하여 처분이 이루어진 경우이죠. 반면 제187조는 '법률의 규정에 의한' 부동산에 관한 물권의 취득에 대해 이야기하고 있습니다. 여기서 말하는 법률의 규정이란 상속, 공용징수, 판결, 경매 등입니다. 약속과 다르게 당사자에게 일방적으로 주어지는 것들입니다. 이처럼 처분은 법률행위에 근거할 수도, 법률행위가 아닌 것에 근거할 수도 있습니다. 이 책에서는 이해를 돕기 위해 '약속'이라는 표현을 썼지만, 처분의 원인이 약속에 한정된 건 아니란 점을 기억해둡시다.

III
요건 2:
정당한 권리자로부터 받을 것

1. 무권리자는 유권리자를 낳을 수 없다

B는 X 토지 소유자입니다. 그는 아주 오래전부터 X 토지를 소유해 왔는데 땅이 어느 시골 마을 외진 곳에 위치해 있어서 제대로 관리하지는 못했습니다. 이러한 사실을 알게 된 A가 몰래 등기부를 위조하여 X 토지를 자기 명의로 해놓았습니다. 그리고 1990. 1. 1. 토지를 C에게 팔았습니다. 사정을 알 리 없는 C는 X 토지가 A 소유라고 믿고 매수를 했죠. 약속한 대금도 지급하고, 소유권이전 등기도 마쳤습니다. 그런데 2년 뒤 A의 사기극이 들통납니다. B가 오랜만에 자기 땅을 둘러보다가 A가 등기를 위조한 사실, 그리고 C가 A로부터 땅을 사서 소유권이전 등기까지 마친 사실을 발견한 겁니다. 사기꾼은 이미 도망간 지 오랩니다. 화가 난 B는 급한 대로 C를 찾아갑니다.

"C씨, 당장 X 토지를 나에게 돌려주세요!"

"무슨 말씀이시죠? 나는 등기부에 쓰여있는 대로 소유자 A로부터 적법하게 매수를 했는 걸요. 대금 10억 원도 분명히 다 주었습니다."

"당신이 소유자라고 믿었던 A는 사기꾼입니다. X 토지는 오래전부터 내 소유인데 A가 멋대로 위조를 해서 당신한테 팔아넘긴 것입니다."

"하지만 이럴 수는 없습니다. 나는 등기부 공시를 믿었습니다. 설령 X 토지를 반환해야 하더라도 10억 원을 돌려받기 전에는 한 발짝도 움직일 수 없습니다."

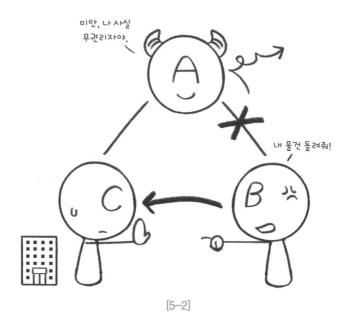

[5-2]

대한민국에서 가장 쉽게 쓴 민법책

"그건 내 알 바가 아닙니다. 빨리 X 토지를 반환하세요!"

C는 X 토지를 반환해야 할까요? 민법의 원리는 간단합니다. 무(無)권리자는 유(有)권리자를 낳을 수 없습니다. 재산권은 정당한 권리자로부터만 이전받을 수 있는 것이죠. A는 X 토지를 처분할 아무런 권한이 없었으므로 그로부터 소유권을 이전받은 C 역시 무권리자입니다. 따라서 C는 토지를 반환해야 합니다.

그런데 C가 불쌍하다는 느낌을 지울 수 없습니다. C는 X 토지를 A 소유라고 믿었습니다. 믿을 수밖에 없었습니다. 등기부에 A 소유라고 적혀 있었으니까요. 등기부를 믿은 C를 보호해줄 필요는 없는 걸까요? 이러한 고민을 교과서에서는 **'등기의 공신력(公信力)'** 문제라고 합니다. '공신력'이란 '일정한 공시방법을 신뢰하고 거래한 경우, 그 공시방법이 진정한 권리관계와 일치하지 않더라도 공시된 대로의 권리관계가 존재하는 것처럼 효력을 부여하는 것'입니다. 등기의 공신력을 인정하면 등기를 믿고 거래한 C를 보호할 수 있습니다. 반대로 인정하지 않으면 C는 보호받을 수 없습니다.

공신력을 인정할지 말지는 논리의 문제가 아닙니다. 어느 한쪽을 선택하는 문제입니다. 어느 쪽을 택하든 누군가는 피해를 보기 때문입니다. 만약 등기의 공신력을 인정한다면 진정한 소유자 B가 피해를 보고, 등기의 공신력을 인정하지 않는다면 공시된 내용을 신뢰한 C가 피해를 보지요.

그래서 우리 민법의 선택은? 민법은 ① '부동산물권'과 ② '동산물권'으로 경우를 나누어 접근하고 있습니다. 전자의 경우, 즉 부동산물권에서는 공신력을 인정하지 않습니다. 부동산물권에서는 진정한 권리자의 보호가 더 중요하다고 판단한 것이지요. 반면 동산물권의 경우에는 공신력을 원칙적으로 인정합니다. 선의취득(善意取得)이라는 제도로부터 이를 유추할 수 있습니다(제249조 참고). (덕분에 동산물권에서는 무권리자가 유권리자를 낳는 기이한 현상을 목격할 수 있습니다. 선의취득에 대하여는 뒤의 보론에서 다시 다루겠습니다.)

우리 민법은 부동산 등기의 공신력을 인정하지 않습니다. 따라서 C는 등기 내용을 신뢰하였더라도 보호받을 수 없으며, 진정한 소유자 B에게 땅을 돌려주어야 합니다. 그럼 불쌍한 우리 C는 어떡해야 할까요? A와 싸우면 됩니다. A는 C에게 X 토지를 주기로 하였는데 주지 못하게 되었습니다. 약속을 어긴 것이죠. 따라서 책임을 져야 합니다. 물론 현실적으로는 A와 다투는 게 쉽지는 않을 겁니다. A 같은 사기꾼은 이미 도망친 지 오래일 테니 말입니다. 하지만 민법은 그러한 사정을 알지 못합니다. C는 A에게 책임을 물을 수 있으니 이론상 불공평한 부분은 없습니다. 여기서부터는 C가 알아서 해야 합니다.

2. 주의: 제삼자 보호와의 비교

무권리자는 유권리자를 낳을 수 없습니다. 무권리자의 처분은 무효이고, 따라서 만약 진정한 권리자가 자기 재산권의 회복을 주장하면 양수인은 그 요구에 응해야 합니다. 다만 여기서 우리는 다음과 같은 두 가지 경우, 즉 ① '좁은 의미에서' 무권리자가 재산권을 처분한 경우와, ② 본래는 유권리자의 처분이었으나 '소급효에 따라' 무권리자의 처분처럼 된 경우를 구분해야 합니다. 민법이 이 둘을 다르게 평가하기 때문입니다. 아래 사례를 읽고 두 경우를 직접 비교해봅시다.

[사례 1]

C는 1990. 1. 1. A로부터 X 토지를 10억 원에 샀습니다. C는 약속대로 대금을 지급했고, 소유권이전 등기도 바로 마쳤습니다. 그런데 3개월 뒤 B가 등장합니다. 그는 다짜고짜 땅을 돌려달라고 요구합니다. 자초지종을 들어보니 다음과 같습니다.

A는 사기꾼이었습니다. X 토지는 B 소유인데 A가 등기부를 위조하여 C에게 팔아넘긴 것이었습니다.

C는 B에게 X 토지를 반환해야 할까요?

[사례 2]

C는 1990. 1. 1. A로부터 X 토지를 10억 원에 샀습니다. C는 약속대로 대금을 지급했고, 소유권이전 등기도 바로 마쳤습니다. 그런데 3개월 뒤 B가 등장합니다. 그는 다짜고짜 땅을 돌려달라고 요구합니다. 자초지종을 들어보니 다음과 같습니다.

---

11. 1. B가 소유권이전 등기에 필요한 서류를 A에게 넘겨주면 그와 동시에 지급하기로 하였습니다. 그런데 실제로는 중도금까지만 받고 X 토지를 넘겨주었습니다. 매수인 A가 하도 사정을 해서 그리 하였습니다.

토지를 넘겨받은 A는 더 이상 아쉬운게 없는지 안하무인한 태도로 나오기 시작했습니다. 너무 비싼 돈을 주고 샀으니 잔금 4억 5천 만 원을 줄 수 없다는 겁니다. 매도인 B는 꾸준히 연락을 취하며 잔금 지급을 요구했지만 A는 끝까지 불응하였습니다. 이후 A가 X 토지를 C에세 팔아넘긴 사실까지 알게 된 B는 더 이상 참을 수가 없었습니다. B는 1990. 3. 15. A와의 매매계약을 해제했습니다.

C는 B에게 X 토지를 반환해야 할까요?

얼핏 보면 두 사례는 닮아 있습니다. 특히 C의 관점에서는 더욱 그러합니다. C 입장에서 A가 X 토지 소유권을 어떻게 얻었는지 알게 됩니까. 그는 X 토지 등기부를 확인하였고, 등기부에 A 소유라 적혀 있어서 A로부터 X 토지를 샀을 뿐입니다. C로서는 첫 번째 사례에서도, 두 번째 사례에서도 B의 주장이 당황스러울 따름입니다.

한편 곰곰이 생각해보아도 두 사례는 꽤나 닮아 있습니다. '소급효' 때문입니다. [사례 1]에서 사기꾼 A가 한 처분은 물론 무권리자의 처분입니다. 그런데 소급효의 논리를 엄격히 따르면 [사례 2]에서의 처분도 무권리자의 처분처럼 보입니다. 소급효에 따라 해제된 계약은 처음부터 효력이 없고, 따라서 A는 단 한 번도—1990. 1. 1. C와 계약을 맺을 당시에도—X 토지에 대한 소유권을 가진 적이 없기 때문입니다. 이 논리를 그대로 밀고 나가면 C는 무권리자 A로부터 X 토지를 양수받았다고 보아야 할 것입니다.

하지만 우리는 두 사례 결론을 이미 알고 있습니다. [사례 1]의 경우 C는 X 토지를 반환해야 합니다. C는 무권리자 A로부터 토지 소유권을 받았는데, 우리 민법은 '부동산의 공신력'을 인정하지 않기 때문입니다. 반면 [사례 2]의 경우 C는 X 토지를 반환할 필요가 없습니다. 그는 '해제의 제삼자'이기 때문입니다. 당사자 일방이 계약을 해제하면 각 당사자는 상대방에 대하여 원상회복을 해야 하지만, 제삼자의 권리를 해하지 못합니다(제548조 제1항 단서). C는 제삼자입니까? 제삼자입니다. C는 계약의 당사자는 아니지만 계약이 해제될 경우 그로부터 영향을 받는 자이기 때문입니다.* 따라서 이번에는 C가 보호를 받습니다.

왜 이런 차이가 발생한 것일까요? 비유컨대 두 사례에 붙은 이름표(#)가 서로 달랐다고 평할 수 있겠습니다. 누군가 소급효의 논리

---

* 판례에 따르면 "민법 제548조 제1항 단서에서 말하는 제3자란 일반적으로 그 해제된 계약으로부터 생긴 법률효과를 기초로 하여 해제 전에 새로운 이해관계를 가졌을 뿐 아니라 등기, 인도 등으로 완전한 권리를 취득한 자"를 말한다고 합니다(대판 2005. 1. 14. 2003다33004). [사례 2]에서 C는 계약해제 전에 새로운 이해관계를 가졌을 뿐 아니라 소유권이전등기를 마쳐 완전한 권리를 취득하였으므로 민법 제548조 제1항 단서에서 말하는 해제의 제삼자에 해당합니다.

를 끝까지 밀고 가서 두 번째 사례에 '무권리자의 처분'이라는 이름표를 붙이는 것까지는 좋습니다. 다만 이 사례에는 전혀 다른 이름표, 즉 '해제의 제삼자'라는 이름표도 달 수 있습니다. **아니, 달아야만 합니다. 민법 제548조 라는 조문이 있기 때문입니다.** '해제의 제삼자'라는 이름표가 마음에 들지 않는다고 해서 '무권리자의 처분'만 달아놓고 전혀 엉뚱한 결론(예컨대 [사례 2]에서도 C가 X 토지를 반환해야 한다는 결론)에 도달하는 것은 명시적 문언에 반하는 해석으로 우리는 이를 받아들일 수 없습니다. 여러 번 강조한 바, 항상 조문이 최우선입니다.

이처럼 우리 민법은 ① '좁은 의미에서' 무권리자가 재산권을 처분한 경우와, ② 본래는 유권리자의 처분이었으나 '소급효에 따라' 무권리자의 처분처럼 된 경우를 구분하여 접근하고 있습니다. 여기서는 해제의 경우만 살펴보았으나 제삼자 법리가 적용되는 다른 경우들, 예를 들어 의사표시의 취소나 무효에서도 동일한 논리가 적용됩니다.

3. 보론: 선의취득에 관한 짧은 설명

무권리자는 유권리자를 낳을 수 없습니다. 그런데 아주 예외적으로 무권리자가 유권리자를 낳기도 합니다. 동산 소유권의 **선의취득(善意取得)**이 여기에 해당합니다. 제249조를 읽어봅시다.

제249조(선의취득) 평온, 공연하게 동산을 양수한 자가 선의이며 과실없이 그 동산을 점유한 경우에는 양도인이 정당한 소유자가 아닌 때에도 즉시 그 동산의 소유권을 취득한다.

① '동산을 양수한 자가': 선의취득은 '동산'물권을 위한 제도입니다. 부동산물권에는 사용할 수 없습니다.

② '평온, 공연하게': 동산을 점유하는 모습에 대한 요건입니다. 평온한 점유란 강폭행위를 쓰지 않는 점유를 말하고, 공연한 점유란 은밀하게 숨기지 않는 점유를 말합니다.

③ '선의이며 과실없이': 앞서 선의(善意)란 무언가를 알지 못하는 상태라 하였습니다. 선의취득을 하려면 양도인이 동산의 정당한 소유자가 아니라는 사실을 양수인은 몰라야 합니다. 또 그러한 사실을 모른 데에 과실(過失)이 없어야 합니다.

④ '그 동산을 점유한 경우에는': 동산 양수인은 동산을 점유해야 합니다. (점유에는 여러 형태가 있습니다. 그래서 선의취득에서 말하는 점유가 무엇인지에 대해 견해 대립이 있습니다. 수험생에게는 중요한 쟁점이지만 이 책에서는 넘어가겠습니다. 점유에 대한 자세한 설명은 제6장에서 하겠습니다.)

⑤ '양도인이 정당한 소유자가 아닌 때에도': 양도인은 처분권한이 없는 무권리자입니다. 그래서 선의취득은 무권리자가 유권리자를

낳는 예외입니다.

⑥ '즉시 그 동산의 소유권을 취득한다': 선의취득의 법률효과입니다. 제249조의 법률요건을 모두 갖추면 양수인은 즉시 그 동산의 소유권을 취득합니다. 문장 표현이 단순히 보호에서 그치는 게 아니라 '소유권을 취득한다'라고 적극적으로 표현한 게 꽤나 흥미롭습니다.

사례로 봅시다. B는 X 자전거의 소유자입니다. B는 2022. 10. 1. A에게 자전거를 무상으로 2주간 빌려주었습니다. 그런데 일주일 뒤 A가 사고를 치고 맙니다. A가 C에게 자전거를 팔아버린 것입니다. 물론 C는 자전거가 B 소유라는 사실을 모르고 있었습니다. B 소유임을 나타내는 표식도 전혀 없고, 언제나 A가 몰고 다니길래 그렇게 믿을 수밖에 없었습니다. 파렴치한 A는 연락을 끊고 잠적했습니다. 사태를 파악한 B가 뒤늦게 C를 찾아가 자전거를 돌려달라고 하는군요. C는 B에게 X 자전거를 돌려주어야 할까요?

C는 자전거를 돌려줄 필요가 없습니다. 민법 제249조에 따라 자전거를 선의취득했기 때문입니다. 요건을 하나씩 검토해볼까요. ① X 자전거는 동산입니다. ② 양도인 A는 처분권한이 없는 무권리자였습니다. ③ 양수인 C는 평온, 공연하게 자전거를 양수받아 점유하였습니다. ④ 무엇보다 양수인 C는 양도인 A가 자전거의 정당한 소유자가 아니라는 사실을 모르고 있었고, 또 그러한 사실을 모른 데에 과실이

없었죠. 선의취득의 모든 요건을 갖추었으므로 양수인 C는 자전거를 양수받는 즉시 소유권을 취득합니다. 따라서 자전거를 돌려주지 않아도 괜찮습니다. 그럼 억울한 B는 어떻게 해야 할까요? A와 다투면 됩니다. A는 처분권한도 없는 주제에 함부로 남의 물건을 팔아 B에게 손해를 끼쳤으니 말입니다.

IV
요건 3:
적절한 공시절차를 거칠 것

1. 대대적인 왕위 계승식이 필요한 이유

앞에서 했던 수나라 이야기를 다시 생각해 봅시다. 철수 1세는 철수 2 세에게, 철수 2세는 철수 3세에게 수나라 왕권을 물려주었습니다. 정당한 권위자로부터 적법한 원인에 따라 왕권을 계승한 철수 3세는 분명 누구도 부인할 수 없는 정당한 왕위 계승자입니다. 하지만 이것만으로는 아직 부족합니다. 간신히 명분을 갖춘 것에 불과하기 때문입니다. 새 왕은 자신의 왕위 계승 사실을 널리 알려야 합니다. 그래야 모두가 평온합니다. 백성들은 누가 새로운 왕인지 더 이상 헷갈리지 않을 것이고, 반란세력은 왕의 건재함 앞에서 주춤할 테죠. 민법의 재산권 이전도 마찬가지입니다. 재산권을 누군가에게 이전하기 위해선 이를 **'공시(公示)'**해야 합니다. 공시 제도는 누가 권리자인지를 공연히

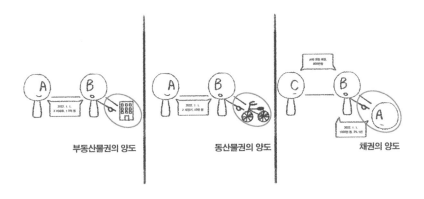

부동산물권의 양도 　　　　 동산물권의 양도 　　　　 채권의 양도

[5-3]

밝힘으로써 거래의 안전을 지킵니다.

재산권을 이전하려면 적절한 공시 절차를 거쳐야 합니다. 그런데 재산권 이전에 필요한 공시 절차는 재산권마다 다릅니다. 앞서 재산권에는 사람에 대한 권리인 '채권'과, 물건에 대한 권리인 '물권'이 있다고 하였습니다. 한편 물권에는 '부동산물권'과 '동산물권'이 있으므로 우리가 다루어야 할 재산권은 총 세 종류입니다. 결론부터 말하자면, ① 부동산물권에는 등기(登記), ② 동산물권에는 인도(引渡), ③ 채권에는 통지 또는 승낙이라는 공시 절차가 필요합니다. 하나씩 차근히 알아봅시다.

> 부동산(물권)
> – 권리자로부터 + 양도 약속을 받고 + 등기를 해야 (제186조)

동산(물권)

－ 권리자로부터 ＋ 양도 약속을 받고 ＋ 인도를 받아야 (제188조)

채권

－ 권리자로부터 ＋ 양도 약속을 받고 ＋ (채무자에게)통지 or 승낙을
  받아야 (제450조)

2. 부동산물권의 경우

제186조(부동산물권변동의 효력) 부동산에 관한 법률행위로 인한 물권의 득실변경은 <u>등기하여야</u> 그 효력이 생긴다.

제187조(등기를 요하지 아니하는 부동산물권취득) 상속, 공용징수, 판결, 경매 기타 법률의 규정에 의한 부동산에 관한 물권의 취득은 등기를 요하지 아니한다. 그러나 등기를 하지 아니하면 이를 처분하지 못한다.

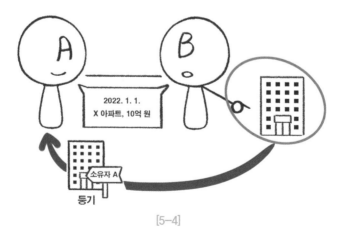

[5-4]

1) 부동산에 관한 법률행위로 인한 물권의 득실변경은 **등기(登記)**를 하여야 그 효력이 생깁니다(제186조). 여기서 등기란 부동산의 소재 및 권리관계를 기록하여 등록한 것을 말합니다. 부동산 등기부는 ① 표제부, ② 갑구, ③ 을구 이렇게 세 부분으로 구성되어 있습니다. 등기부 표제부에는 부동산의 소재와 현황에 대한 내용을 적습니다. 공시하고자 하는 부동산을 우선 특정하는 것이죠. 부동산에 관한 실제 권리관계 내용은 그다음 갑구와 을구에 적습니다. **'갑구(甲區)'**에는 해당 부동산의 '소유권' 관계를, **'을구(乙區)'**에는 '소유권 이외의' 권리 관계를 적습니다.

[5-5]

2) A는 2022. 1. 1. B로부터 X 아파트를 10억 원에 샀습니다. A는 약속대로 매매 대금을 모두 지급하고 X 아파트에 대한 소유권이전 등기를 마쳤습니다. 하지만 X 아파트를 인도받지는 않았습니다. 굳이 들어가 살 필요가 없었기 때문입니다. A는 X 아파트에 대한 소유권을 취득합니까? 취득합니다. 민법 제186조에서 정한 대로 부동산물권 변동에 필요한 '등기'를 마쳤기 때문입니다.

한편 C는 2023. 1. 1. D로부터 Y 아파트를 11억 원에 샀습니다. C는 약속대로 매매 대금을 모두 지급하고 Y 아파트를 인도받았습니다. 그런데 Y 아파트에 대한 소유권이전 등기는 마치지 않았습니다. 인도만 받으면 충분하다고 생각했기 때문입니다. C는 Y 아파트에 대한 소유권을 취득합니까? 취득하지 못합니다. 법에서 정한 등기 요건을 갖추지 못했기 때문입니다. 이처럼 약속에 근거해 부동산물권을 처분할 때에는 반드시 등기를 해야 합니다. 실제 부동산을 인도받았더라도 등기를 하지 않으면 처분 효과가 발생하지 않으니 꼭 주의해야겠습니다.

3) 상속, 공용징수, 판결, 경매 기타 법률의 규정에 의한 부동산에 관한 물권의 취득은 등기를 요하지 아니합니다. 그러나 등기를 하지 아니하면 이를 처분하지 못합니다(제187조). 사례로 볼까요. A는 2022. 12. 1. 사망했습니다. 사망 당시 A의 유일한 가족은 아들 B 뿐이었고, Z 토지를 소유하고 있었습니다. 상속인은 상속개시된 때로부터 피상속인의 재산에 관한 포괄적 권리의무를 승계하고(제1005조), 상

속은 사망으로 인하여 개시하므로(제997조)[•], B는 2022. 12. 1. 상속을 원인으로 Z 토지 소유권을 취득합니다. 등기는 필요하지 않습니다. 제187조에서 그리 정했기 때문입니다.

다만 만약 B가 Z 토지를 다른 누군가에게 처분하려면 등기를 해야 합니다. 예를 들어 B가 2023. 3. 1. C에게 Z 토지를 10억 원에 팔았다고 해봅시다. B는 아직 소유권이전 등기를 하지 않았습니다. 그럼에도 C는 B가 적법한 상속인이라는 말만 믿고 대금 10억 원을 지급하였습니다. C는 Z 토지 소유권을 취득합니까? 취득하지 못합니다. 정당한 소유자로부터, 적법한 원인을 통해 받았지만 등기를 하지 않았기 때문입니다(제187조 단서).

3. 동산물권의 경우

제188조(동산물권양도의 효력, 간이인도) ① 동산에 관한 물권의 양도는 그 동산을 인도하여야 효력이 생긴다. ② 양수인이 이미 그 동산을 점유한 때에는 당사자의 의사표시만으로 그 효력이 생긴다.

제189조(점유개정) 동산에 관한 물권을 양도하는 경우에 당사자의 계약으로 양도인이 그 동산의 점유를 계속하는 때에는 양수인이 인도받은 것

• 제997조(상속개시의 원인) 상속은 사망으로 인하여 개시된다.
제1005조(상속과 포괄적 권리의무의 승계) 상속인은 상속개시된 때로부터 피상속인의 재산에 관한 포괄적 권리의무를 승계한다. 그러나 피상속인의 일신에 전속한 것은 그러하지 아니한다.

으로 본다.

제190조(목적물반환청구권의 양도) 제삼자가 점유하고 있는 동산에 관한 물권을 양도하는 경우에는 양도인이 그 제삼자에 대한 반환청구권을 양수인에게 양도함으로써 동산을 인도한 것으로 본다.

1) 동산에 관한 물권의 양도는 그 동산을 인도하여야 효력이 생깁니다(제188조). **'인도(引渡)'**란 쉽게 말해, '물건을 손에서 손으로 넘겨주는 것'입니다. A는 2022. 1. 1. B에게 자신이 타고 다니던 자전거를 20만 원에 팔았습니다. B는 A에게 20만 원을 주었고, A는 B가 자전거를 들고 갈 수 있도록 넘겨주었죠. 이 넘겨주는 행위가 바로 인도입니다. 교과서에서는 인도를 "어떤 물건의 사실상 지배 상태를 옮기는 것"이라 적습니다.

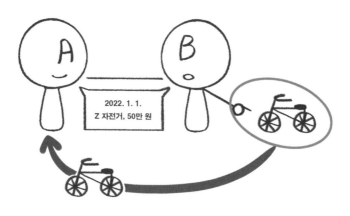

[5-6]

대한민국에서 가장 쉽게 쓴 민법책

2) 제188조부터 제190조까지 차근히 읽어봅시다. 모두 '동산에 관한 물권 양도'에 관한 내용입니다. 동산물권을 양도하려면 그 동산을 인도를 해야 합니다. 그런데 인도를 하는 방법에는 네 가지가 있습니다. ① 현실인도, ② 간이인도, ③ 점유개정, ④ 목적물반환청구권의 양도, 이렇게 넷입니다.

'**현실인도(現實引渡)**'란 말 그대로 '동산에 대한 점유를 현실적으로 이전하는 것'입니다(제188조 제1항). 방금 앞서 본 자전거 사례가 여기에 해당합니다. 한편 양수인이 이미 그 동산을 점유한 때에는 당사자의 의사표시만으로 물권양도의 효력이 생깁니다. 이는 '**간이인도(簡易引渡)**'라고 합니다. 예를 봅시다. A는 2022. 1. 1. B에게 Z 노트북을 70만 원에 팔았습니다. 그런데 B는 이미 Z 노트북을 점유하고 있었습니다. 사실 B는 2021. 12. 30.부터 Z 노트북을 빌려 사용 중이었는데 너무 마음에 들어서 아예 산 것이죠. 이런 경우 A와 B 사이 계약상 의사표시만으로 B는 노트북 소유권을 취득합니다(제188조 제2항). 양수인이 노트북을 이미 점유하고 있으니까 인도 절차를 말 그대로 '간이'하게 처리한 경우입니다.

한편 동산에 관한 물권을 양도하는 경우에 당사자의 계약으로 양도인이 그 동산의 점유를 계속하는 때에는 양수인이 인도받은 것으로 봅니다(제189조). 이를 '**점유개정(占有改定)**'이라고 합니다. '점유개정'이란 '당사자끼리 계약으로 점유의 의미를 고쳐서(改) 다시 정(定)하는 것'입니다. 사례로 봅시다. A는 2022. 1. 1. B에게 Z 노트북을 70만 원에 팔았습니다. 그런데 노트북 자체는 A가 더 사용하기로 했습니다. B는 Z 노트북을 되팔 생각으로 구입한 것이라서 굳이 가지고 있을 필요가 없었기 때문입니다. 이 경우 Z 노트북을 현실적으로 점유하는 사람은 A입니다. 하지만 A의 점유는 의미가 변했습니다. 그전까지는 '소유자로서' 노트북을 점유했다면, 매매 계약 이후 A는 '빌린 사람으로서' 노트북을 점유하고 있습니다. 양수인 B는 Z 노트북의 소유권을 취득합니까? 취득합니다. 당사자의 계약으로 양도인이 그 동산의 점유를 계속하기로 한 것뿐이므로 양수인 B는 문제없이 Z 노트북 소유권을 취득합니다.

마지막으로 제삼자가 점유하고 있는 동산에 관한 물권을 양도하는 경우에는 양도인이 그 제삼자에 대한 반환청구권을 양수인에게 양도함으로써 동산을 인도한 것으로 봅니다(제190조). 이를 **'목적물반환청구권의 양도'**라고 합니다. A는 2022. 1. 1. B에게 Z 노트북을 70만 원에 팔았습니다. 그런데 Z 노트북을 지금 현실적으로 점유하고 있는 사람은 C입니다. C가 3일 전에 A로부터 빌려 갔기 때문입니다. 이런 경우 A가 C에 대해 가지고 있는 반환청구권을 B에게 양도하면 노트북을 인도한 것으로 봅니다. 구체적으로는, A가 C에게 연락해서 이제 자기 말고 B에게 노트북을 돌려주라고 말을 하면 됩니다. 반환청구권의 양도는 그 본질이 채권양도이므로 자세한 내용은 뒤의 채권양도 부분에서 더 다루도록 하겠습니다.

3) 민법 제186조와 제188조를 비교해봅시다. 부동산에 관한 물권

의 양도는 '등기'하여야 그 효력이 생기고, 동산에 관한 물권의 양도는 그 동산을 '인도'하여야 효력이 생깁니다. 서로 닮아 있는 두 조문 모습이 꽤나 흥미롭습니다. '등기와 인도 같은 요건'은 **효력요건**이라고 합니다. 등기를 하지 않으면 부동산물권 양도가, 인도를 하지 않으면 동산물권 양도가 '효력'을 갖지 못하기 때문입니다.

효력요건과 대조되는 개념으로 **대항요건**이란 게 있습니다. 앞서 채권양도를 위한 공시 요건은 승낙 또는 통지라고 간단히 소개하였죠. 채권양도의 승낙/통지 요건은 효력요건이 아니라 대항요건입니다. 왜냐하면 채권양도는 정당한 권리자로부터 적법한 원인을 통해 받으면 곧바로 효력을 갖기 때문입니다(제449조 참고). 다만 승낙 또는 통지라는 공시 요건을 갖추지 못하면 채권양도 사실을 채무자 및 제삼자에게 대항할 수 없습니다(제450조). 그래서 '대항'요건이라고 부릅니다. 보다 자세한 내용은 뒤의 채권양도 부분에서 더 살펴봅시다.

4) 동산물권의 양도는 그 동산을 인도하여야 효력이 생깁니다. 등기할 필요는 없습니다. 다만 예외적으로 **등록(登錄)**을 해야 하는 동산이 있습니다. 예를 들어 자동차의 경우, 자동차 소유권의 득실변경은 등록을 하여야 그 효력이 생깁니다(자동차관리법 제6조). 선박의 경우에도 비슷한 법이 있습니다. 등록은 등기와 사실상 동일한 제도입니다. 일반적으로 값비싼 동산을 관리할 때 등록 제도를 사용합니다.

4. 채권의 경우

> 제449조(채권의 양도성) ① 채권은 양도할 수 있다. 그러나 채권의 성질이 양도를 허용하지 아니하는 때에는 그러하지 아니하다. ② 채권은 당사자가 반대의 의사를 표시한 경우에는 양도하지 못한다. 그러나 그 의사표시로써 선의의 제삼자에게 대항하지 못한다.

> 제450조(지명채권양도의 대항요건) ① 지명채권의 양도는 양도인이 채무자에게 통지하거나 채무자가 승낙하지 아니하면 채무자 기타 제3자에게 대항하지 못한다. ② 전항의 통지나 승낙은 확정일자있는 증서에 의하지 아니하면 채무자 이외의 제3자에게 대항하지 못한다.

1) 채권은 양도할 수 있습니다(제499조 제1항). 채권을 양도할 수 있는지에 대해선 오랜 논의가 있었습니다. 예전에는 사람과 사람 사이 관계를 양도한다는 게 조금 이상했던 모양입니다. 그러나 채권과 물권은 재산적 가치를 지닌 권리라는 점에서 서로 다를 게 없었고, 결국 채권도 양도성을 인정받았습니다. 우리 민법은 제499조 제1항에서 채권의 양도성을 선언함으로써 논쟁의 소지를 없앴습니다. 채권은 양도할 수 있습니다. 조문에 그렇게 적혀 있기 때문입니다.

채권은 양도할 수 있습니다. 그러나 채권의 성질이 양도를 허용하지 아니하는 때에는 그러하지 아니합니다(제499조 제1항 단서). 예를 들어 위임인의 채권은 채권자가 바뀌면 권리 행사에 큰 차이가 생기므로 성질상 채권양도가 불가하다고 보아야 합니다. 한편 법률 규정에 의하여 양도성이 제한되기도 합니다. 부양청구권(제979조), 각종 연금

청구권(공무원연금법 제32조, 군인연금법 제7조 등), 재해보상청구권(근로기준법 제86조) 등이 몇 가지 예입니다.

채권은 당사자가 반대의 의사를 표시한 경우에는 양도하지 못합니다. 그러나 그 의사표시로써 선의의 제삼자에게 대항하지 못합니다 (제449조 제2항). 사례로 봅시다. A는 2022. 4. 1. B로부터 1,000만 원을 연이자 3%, 기간은 1년으로 정하여 빌렸습니다. 그러면서 특약으로 채권양도는 하지 않기로 정하였습니다. 그런데 석 달 뒤 돈이 급하게 필요했던 B는 C에게 위 채권을 900만 원에 팔고 채무자 A에게 통지하였습니다. A는 만기 이후 C에게 돈을 주어야 합니까? 제삼자 C가 채권양도금지 특약을 알지 못하였다면(=선의) A는 그 사실로 양수인 C에게 대항할 수 없습니다.[16] 이 경우 A는 C에게 돈을 주어야 합니다. 하지만 반대로 C가 채권양도금지 특약을 알고 있었다면(=악의) A는 양수인 C에게 대항할 수 있고, 이 경우 A는 C에게 돈을 주지 않아도 됩니다.

2) 제450조 제목을 봅시다. '지명채권양도의 대항요건'이라고 적혀 있습니다. 그냥 채권양도라고 적는 대신 지명채권양도라고 적은 이유는 **증권적 채권(證券的 債權)의 양도**와 비교하기 위함입니다. '증권적 채권'이란 '채권이 증권에 화체(化體)되어 그 성립·존속·양도·행사 등이 원칙적으로 증권에 의하여 행해져야 하는 채권'을 말합니다. 민법에는 세 종류의 증권적 채권이 규정되어 있습니다. ① 지시채권, ② 무기명채권, ③ 지명소지인출급채권 이렇게 셋입니다. (지금 우리에게

는 너무 지엽적인 내용이니 이름만 알아두고 넘어갑시다.)

한편 **'지명채권(指名債權)'**은 '특정인을 채권자로 하는 채권'입니다. 이름(名)을 지목(指)한다는 한자 뜻 그대로입니다. 지명채권은 가장 일반적 형태의 민법 채권입니다. 지금까지도 그랬고, 앞으로도 특별한 언급 없이 채권이라고 하면 지명채권을 떠올리면 되겠습니다.

3) 지명채권의 양도는 양도인이 채무자에게 통지하거나 채무자가 승낙하지 아니하면 채무자 기타 제삼자에게 대항하지 못합니다(제450조 제1항). 앞서 부동산물권의 양도는 등기를 해야 효력이 생겼고, 동산물권의 양도는 그 동산을 인도해야 효력이 생겼습니다. 그래서 등기와 인도는 물권양도를 위한 효력요건이었습니다. 하지만 채권양도는 조

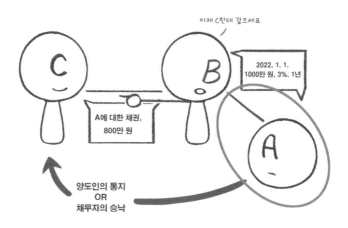

[5-7]

대한민국에서 가장 쉽게 쓴 민법책

금 다릅니다. 양도인이 채무자에게 통지하거나 채무자가 승낙하지 아니하면 채무자 기타 제3자에게 '대항하지 못한다'라고만 적었습니다. 그래서 채권양도를 위한 공시 요건은 효력요건이 아닌 대항요건으로 해석합니다. 만약 우리 입법자가 채권양도를 위한 공시 요건을 효력요건으로 만들고자 했다면 '양도인이 채무자에게 통지하거나 채무자가 승낙해야 효력이 생긴다'라고 적었을 테지요.

채권양도를 위한 공시 요건은 대항요건입니다. 그래서 채권양도는 정당한 권리자로부터, 적법한 원인을 통해 받으면 그 즉시 채권을 양수합니다. 사례로 봅시다. A는 2022. 1. 1. B로부터 1000만 원을 연이자 3%, 기간 1년으로 정하여 빌렸습니다. 석 달 뒤 B는 위 채권을 C에게 900만 원에 팔아넘겼습니다. B가 C에게 채권을 팔아넘기면 C는 곧바로 채권양수인이 됩니다. 채무자의 승낙 또는 통지라는 공시 요건이 없더라도 말입니다. 등기나 인도가 없으면 물권양도가 효력을 아예 갖지 못하는 것과는 대조적입니다.

그럼 채권양도에서 공시 요건은 쓸모없는 걸까요? 그건 아닙니다. 요건을 갖추지 못하면 양수인이 사실상 권리를 행사할 수 없다는 점에서 대항요건은 효력요건과 다를 게 없습니다. 앞 사례에서 양도인 B가 채무자 A에게 채권양도 사실을 통지한 사실도 없고, A가 채권양도를 승낙한 사실도 없다고 해봅시다. 이 경우 채권양수인 C는 빛 좋은 개살구에 불과합니다. 사실상 아무에게도 자신의 권리를 주장할 수 없기 때문입니다. 심지어 채무자 A에게도 주장할 수 없습니다. 조문에 '채무자 기타 제3자'라고 적었기 때문입니다. 이론상 채권양수인이면 무슨 소용입니까. 채무자에게조차 권리 주장을 할 수 없는데 말입니다. 그래서 채권을 양도한 뒤에는 반드시 양도인이 채무자에게 통지하거나 채무자가 승낙을 하는 절차를 거쳐야 합니다. 그래야만 채권양수인은 진정한 권리자로 거듭납니다.

다시 한번, 지명채권의 양도는 양도인이 채무자에게 통지하거나 채무자가 승낙하지 아니하면 채무자 기타 제3자에게 대항하지 못합니다(제450조 제1항). 조문에 따라 대항요건을 갖추는 방법은 두 가지입니다. ① 양도인이 채무자에게 통지하거나, ② 채무자가 승낙을 해야 합니다. 후자는 당연합니다. 채무자 본인이 채권양도 사실을 승낙했으니 말입니다. 전자를 잘 기억해두어야 합니다. 채권양도는 '양도인'이 채무자에게 통지해야 합니다. 양수인이 아닙니다. 채무자 입장에서는 '내가 권리를 양도했으니 그 사람에게 돈을 주세요'라고 들어야 누가 권리자인지 헷갈리지 않을 테니 말입니다.

4) 채권양도의 통지나 승낙은 확정일자 있는 증서에 의하지 아니하면 채무자 이외의 제3자에게 대항하지 못합니다(제450조 제2항). '확정일자 있는 증서'란 쉽게 말해, '날짜를 마음대로 바꿀 수 없는 증서'입니다. 우체국에서 보낼 수 있는 '내용증명 우편'이 대표적인 예입니다. 내용증명 우편을 보내면 누구에게 어떤 내용의 문서를 발송했단 사실을 우체국이 보증해주기 때문에 당사자가 마음대로 날짜를 바꿀 수 없습니다.

왜 제450조 제2항은 귀찮게 확정일자 있는 증서까지 요구하는 걸까요? 사례로 봅시다. A는 2022. 1. 1. B로부터 1,000만 원을 연이자 3%, 기간은 1년으로 정하여 빌렸습니다. 돈이 급했던 B는 2022. 4. 1. C에게 위 채권을 900만 원에 팔았습니다. 그리고 4. 3. 채무자 A에게 채권양도 사실을 구두로 통지했습니다. 그런데 여전히 돈이 부족했던 B는 위 채권을 한 번 더 팔아먹기로 마음을 먹습니다. B는 2022. 5. 1. D에게 위 채권을 800만 원에 팔았습니다. 그리고 5. 3. 확정일자가 있는 증서로 채권양도 사실을 채무자 A에게 알렸습니다. 통지를 두 번 받은 걸 수상하게 여긴 A는 며칠 뒤 C에게 연락을 하였고, B의 사기 행각은 들통이 났습니다. 하지만 사기꾼 B는 이미 도망치고 없습니다. 채무자 A는 돈을 누구에게 주어야 하는 걸까요? 첫번째 양수인 C와 두 번째 양수인 D는 각자 자신에게 돈을 갚아야 한다고 소리치고 있습니다.

　⇒ C: "나에게 돈을 주어야 합니다. <u>내가 먼저 채권을 양수했기 때문입니다.</u> 채권양도는 처분행위입니다. B가 나에게 채권을 양도하고 나면 그에겐 더 이상 처분할 권리가 없습니다. 무권리자는 유권리자를 낳을 수 없습니다. B가 D에게 채권양도를 할 당시 그는 무권리자였으므로 D 역시 무권리자입니다. 따라서 나에게 돈을 주어야 합니다."

　⇒ D: "나에게 돈을 주어야 합니다. <u>나에게는 확정일자 있는 증서가 있기 때문입니다.</u> C가 먼저 채권을 양수받았다고 칩시다. 그렇

다 하더라도 C는 그 사실로 나에게 대항할 수 없습니다. C는 확정일자 있는 증서로 대항요건을 갖추지 않았으니 말입니다. 따라서 나에게 돈을 주어야 합니다."

C의 주장은 일단 타당합니다. 채권양도는 분명 처분행위입니다. B가 C에게 채권을 넘기고 나면 B는 더 이상 재산권을 처분할 권리가 없습니다. 자신이 어찌할 수 없는 재산권을 함부로 D에게 넘긴 셈이죠. 따라서 D 역시 무권리자라고 보는 게 논리상 타당할 거 같습니다. 하지만 앞에서 본 민법 제450조 제2항은 달리 말합니다. 채권양도의 통지나 승낙은 확정일자 있는 증서에 의하지 아니하면 채무자가 아닌 제3자에게 대항하지 못합니다. 첫 번째 양수인 C는 채무자 A에게는 대항할 수 있습니다. 양도인 B가 4. 3. 구두로 채권양도 사실을 통지했기 때문입니다. 하지만 채무자가 아닌 제3자 D에게는 대항할 수 없습니다. 확정일자 있는 증서로 알린 바가 없기 때문입니다. 반면 두 번째 양수인 D는 채무자 A뿐만 아니라, C에게도 대항할 수 있습니다. 양도인 B가 5. 3. 확정일자 있는 증서로 채무자 A에게 채권양도 사실을 통지했기 때문입니다.

민법이 두 번째 양수인 D의 손을 들어준 이유는 무엇입니까? 어째서 확정일자 있는 증서까지 갖추도록 요구한 것일까요? 거래의 안전 때문입니다. 채권양도가 정상적으로 한 번만 이루어지면 문제가 없습니다. 채무자만 알면 되니까 구두로 통지하든, 서명을 하든 상관없죠. 하지만 방금 사례처럼 채권양도가 여러 번 이루어지면 문제가 생깁니

대한민국에서 가장 쉽게 쓴 민법책

다. 다들 자기가 먼저 채권을 양수했다고 주장하고 싶기 때문입니다. 거래의 안전을 위해선 명확한 기준이 있어야 합니다. 그래서 민법은 당사자가 임의로 날짜를 바꿀 수 없는 '확정일자 있는 증서'를 요구한 겁니다. 확정일자 있는 증서로 채권양도 사실을 통지해야만 채무자뿐만 아니라, 채무자 이외의 제3자에게도 양수 사실을 주장할 수 있으므로 채권양도 계약을 맺을 때에는 반드시 확정일자 있는 증서로 대항요건을 갖추어야겠습니다.

제6장

세 가지
그림으로 보는
물권법 개요

세상을 구성하는 존재는 사람이거나 물건입니다.
그리고 사람은 물건을 '지배'합니다.

I
들어가기 전에

1. 지금까지 공부한 것, 앞으로 공부할 것

A는 2022. 1. 1. B로부터 X 아파트를 10억 원에 매수하였습니다. 아파트를 주고받는 관점에서는 A가 채권자, B가 채무자였고, 돈을 주고받는 관점에서는 B가 채권자, A가 채무자였습니다. 그리고 여기서부터 채무자가 약속을 어기면 채권자가 뭘 할 수 있는지, 쌍무계약에는 어떤 논의가 있는지, 또 약속과 처분은 어떻게 다른지 등을 공부하였습니다.

우리가 지금까지 공부한 내용은 모두 '사람과 사람 사이' 관계에 대한 것이었습니다. 결국 전하고자 한 이야기는 딱 하나, A와 B 사이의 법률관계였으니 말입니다. 이처럼 사람과 사람 간의 재산상 법률관계를 다루는 민법 분야를 **'채권법'**이라고 합니다. 채권법은 민법상 어디쯤에 위치하는 내용일까요. 학자들은 민법을 '재산법'과 '가족법'으로 나눕니다. 전자는 재산상 법률관계를, 후자는 가족 간 법률관계를 다루고 있죠. 그리고 이 재산법 안에 채권법과 물권법이 속해 있습니다. 그러니까 우리는 재산법의 절반을 공부한 셈입니다. 이제 나머지 절반을 대해 공부해봅시다.

'물권법'도 결국 관계에 대한 이야기입니다. 다만 이번에는 사람과 사람이 아닌 '사람과 물건 사이'의 관계입니다. 우리가 여태껏 활용해온 사례에서는 B와 X 아파트 사이의 관계가 좋은 예가 되겠군요. B는 X 아파트를 소유하고, X 아파트는 B에게 소유당하는 관계입니다. 이러한 관계를 물권이라고 합니다. 세 가지 그림을 가지고 우선 물권법의 큰 틀부터 잡아봅시다. 첫 번째 그림은 창세기가 묘사하고 있는 태초의 세상입니다.

II
첫 번째 그림:
사람과 물건

1. 태초에 사람과 물건을 만드시다

Johann Wenzel Peter, Adam and Eve in the Garden of Eden, 1800~1829

[6–1]

하나님이 이르시되 우리의 형상을 따라 우리의 모양대로 우리가 사람을 만들고 그들로 바다의 물고기와 하늘의 새와 가축과 온 땅과 땅에 기는 모든 것을 다스리게 하자 하시고

하나님이 자기 형상 곧 하나님의 형상대로 사람을 창조하시되 남자와 여자를 창조하시고

하나님이 그들에게 복을 주시며 하나님이 그들에게 이르시되 생육하고 번성하여 땅에 충만하라, 땅을 정복하라, 바다의 물고기와 하늘의 새와 땅에 움직이는 모든 생물을 다스리라 하시니라.

하나님이 이르시되 내가 온 지면의 씨 맺는 모든 채소와 씨 가진 열매 맺는 모든 나무를 너희에게 주노니 너희의 먹을거리가 되리라.

(개역개정, 창세기 1장 26절-29절)

태초에 하나님이 사람과 물건을 만들었습니다. 사람은 하나님의 형상을 닮은 특별한 존재였고, 사람을 제외한 나머지 존재는 모두 물건이었습니다. 하나님은 특별한 존재인 사람에게 복을 주어 '땅을 정복'하도록, '바다의 물고기와 하늘의 새와 땅에 움직이는 모든 생물을 다스리도록 하였습니다. 민법이 바라보는 물권법적 세계관도 비슷합니다. 세상을 구성하는 존재는 사람이거나 물건입니다. 그리고 사람은 물건을 '지배'합니다. 지배라는 키워드 덕분에 우리 물권은 다섯 가지 흥미로운 특징을 갖게 되었습니다. ① 직접성, ② 절대권, ③ 배타성, ④ 공시 제도, ⑤ 물권법정주의가 그 다섯입니다.

1) 직접성

물권자는 물건으로부터 직접 이익을 얻을 수 있습니다. 이를 '물권의 **직접성**'이라고 합니다. 예를 들어 내가 X 아파트를 소유한다고 해봅시다. 나는 X 아파트로부터 이익을 얻기 위해 무언가 매개할 필요가 없습니다. 직접 들어가 살든, 남에게 임대하여 수익을 얻든 물건에서 곧바로 이익을 얻을 수 있습니다.

반면 채권자는 채권으로부터 직접 이익을 얻을 수 없습니다. 채무자가 이행을 해주어야만 이익을 얻을 수 있기 때문입니다. 예를 들어 A가 B에게 100만 원을 받을 권리가 있다고 해봅시다. 채권자 A는 채무자 B가 이행을 해주어야만 100만 원이라는 이익을 얻습니다. B가 가만히 있으면 A가 채권으로부터 직접 이익을 얻을 방법은 없습니다.

2) 절대권

물권은 '**절대권**'입니다. 즉 물권자는 자신의 물권을 누구에게나 주장할 수 있습니다. 반면 채권은 '**상대권**'입니다. 그래서 채권자는 자신의 채무자에게만 권리를 주장할 수 있습니다. 다음과 같은 상황을 떠올려봅시다. A는 X 건물 소유자입니다. 그런데 C가 현재 X 건물을 점유하고 있습니다. A의 아들 B가 아무런 권한도 없이 C에게 임대해준 겁니다. 이 사실을 알게 된 A는 X 건물의 반환을 요구합니다. B 말만 믿고 건물에 이미 자리잡은 C는 억울합니다. C는 A의 요구에 응해야 할까요?

네, C는 A에게 X 건물을 돌려주어야 합니다. 임차인 C는 진정한 소유자인 A에게 대항할 힘이 없기 때문입니다. 임대차는 분명 물건을 점유할 수 있게 해주는 정당한 권원입니다(제618조). 문제는 임대차가 채권에 불과하다는 것입니다. C는 임차인으로서 X 건물을 점유할 수 있지만 이러한 권리는 건물을 임대해준 B에게만 주장할 수 있습니다. 채권은 상대권이기 때문입니다. 반면 물권은 절대권이므로 A는 B와 C뿐만 아니라 모든 사람에게 자신의 소유권을 주장할 수 있습니다. 우리 사례에서 C는 채권자에 불과하므로 A에게 X 건물을 반환해야 합니다.

3) 배타성

내가 X 아파트의 소유자라면 다른 사람은 X 아파트를 소유할 수 없습니다. 지배하는 관계란 배타적이기 때문입니다. 이러한 물권의 성질을 물권의 '배타성'이라고 합니다. 반면 채권에는 배타성이 없습니다. 사람과 사람 사이는 서로 지배하는 관계가 아니기 때문입니다. 그래서 이미 채권 관계가 성립되어 있다 하더라도 다른 채권이 성립하는 데에 아무런 아무런 장애가 되지 않습니다. 예를 들어 A가 D에 대해 채권자라고 해봅시다. 그런데 이후 B도 D에게 돈을 빌려주고, C도 D에게 돈을 빌려주었다면 B도 D의 채권자가 되고, C도 D의 채권자가 됩니다. 이처럼 채권에는 배타성이 없습니다.

대한민국에서 가장 쉽게 쓴 민법책

교과서에서는 물권의 배타성을 "1개의 물건에 양립할 수 없는 복수의 물권이 성립할 수 없는 성질"이라 적습니다. 여기서 핵심은 '양립할 수 없는'입니다. 예를 들어 하나의 토지에 여러 개의 저당권이 성립할 수도 있습니다. 하지만 순서대로 순위를 갖추어서만 성립할 수 있습니다. 1순위 저당권, 2순위 저당권 이런 식으로 말입니다. 1순위 저당권과 2순위 저당권은 서로 양립 가능하므로 배타성 원칙에 어긋나지 않습니다.

4) 공시 제도

잠시 제5장의 수나라 이야기를 떠올려 봅시다. 철수 3세는 왕위에 오른 뒤 대대적인 왕위 계승식을 진행하였습니다. 왜 그리 했습니까? 자신이 왕이 된 사실을 모든 사람이 알아야만 실질적으로 왕 행세를 할 수 있었기 때문입니다. 더 나아가 대대적인 왕위 계승식을 통해 주변 경쟁자의 야욕을 잠재우는 효과도 있었죠.

물권도 마찬가지입니다. 내가 물권자라는 사실을 모두가 알아야만 실질적인 물권자 행세를 할 수 있습니다. 이론상 물권자는 물권을 누구에게나, 배타적으로 주장할 수 있지만 내가 물권자라는 것을 상대방이 모르면 무슨 소용입니까. 물권은 널리 알려야 합니다. 널리 알리는 행위 자체가 누구에게나 배타적으로 내 권리를 주장하겠다는 선언입니다. 또한 공시가 되어 있으면 물권에 대한 타인의 침범에 대응하기도 편합니다. 내 물권이란 사실을 쉽게 입증할 수 있기 때문입니다. 이러한 이유로 물권 제도와 **공시 제도**는 서로 뗄 수 없는 밀접한 관계에 있습니다. 공시 제도를 통해 물권자는 물건을 더 효과적으로 지배할 수 있습니다.

5) 물권법정주의

제185조 (물권의 종류) 물권은 법률 또는 관습법에 의하는 외에는 임의로 창설하지 못한다.

물권은 법률 또는 관습법에 의하는 외에는 임의로 창설하지 못합니다(제185조). 이를 물권법정주의라고 합니다. 쉽게 말해 물권의 내용을 법률이 친절하게 정해준 것이죠. 한편 물권법정주의 덕분에 물권의 정의 규정은 독특한 문장 구조를 갖게 되었습니다. 하나 같이 'OO권자는 … 할 권리가 있다.'라는 문장을 구사하고 있습니다. 다만 딱 하나의 예외가 있는데 그게 바로 점유권입니다(제192조). 이는 곧 뒤에서 점유권 조문을 해석하는 데 매우 중요한 단서가 되니 점유권이 예외라는 것만 꼭 기억해두고 아래의 법조문들을 봅시다.

제303조 (전세권의 내용) 전세권자는 전세금을 지급하고 타인의 부동산을 점유하여 그 부동산의 용도에 좇아 사용 수익하며, 그 부동산 전부에 대하여 후순위권리자 기타 채권자보다 전세금의 우선변제를 받을 권리가 있다.

제356조 (저당권의 내용) 저당권자는 채무자 또는 제3자가 점유를 이전하지 아니하고 채무의 담보로 제공한 부동산에 대하여 다른 채권자보다 자기채권의 우선변제를 받을 권리가 있다.

이처럼 물권 정의 규정은 모두 'OO권자는 ... 할 권리가 있다.'라는 문장 구조를 갖고 있습니다. 마치 무슨 상품 설명서를 읽는 것 같습니다. 예를 들어 '전세권이라는 상품은 사용수익권이라는 권리와 전세금 우선변제권이라는 권리가 들어가 있는 상품입니다(제303조).' '저당권이라는 상품은 부동산의 점유를 이전하지 않는다는 특성과 우선변제권이라는 권리가 들어가 있는 상품이구요(제356조).'같이 바꿔볼 수 있겠습니다. 이는 물권법정주의에 따라 물권자가 누릴 수 있는 권리의 내용과 한계를 세세하게 정하려다 보니 나타난 특징이라 하겠습니다.

2. 열매 맺는 모든 채소와 나무

하나님은 사람에게 '씨 맺는' 모든 채소와 '열매 맺는' 모든 나무를 다스리도록 하였습니다. 그리고 사람은 그 물건이 낳은 열매를 취하여 '먹을거리'로 삼았습니다. 민법의 물권법적 세계관에서도 마찬가지입니다. 사람은 물건을 지배하고, 물건은 **과실(果實)**을 낳습니다. 그리고 사람은 물건의 지배자로서 그 과실을 취합니다. 제101조와 제102조를 봅시다.

> 제101조(천연과실, 법정과실) ① 물건의 용법에 의하여 수취하는 산출물은 천연과실이다. ② 물건의 사용대가로 받는 금전 기타의 물건은 법정과실로 한다.

제102조(과실의 취득) ① 천연과실은 그 원물로부터 분리하는 때에 이를 수취할 권리자에게 속한다. ② 법정과실은 수취할 권리의 존속기간일수의 비율로 취득한다.

'**천연과실(天然果實)**'이란 '물건의 용법에 의하여 수취하는 산출물'입니다(제101조 제1항). 예를 들어 내가 사육하던 돼지가 새끼 돼지를 낳으면 그 새끼 돼지가 천연과실입니다. 이러한 천연과실은 그 원물로부터 분리되는 때에 수취할 권리자가 갖습니다(제102조 제1항). 한편 '**법정과실(法定果實)**'이란 '물건의 사용대가로 받는 금전 기타 물건'입니다(제101조 제2항). 예를 들어 내 소유 X 아파트를 C에게 임대해주고 C로부터 받은 월세가 법정과실입니다. 법정과실은 수취할 권리의 존속기간일수의 비율로 취득합니다(제102조 제2항). 따라서 만약 임대차 계약기간이 1년이고 월세가 50만 원이라면, 존속기간일수에 비례해서 총 600만 원만큼의 법정과실을 얻을 수 있습니다.

과실(果實) 이야기가 나온 김에 사용이익에 대해 간단히 알아봅시다. 엄밀히 따지면 둘은 서로 다른 용어지만 밀접한 연관이 있어서 같이 정리해두면 좋습니다. 교과서에서는 '과실을 수취할 수 있는 권리'를 '**과실수취권(果實收取權)**'이라고 합니다. 소유자가 대표적인 과실수취권자이지만, 꼭 소유자가 아니더라도 누군가에게 물건을 사용하게 하고 그 대가를 받을 수 있는 사람이라면 누구라도 과실을 수취할 있는 자입니다.

반면 어떤 물건을 사용하여 이익을 얻을 수 있는 권리가 있습니다. 교과서에서는 이를 다양한 이름으로 부릅니다. 어디서는 '**사용이익권**'이라고 부르기도 하고, '**사용할 권리**' 또는 '**용익권(用益權)**'이라고 부르기도 합니다. 의미는 모두 같습니다. 어떤 물건을 사용하여 그로부터 이익을 얻는 권리입니다.

과실수취권과 사용이익권은 서로 다른 개념일까요? 엄밀히 따지면 다르다고 보아야 할 겁니다. 하지만 지금 우리 단계에서는 이 둘을 엄밀히 구분하는 게 의미가 없습니다. 게다가 우리가 주목해야 할 진짜 중요한 주제는 따로 있습니다. 바로 **권원(權源)**의 여부입니다. 물건의 사용이익이든, 물건의 과실이든 뭐라 부르든 좋습니다. 우리가 궁금한 건 그 맛있는 부분을 누가, 무슨 권리로 취했는지입니다. 만약 아무런 권리도 없는 자가 가져갔다면 그는 도둑과 다름없습니다.

> 제741조(부당이득의 내용) 법률상 원인없이 타인의 재산 또는 노무로 인하여 이익을 얻고 이로 인하여 타인에게 손해를 가한 자는 그 이익을 반환하여야 한다.

물건의 과실·사용이익은 훗날 부당이득반환이라는 문제와 직결됩니다. 제741조를 봅시다. ① 법률상 원인 없이, ② 타인의 재산 또는 노무로 인하여 이익을 얻고, ③ 이로 인하여 타인에게 손해를 가한 자는 그 이익을 반환해야 합니다. 이를 부당이득반환이라고 합니다. 예를 들어 내 소유 X 아파트에 아무도 살지 않는 걸 기화로 D가 무단 침입해 두 달간 살았다고 해봅시다. 물건을 사용한 D는 정당한 권원 없이 물건의 사용이익을 얻었습니다. 따라서 D는 '법률상 원인 없이' '타인의 재산으로 이익'을 얻었습니다. 동시에 물건의 소유자인 나는 '손해'를 보았습니다. 왜냐하면 나는 다른 누군가에게 X 아파트를 빌려주고 물건의 사용대가로 금전을 받을 수도 있었기 때문입니다. 따라서 나는 무단침입자인 D에게 부당이득반환을 청구할 수 있습니다.

부당이득반환은 사실 매우 큰 주제입니다. 여기서 자세한 내용을 다 다루기는 어려우니 지금은 두 가지만 기억해둡시다. 먼저 법률상 원인없이 타인의 재산 또는 노무로 인하여 이익을 얻고 이로 인하여 타인에게 손해를 가한 자는 그 이익을 반환해야 합니다. 이를 부당이득반환이라고 합니다. 두 번째로, 물권법과 부당이득반환 법리는 서로 매우 친합니다. 사람은 물건을 지배하여 과실을 얻거나 물건을 사용하여 이익을 얻는데, 아무런 권원도 없는 사람이 물건을 지배·사용하는 경우가 있기 때문입니다. 이런 경우 정당한 권원 없이 물건을 지배·사용한 사람은 정당한 권리자에게 자신이 얻은 이익을 돌려주어야 합니다.

III
두 번째 그림:
현 상태와 할 권리

1. 어느 이스라엘 왕의 재판

Nicolas Poussin, The Judgement of Solomon, 1649

[6-2]

점유와 점유할 권리는 다릅니다. '점유'는 물건을 사실상 지배하는 어떤 상태에 불과합니다. 반면 '점유할 권리'는 물건을 지배할 수 있는 당위론적 권리입니다. 예를 들어 A가 X 오토바이를 훔쳤다고 해봅시다. A는 현재 X 오토바이를 사실상 지배하고 있으므로 오토바이를 점유하는 자입니다. 하지만 절도범 A가 점유할 권리까지 누리는 건 아닙니다. 정당한 권리자가 나타나면 A는 오토바이를 돌려주어야겠지요.

등기와 등기할 권리도 다릅니다. '등기'는 부동산의 권리관계를 등기부에 기재한 어떤 상태에 불과합니다. 반면 '등기할 권리'는 부동산을 등기할 수 있는 당위론적 권리입니다. 예를 들어 B가 Y 아파트 등기부상 소유자로 기재되어 있다고 해봅시다. 하지만 진짜 소유자는 아닙니다. 무권리자 C로부터 매수를 했기 때문입니다. 만약 진짜 소유자가 나타나 Y 아파트에 대한 소유권이전등기를 되돌리라고 하면 B는 그리 할 수밖에 없습니다.

이처럼 물권의 '현 상태'와 '할 권리'는 다릅니다. 또 다르기 때문에 다툼이 발생합니다. 주어진 '현 상태'에 대항하여 새로운 '할 권리'가 자신의 권리를 주장하기 때문입니다. 마치 그림처럼 솔로몬 앞에서 다투던 두 여인과 같습니다. 그 이야기에서는 갓난아이를 사실상 데리고 있는 쪽(현 상태)과 진정한 권리를 주장하는 쪽(할 권리)이 서로 다투었지요. 물권을 둘러싼 다툼에서도 마찬가지입니다. 재판부는 양쪽 주장을 들어보고 물권의 현 상태가 정당한 것인지, 아니면 할 권리를 주장하는 쪽이 타당한 것인지 결정을 해야 합니다.

이번 절에서 설명하고자 하는 내용은 간단명료합니다. 점유와 점유할 권리는 다르다는 것, 등기와 등기할 권리도 다르다는 것, 그리고 할 권리에는 채권에 기한 것과 물권에 기한 것이 있다는 겁니다. 이 큰 그림을 이해하고 나면 물권을 둘러싼 다양한 법정 다툼의 큰 구조가 보일 겁니다. 우선 점유와 등기에 대해 조금 더 알아보고, 각 '할 권리'에 대해 더 자세히 알아봅시다.

2. 현 상태: 점유와 등기

1) 점유권은 점유할 권리가 아니다

'**점유(占有)**'란 '물건을 사실상 지배하는 것'입니다. 예를 들어 나는 내 주머니에 넣고 다니는 휴대폰을 점유합니다. 그 휴대폰이 빌린 것이든, 길에서 주은 것이든 그건 중요하지 않습니다. 지금 휴대폰을 사실상 지배하는 건 나이기 때문입니다. 하지만 점유는 지배를 정당화하는 권리는 아닙니다. 물건을 정당하게 지배할 수 있는 권리는 '**점유할 권리**'라고 합니다. 예를 들어 내가 X 아파트를 적법하게 매수하여 등기까지 마치면 나는 X 아파트의 정당한 소유자로서 아파트를 점유할 권리를 갖습니다. 혹여 내가 지금 당장 X 아파트를 점유하고 있지 않더라도 말입니다.

제192조(점유권의 취득과 소멸) ① 물건을 사실상 지배하는 자는 점유권

이 있다. ② 점유자가 물건에 대한 사실상의 지배를 상실한 때에는 점유권이 소멸한다. 그러나 제204조의 규정에 의하여 점유를 회수한 때에는 그러하지 아니하다.

점유할 권리는 뭐라고 부르면 좋을까요. '점유권'이라고 부르면 딱 좋을 것 같지 않나요? 하지만 안타깝게도 점유권은 적절한 명칭이 아닙니다. 제192조를 봅시다. 물건을 사실상 지배하는 자는 점유권이 있고, 물건에 대한 사실상의 지배를 상실하면 점유권이 소멸합니다. 즉 '점유권'이란 '물건을 사실상 지배하고 있는 상태', 그 이상도 이하도 아닙니다. 점유권이 점유할 권리가 아니라는 사실은 다른 물권 규정과 비교해 보아도 금방 알 수 있습니다. 다른 물권 규정은 모두 'OO권자는 ... 할 권리가 있다.'라는 식으로 적혀 있는데 점유권을 규정한 제192조만 그렇지 않습니다. 점유권은 '할 권리'가 아니기 때문입니다.

점유권은 점유할 권리가 아닙니다. 물건을 사실상 지배하고 있는 상태에 불과합니다. 그럼 점유권은 쓸모없는 개념인 걸까요? 그건 아닙니다. 우리 민법은 점유권자에게 다양한 혜택을 제공합니다. 크게 두 가지 형태의 혜택을 제공합니다. 하나는 적법한 권리자라는 '추정'을 해주는 것이고, 다른 하나는 여러 보호 수단을 마련해준 겁니다. 우선 제197조부터 제200조까지 봅시다.

제197조(점유의 태양) ① 점유자는 소유의 의사로 선의, 평온 및 공연하게 점유한 것으로 추정한다. ② 선의의 점유자라도 본권에 관한 소에 패소한 때에는 그 소가 제기된 때로부터 악의의 점유자로 본다.

제198조(점유계속의 추정) 전후양시에 점유한 사실이 있는 때에는 그 점유는 계속한 것으로 추정한다.

제200조(권리의 적법의 추정) 점유자가 점유물에 대하여 행사하는 권리는 적법하게 보유한 것으로 추정한다.

점유자는 소유의 의사로 선의, 평온 및 공연하게 점유한 것으로 추정합니다(제197조). 또 전후양시에 점유한 사실이 있는 때에는 그 점유는 계속한 것으로 추정합니다(제198조). 더 나아가 점유자가 점유물에 대하여 행사하는 권리는 적법하게 보유한 것으로 추정합니다(제200조). 실로 어마어마한 혜택들입니다. '추정'은 공격하는 쪽에서 깨야 하기 때문입니다. 예를 하나 봅시다. 민법에는 시효취득(時效取得)이라는 제도가 있습니다. 일정 시간이 지나면 물건의 소유권을 취득할 수 있는 제도이지요. 제245조 제1항에 따르면 20년간 소유의 의사로 평온, 공연하게 부동산을 점유한 자는 등기함으로써 그 소유권을 취득합니다.

제245조(점유로 인한 부동산소유권의 취득기간) ① 20년간 소유의 의사로 평온, 공연하게 부동산을 점유하는 자는 등기함으로써 그 소유권을 취득한다. ② 부동산의 소유자로 등기한 자가 10년간 소유의 의사로 평온, 공연하게 선의이며 과실없이 그 부동산을 점유한 때에는 소유권을 취득한다.

A는 X 토지와 Y 토지 일부를 21년간 점유하고 있습니다. 두 토지는 서로 인접해 있습니다. 그런데 사실 A는 Y 토지의 적법한 소유자

가 아닙니다. A가 X 토지를 살 때 경계선 측량을 잘못하여서 Y 토지 일부를 여태 자기 소유인 줄 알고 점유해 온 겁니다. Y 토지의 진짜 소유자는 B입니다. B는 이제라도 그 토지 부분을 돌려받고 싶습니다. 그래서 A에게 토지의 반환을 요구하는 소를 제기했습니다. 이에 A는 민법 제245조 시효취득을 주장하면서 대항하였습니다. 두 사람의 싸움 양상은 어떻게 흘러가고 있는 걸까요.

토지를 현재 사실상 지배하고 있는 A가 여러 차원에서 굉장히 유리합니다. 그는 점유자에 불과하지만 다양한 추정을 받기 때문입니다. 우선 민법 제197조에 따라 점유권자 A는 소유의 의사로 선의, 평온 및 공연하게 점유한 것으로 추정합니다. 취득시효를 위해 필요한 요건의 절반을 추정으로 시작하는 셈입니다. 게다가 앞에서 본 제198조 덕분에 20년이라는 기간을 입증하기도 편합니다. 점유를 시작한 날짜와 현재도 점유를 하고 있다는 사실만 입증하면 되기 때문입니다. A의 점유가 악의 무단의 점유라거나, 점유가 20년간 계속되지 않았다는 사실은 이를 주장하고 싶은 B가 공격적으로 입증해야 합니다.

이처럼 점유권자는 할 권리를 가진 자는 아니지만 그가 실제 누리는 혜택은 적지 않습니다. 점유권자가 누리는 또 다른 혜택은 그가 가진 보호수단입니다. 점유권자는 자신의 사실상 지배를 외부 침해로부터 보호할 수 있습니다. 제204조부터 제206조까지를 봅시다.

제204조(점유의 회수) ① 점유자가 점유의 침탈을 당한 때에는 그 물건

의 반환 및 손해의 배상을 청구할 수 있다. (…)

제205조(점유의 보유) ① 점유자가 점유의 방해를 받은 때에는 그 방해의 제거 및 손해의 배상을 청구할 수 있다. (…)

제206조(점유의 보전) ① 점유자가 점유의 방해를 받을 염려가 있는 때에는 그 방해의 예방 또는 손해배상의 담보를 청구할 수 있다. (…)

점유자가 점유의 침탈을 당하거나 점유의 방해를 받은 때에는 그 물건의 반환, 방해의 제거 및 손해의 배상을 청구할 수 있습니다(제204조, 제205조). 또 점유자가 점유의 방해를 받을 염려가 있는 때에는 그 방해의 예방 또는 손해배상의 담보를 청구할 수 있습니다(제206조).

민법이 할 권리만큼이나 사실 상태도 존중해준단 걸 알 수 있는 대목입니다. 사실 상태도 오랜 기간 평온하게 유지되면 그 자체로 보호할 만한 가치가 있기 때문입니다. 물론 정당한 점유할 권리가 등장하면 사실 상태에 불과한 점유권은 자리를 내주어야 합니다. 하지만 그전까지는 점유자는 자신이 취득한 '사실상의 지배'를 외부 침해로부터 보호할 수 있습니다.

2) 등기의 추정력

등기(登記)는 앞서 제5장에서 살펴보았습니다. 등기 자체는 부동산의 권리관계를 기록한 어떤 사실에 불과합니다. 따라서 등기를 가진 사람이라고 항상 정당한 권리자가 되는 건 아닙니다. 예를 들어 A 가 X 토지를 B로부터 사서 소유권이전등기까지 마쳤는데 사실 B가 무권리자였다고 해봅시다. 이 경우 A는 X 토지의 소유자가 될 수 없 습니다. 전(前) 명의인 B의 등기를 믿고 거래했더라도 그렇습니다. 민 법은 등기의 공신력(公信力)을 인정하지 않기 때문입니다[제5장 참고].

그럼 등기 상태를 가지는 건 아무런 의미가 없는 걸까요? 그렇지 않습니다. 점유자가 그러했듯 등기를 가진 사람도 일정 혜택을 누립니 다. 바로 등기의 추정력이란 것입니다. **'등기의 추정력(推定力)'**이란 쉽 게 말해, '등기 내용대로 권리관계가 존재하리라 추정하는 것'입니다. 등기는 실제 권리관계를 표상하는 것으로 추정되기 때문에 등기 내 용을 부인하고 싶은 사람이 적극적으로 주장 입증을 해야 합니다. 참 고로 등기의 추정력은 명문규정이 없는데, 그럼에도 불구하고 학설과 판례가 통설적으로 인정하는 법리라는 게 흥미롭습니다.

예로 봅시다. A는 현재 X 토지 소유자로 등기부에 기재되어 있습 니다. 하지만 진짜 소유자는 아닙니다. 무권리자 B로부터 매수했기 때 문입니다. X 토지의 진짜 소유자는 C인데 B가 관련 서류를 위조하여 거래를 한 겁니다. 이제 C는 A로부터 X 토지 등기를 돌려받고 싶습니 다. 무엇을 하면 됩니까? A에게 말소등기를 청구하면 됩니다. C는 분 명 정당한 권리자이므로 X 토지 등기를 돌려받을 겁니다. 문제는 소 송 과정입니다. A는 정당한 소유자가 아님에도 등기를 가지고 있다는 이유만으로 적법한 권리자로 추정받기 때문입니다. C는 앞뒤 사정을 설명하여 등기의 추정을 번복한 후에야 비로소 승소를 할 수 있습니다. 실무상 입증책임이 갖는 중요성과 어려움을 고려해보면 등기의 추정력이 제공하는 혜택은 결코 작지 않은 셈입니다.

3. 할 권리: 점유할 권리, 등기할 권리

점유권과 등기가 누리는 추정이라는 혜택은 결코 가볍지 않습니다. 하지만 사실 상태가 아무리 대단하다고 한들 할 권리를 이길 수는 없습니다. 할 권리는 말 그대로 '할 권리'이기 때문입니다. 현 상태와 정당한 할 권리가 다투면 언제나 할 권리가 이깁니다.

할 권리에는 항상 이유가 따라다닙니다. 당위를 주장하기 위해선 명분이 필요하기 때문입니다. 할 권리를 뒷받침하는 이유에는 채권에 기한 것과, 물권에 기한 것이 있습니다. 그러니까 물권법 이야기에서 자주 등장하는 할 권리에는 총 네 가지가 있는 셈입니다. ① 채권에 기한 점유할 권리, ② 채권에 기한 등기할 권리, ③ 물권에 기한 점유할 권리, ④ 물권에 기한 등기할 권리 이렇게 넷입니다. 하나씩 살펴봅시다.

1) 채권에 기한 점유할 권리

제618조(임대차의 의의) 임대차는 당사자 일방이 상대방에게 목적물을 사용, 수익하게 할 것을 약정하고 상대방이 이에 대하여 차임을 지급할 것을 약정함으로써 그 효력이 생긴다.

임대차가 좋은 예입니다. 임차인은 임차물과 직접적인 지배 관계를 맺지 아니하고, 임대인과의 '약속'을 통해 임차물을 사용할 뿐입니다. 그래서 임대차는 채권관계입니다. 한편 임대차는 '물건의 사용 수익'을 목적으로 하기 때문에 점유할 권리의 근거가 됩니다. 따라서 임대차는 '채권에 기한 점유할 권리'에 해당합니다. ("이 물건 내가 임차한 거예요. 나에게 점유를 돌려주세요.")

2) 물권에 기한 점유할 권리

제211조(소유권의 내용) 소유자는 법률의 범위 내에서 그 소유물을 사용, 수익, 처분할 권리가 있다.

소유권이 좋은 예입니다. 소유권은 물건을 직접 지배하는 권리이므로 '물권'입니다. 동시에 소유권은 소유자로 하여금 '그 소유물을 사용, 수익'할 수 있게 해주므로 점유할 권리에 해당합니다. 어떤 물건을 사용·수익 하려면 우선 점유할 권리가 전제되어야 하기 때문입니다. 따라서 소유권은 '물권에 기한 점유할 권리'에 해당합니다. ("이 물건 내 소유예요. 점유를 돌려주세요.")

여기서 잠깐 '사용할 권리'와 '점유할 권리'의 관계에 대해 조금 더 알아봅시다. 방금 언급하였듯이 사용할 권리는 점유할 권리를 전제합니다. 하지만 그 반대는 참이 아닙니다. 즉 모든 점유할 권리가 사용할 권리인 건 아닙니다. 이후 제8장에서 자세히 살펴볼 유치권(제320조)과 질권(제329조)이 좋은 예입니다. 유치권과 질권은 '점유할 권리'입니다. 하지만 사용·수익할 권리는 아닙니다. 물건을 '담보 목적으로' 점유하는 권리이기 때문입니다. 아래 제320조와 제329조를 우선 읽어보고 자세한 내용은 뒤에서 살펴보도록 하겠습니다.

제320조(유치권의 내용) ① 타인의 물건 또는 유가증권을 점유한 자는 그 물건이나 유가증권에 관하여 생긴 채권이 변제기에 있는 경우에는 변제를 받을 때까지 그 물건 또는 유가증권을 유치할 권리가 있다.

제329조(동산질권의 내용) 동산질권자는 채권의 담보로 채무자 또는 제삼자가 제공한 동산을 점유하고 그 동산에 대하여 다른 채권자보다 자기 채권의 우선변제를 받을 권리가 있다.

3) 채권에 기한 등기할 권리

제568조(매매의 효력) ① 매도인은 매수인에 대하여 매매의 목적이 된 권리를 이전하여야 하며 매수인은 매도인에게 그 대금을 지급하여야 한다.

제186조(부동산물권변동의 효력) 부동산에 관한 법률행위로 인한 물권의 득실변경은 등기하여야 그 효력이 생긴다.

부동산 매매가 좋은 예입니다. 부동산 매매 계약을 맺으면 매도인은 매수인에 대하여 부동산 소유권을 이전하여야 하고, 매수인은 매도인에게 그 대금을 지급해야 합니다. 한편 부동산에 관한 법률행위로 인한 물권의 득실변경은 등기하여야 그 효력이 생기므로(제186조) 매도인의 의무란 곧 소유권의 이전등기를 해주는 것이고, 따라서 매수인은 '채권에 기한 등기할 권리'를 갖습니다. ("나는 적법하게 부동산을 매수해서 대금도 지불했어요. 이제 부동산에 대한 소유권이전등기를 해주세요.")

4) 물권에 기한 등기할 권리

제214조(소유물방해제거, 방해예방청구권) 소유자는 소유권을 방해하는 자에 대하여 방해의 제거를 청구할 수 있고 소유권을 방해할 염려있는 행위를 하는 자에 대하여 그 예방이나 손해배상의 담보를 청구할 수 있다.

소유권이 좋은 예입니다. 소유자는 소유권을 방해하는 자에 대하여 방해의 제거를 청구할 수 있습니다. 이를 **'소유권 방해배제청구권'** 이라고 합니다. 소유권 방해배제청구권을 활용하는 방법은 다양한데, 그중 하나가 잘못된 등기를 바로잡는 것입니다. 내가 내 소유 부동산을 팔려고 하여도 등기가 다른 사람 명의로 되어 있다면 팔기가 쉽지 않겠죠. 아무도 내 소유 부동산이라고 믿어주지 않을 테니 말입니다. 이처럼 등기가 잘못되어 있으면 소유권을 행사하는 데에 방해가 됩니다. 이럴 때에 소유권 방해배제청구권을 활용할 수 있습니다. 예를 들어 누군가 내 소유 X 아파트를 멋대로 자기 앞으로 이전등기하면 나는 민법 제214조에 근거하여 그에게 잘못된 등기를 말소하라고 요구할 수 있습니다. 이는 소유권(물권)에 근거하여 등기(말소)를 요구하는 것이므로 '물권에 기한 등기할 권리'에 해당합니다. ("X 아파트는 내 소유인데 당신 명의로 등기가 되어 있군요. 당신 명의 등기에 관하여 말소등기를 해주세요.")

4. 보론: 물권적 청구권

1) '물권에 기한 할 권리'의 다른 이름

누군가 어떤 물건을 점유하고 있습니다. 그로부터 물건의 점유를 돌려받고 싶습니다. 방법은? '점유할 권리'를 주장하면 됩니다. 그 권리는 채권에 기한 것일 수도 있고(예: 나는 적법한 임차인입니다), 물권에 기한 것일 수도 있습니다(예: 내 소유니까 점유를 돌려주세요). 등기도 마찬가지입니다. 누군가 어떤 부동산에 대한 등기를 가지고 있습니다. 이 등기를 내 것으로 옮기고 싶다면 '등기할 권리'를 주장하면 됩니다. 등기할 권리는 채권에 기한 것일 수도 있고(예: 나는 적법한 매수인입니다), 물권에 기한 것일 수도 있습니다(예: 내 소유니까 당신 등기를 말소하세요). 이것이 물권 다툼의 대부분입니다. 우리가 할 일은 현 상태에 대항하는 할 권리의 주장이 얼마나 타당한지 판단하는 것뿐입니다.

다음 페이지의 그림 6-3처럼 물권법 다툼을 구조화하고 나면 수많은 민사사건이 한눈에 들어오기 시작합니다. 하지만 조금 아쉬운 정리이기도 합니다. 조문 내용에 가장 충실한 정리는 아니기 때문입니다. 점유와 등기를 다툼 대상으로 삼은 것은 순전히 통계적인 이유입니다.

하지만 민법 조문은 조금 다르게 접근합니다. 우선 민법전은 다

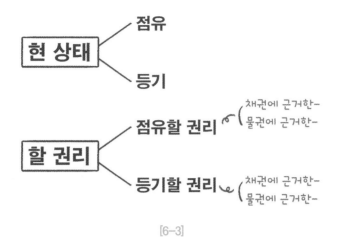

현 상태 ─┬─ 점유
          └─ 등기

할 권리 ─┬─ 점유할 권리 ─┤ 채권에 근거한-
          │   물권에 근거한-
          └─ 등기할 권리 ─┤ 채권에 근거한-
                            물권에 근거한-

[6-3]

툼 대상을 점유와 등기에 한정하지 않습니다. 민법은 ① 점유침탈과, ② 점유침탈 이외의 방해로 다툼 대상을 나눕니다. (민법이 그토록 좋아하는 이분법적 접근입니다. 이분법적 사고의 특성상 모든 다툼은 둘 중 하나에 속할 수 있습니다.) 한편 채권에 기한 할 권리란 건 따로 염두에 두지 않았습니다. 너무 당연하기 때문입니다. 예컨대 '임대차에 근거한 점유반환권' 같은 건 조문이 따로 없습니다. 대신 임대차라는 약속으로부터 그 권리를 자연스럽게 도출해냈습니다. 반면 '물권에 기한 할 권리'는 따로 규정을 두었는데, 이를 **물권적 청구권(物權的 請求權)**'이라고 합니다. 제213조와 제214조를 봅시다.

제213조(소유물반환청구권) 소유자는 그 소유에 속한 물건을 점유한 자에 대하여 반환을 청구할 수 있다. 그러나 점유자가 그 물건을 점유할 권리가 있는 때에는 반환을 거부할 수 있다.

제214조(소유물방해제거, 방해예방청구권) 소유자는 소유권을 방해하

는 자에 대하여 방해의 제거를 청구할 수 있고 소유권을 방해할 염려있는 행위를 하는 자에 대하여 그 예방이나 손해배상의 담보를 청구할 수 있다.

물권적 청구권에는 세 종류가 있습니다. ① 반환청구권, ② 방해제거청구권, ③ 방해예방청구권 이렇게 셋입니다. **'반환청구권'**은 '점유의 반환'을 구하는 권리입니다(제213조). 누군가 정당한 권리 없이 물권자의 점유를 침탈하였을 때 사용하지요. 한편 **'방해제거청구권'**은 '점유침탈 외의 형태로 방해를 받는 경우'에, **'방해예방청구권'**은 '장래에 방해가 염려되는 경우'에 각각 사용하는 권리입니다(제214조). 셋 모두 물권에 기한 권리입니다.

반환청구권(제213조)과 방해제거청구권(제214조)에 대해 몇 마디를 첨언합니다. 누군가 어려운 표현으로 '물권자가 반환청구권을 행사하였다.'라고 말하여도 우리는 당황할 필요가 없습니다. 재빨리 그림 6-3을 떠올리고 '아, 물권자가 자기 물권에 근거하여 점유할 권리를 행사했구나. 상대방은 특별한 사유가 없으면 점유를 돌려주어야겠군.' 이라고 상황을 이해하면 됩니다. 요컨대 물권자의 반환청구권 행사는 '물권에 근거한 점유할 권리' 항목에 꼭 들어맞습니다.

그럼 방해제거청구권은 어떠합니까? 누군가 '물권자가 방해제거청구권을 행사하였다.'라고 말한다면? 이 대목에서 앞서 살펴본 무단등기 말소 사례가 떠올랐다면 지금까지의 내용을 잘 따라온 것입니다. 즉 물권자의 방해제거청구권은 말소등기의 청구라는 모습으로도 나타날 수도 있습니다. 하지만 방해제거청구권의 행사에 무단등기 말소만 있는 건 아닙니다. (즉 물권자의 방해제거청구권 행사는 '물권에 근거한 등기할 권리' 항목에 꼭 들어맞지 않습니다.)

물권자의 방해제거청구권은, 문자 그대로 '점유침탈 외의 형태로' 방해를 받는 일체 경우에 사용이 가능합니다. 이를 이해하기 위해 무단등기 사안이 아닌, 하지만 방해제거청구권이 사용되는 다른 예를 하나 살펴봅시다. X 토지는 A 소유입니다. 그런데 B가 A의 허락도 없이 X 토지 위에 Y 건물을 세웠습니다. 더 나아가 B는 Y 건물을 C에게 임대까지 해주었습니다. 이를 알게 된 A가 이제 X 토지를 돌려받고자 합니다. A는 어떻게 해야 할까요?

① A는 총 세 가지 청구를 준비해야 합니다. A는 우선 'B에게' 'X 토지'의 '반환'을 청구해야 합니다. B는 토지를 점유할 권리가 없으므로 X 토지를 반환해야 하겠지요. 근거 조문은 제213조 반환청구권입니다.

② 한편 A는 'B에게' 'Y 건물'에 대한 '철거'도 함께 청구해야 합니다. 지상물이 존재하면 토지의 인도를 집행할 수 없기 때문입니다. 이때 철거청구의 근거는 제214조 방해제거청구권입니다. Y 건물이 현재 X 토지의 소유권 실현을 방해하고 있기 때문입니다.

③ 마지막으로 A는 'C에게' 'Y 건물'로부터의 '퇴거'도 같이 청구해

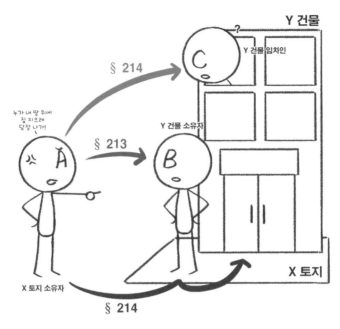

[6-4]

야 합니다. C가 건물을 점유하고 있으면 Y 건물을 철거할 수 없기 때문입니다. 이번에도 근거 조문은 제214조 방해제거청구입니다. C가 현재 토지 인도를 위한 건물 철거 작업을 방해하고 있기 때문입니다.•

• 건물 안에 살고 있는 C에게 X 토지의 반환, 혹은 Y 건물의 철거를 청구할 수는 없을까요? 그럴 수 없습니다. C는 X 토지를 점유하고 있지도 않고, Y 건물에 대한 처분권도 없기 때문입니다. 판례에 따르면 사회통념상 건물은 그 부지를 떠나서는 존재할 수 없는 것이므로 건물의 부지가 된 토지는 그 건물의 소유자가 점유합니다(대판 1993. 10. 26. 93다2483). 따라서 X 토지를 점유하는 건 Y 건물의 소유자 B입니다. 한편 건물의 철거 청구는 건물의 현재 소유자를 대상으로 해야 합니다(대판 1965. 6. 15. 65다685). 따라서 철거 청구 역시 B에게 해야 합니다.

이처럼 민법 제214조 방해제거청구권은 무단등기 사례 외에도 다양한 형태로 활용됩니다. 요컨대 앞에서 본 그림 6-3처럼 물권법 다툼의 큰 구조를 가져가되, ① 다툼의 대상이 '점유'와 '등기'에 한정된 것은 아니라는 점, ② 조문에 가장 충실한 접근은 '점유침탈'과 '점유침탈 이외의 방해'의 이분법이라는 점, ③ 물권에 기한 할 권리를 '물권적 청구권'으로 부르기도 한다는 점 등을 잘 기억해두어야겠습니다.

철거청구, 퇴거청구 이야기가 나온 김에 몇 마디 덧붙입니다. 물권적 청구권은 본래의 자기 이름(반환청구권, 방해제거청구권)보다 가명을 쓰고 등장하는 걸 더 좋아합니다. 더 많은 정보를 한꺼번에 담을 수 있기 때문입니다. '철거청구', '퇴거청구', '말소등기청구', '진정명의회복을 원인으로 한 소유권이전등기 청구' 등이 모두 이러한 이유로 탄생한 단어입니다. 하나 같이 낯선 용어들이지만 우리는 당황할 필요 없습니다. 모두 '할 권리'란 사실만 잊지 않으면 됩니다. 그 할 권리가 채권에 기한 것인지, 물권에 기한 것인지, 또 물권에 기한 것이라면 점유침탈에 대응하는 청구인지, 점유침탈 외 방해에 대응하는 청구인지 차근히 분석해봅시다. 좌표를 잡고 나면 구체적 내용은 언제나 금방 이해할 수 있을 겁니다.

2) 물권적 청구권의 준용

민법 제213조와 제214조는 '소유권'의 장에 규정되어 있습니다. 하지만 물권적 청구권은 소유자만 누릴 수 있는 권리가 아닙니다. 다른 물권자도 행사할 수 있습니다. 전세권과 저당권 규정의 예를 봅시다.

제303조(전세권의 내용) ① 전세권자는 전세금을 지급하고 타인의 부동산을 점유하여 그 부동산의 용도에 좇아 사용·수익하며, 그 부동산 전부에 대하여 후순위권리자 기타 채권자보다 전세금의 우선변제를 받을 권리가 있다.

제319조 (준용규정) 제213조, 제214조, 제216조 내지 제244조의 규정은 전세권자간 또는 전세권자와 인지소유자 및 지상권자간에 이를 준용한다.

전세권은 물권에 기한 점유할 권리입니다. '타인의 부동산을 점유하여 그 부동산의 용도에 좇아 사용·수익'하는 권리이기 때문입니다 (제303조). 그래서 제213조(소유물반환청구권)를 준용했습니다(제319조). 누군가 점유를 침탈하면 전세권에 기하여 반환청구를 할 수 있도록 말입니다. 또 제214조 방해제거청구권도 준용하고 있습니다. 예를 들어 전세권자의 등기가 불법적으로 말소되었다고 해봅시다. 민법상 전세권은 물권이므로 법률행위를 통해 전세권을 취득하려면 등기를 해야만 하는데(제186조), 정당한 이유 없이 말소등기가 된 것이죠. 이런 경우 전세권자는 전세권에 기한 방해제거청구권을 행사하여 불법 말소된 자신의 등기를 회복할 수 있습니다.

제356조(저당권의 내용) 저당권자는 채무자 또는 제삼자가 점유를 이전하지 아니하고 채무의 담보로 제공한 부동산에 대하여 다른 채권자보다 자기채권의 우선변제를 받을 권리가 있다.

제370조 (준용규정) 제214조, 제321조, 제333조, 제340조, 제341조 및

저당권은 점유할 권리가 아닙니다. 채무자 혹은 제3자의 부동산을 '점유를 이전하지 아니'한 채 담보로서 지배하는 권리일 뿐입니다(제356조). 그래서 저당권은 제213조 반환청구권은 준용하지 않습니다(제370조). 점유할 권리가 없으니까 점유의 반환을 청구할 권리도 없는 것이죠. 반면 제214조 방해제거청구권은 준용합니다. 이번에도 불법 말소등기 사안을 떠올리면 쉽습니다. 저당권도 물권이므로 법률행위를 통해 저당권을 취득하려면 등기를 해야만 하는데(제186조), 그 등기가 정당한 이유 없이 말소된 겁니다. 이런 경우 저당권자는 저당권에 기한 방해제거청구권을 행사하여 말소등기라는 방해를 제거할 수 있습니다.

이처럼 물권적 청구권은 소유자뿐만 아니라 다른 물권자도 행사할 수 있는 권리입니다. 소유권 장에서 물권적 청구권을 일괄적으로 정하고 개별 물권에서 '준용'하는 구조가 꽤나 흥미롭습니다. 어차피 비슷한 내용이니 중복 규정을 피할 목적이었겠지요. 한편 방금 전세권과 저당권 사례에서 보았듯이, 모든 물권이 모든 형태의 물권적 청구권을 준용하는 건 아닙니다. 특히 제213조 반환청구권이 자주 문제가 됩니다. 어떤 물권은 점유할 권리가 있지만, 어떤 물권은 점유할 권리가 없기 때문입니다. 어느 물권이 무슨 물권적 청구권까지 준용하는지는 일일이 확인해보는 수밖에 없습니다. 앞으로 개별 물권 규정을 공부하면서 이 부분을 놓치지 않도록 합시다.

IV
세 번째 그림:
용익물권과 담보물권

1. 사용가치의 지배와 교환가치의 지배

지금까지 우리는 물권법을 관통하는 두 가지 그림을 살펴보았습니다. 첫 번째 그림은 **'사람과 물건'**이었습니다. 이 그림을 통해 우리는 민법이 바라보는 물권법적 세계관을 엿볼 수 있었습니다. 민법의 세계에는 오직 사람과 물건이 존재할 뿐이며, 이 둘의 관계를 다루는 법이 물권법이라고 하였죠. 그 다음에는 **'할 권리와 현 상태의 다툼'**이라는 주제로 두 번째 그림을 그려냈습니다. 이 그림을 통해 우리는 '점유'와 '점유할 권리', '등기'와 '등기할 권리'를 구분할 수 있게 되었고, 그것들이 만들어 내는 물권법적 갈등 구조를 조금이나마 맛볼 수 있었습니다.

소유권

담보물권 〈 유치권 지상권 〉 용익물권
질권 지역권
저당권 전세권

점유권

[6-5]

그리고 이제 마지막 그림입니다. 물권법의 세 번째 그림은 위의 그림 6-5 **'용익물권과 담보물권'**입니다. 이 그림은 물권법 전체를 조문에 따라 정리한 것으로, 가장 전통적인 접근법입니다. 우리 민법에는 총 여덟 가지 물권이 규정되어 있습니다. ① 소유권, ② 지상권, ③ 지역권, ④ 전세권, ⑤ 유치권, ⑥ 질권, ⑦ 저당권, ⑧ 점유권 이렇게 여덟입니다.

모든 물건은 사용가치와 교환가치를 갖습니다. **'사용가치'**는 말 그대로 '그 물건을 사용해서 얻을 수 있는 가치'입니다. 물건은 사용가치를 갖기 때문에 우리는 그 물건을 사용하여 이익(사용이익)을 얻을 수 있죠. 이러한 '사용가치를 지배하는 물권'을 **'용익물권(用益物權)'**이라고 합니다. 우리 민법에서는 지상권, 지역권, 전세권이 용익물권에 해당합니다. 한편 **'교환가치'**란 '물건을 팔았을 때 얻을 수 있는 시장가치'를 말합니다. 예를 들어 X라는 물건을 팔아 1,000원을 얻을 수 있으면 X의 교환가치는 1,000원입니다. 물건의 '교환가치를 지배하는 물권'은 **'담보물권(擔保物權)'**이라고 합니다. 우리 민법에서는 유치권, 질권, 저당권이 담보물권에 해당합니다.

소유권'은 '물건의 사용가치와 교환가치를 모두 지배'합니다. 그래서 가장 완전한 형태의 물권입니다. 반면 용익물권과 담보물권은 '물건의 특정 가치만을 지배'하므로 **'제한물권'**이라고 부릅니다. 점유권은 조금 독특합니다. 앞서 점유권이란 어떤 물건을 사실상 지배하는 '상태'라고 하였죠. 점유권은 할 권리가 아니기 때문에 제한물권에 속하지 않습니다. 물론 소유권도 아닙니다. 어디에도 속하지 않는 독특한 형태의 물권이라서 그림에서도 맨 밑에 따로 적어두었습니다.

우리는 앞으로 용익물권과 담보물권에 대해 공부합니다. 단 용익물권의 경우, 지상권, 지역권, 전세권을 비교하는 대신 ① 지상권, ② 전세권, ③ 임대차 이렇게 셋을 하나로 묶어 살펴보겠습니다. 지역권은 용익물권의 전형적인 특징이 적어서 같이 공부할 가치가 떨어지는 반면, 임대차는 채권관계에 불과하지만 '사용할 권리'로서 갖는 공통점이 많기 때문입니다. 마지막으로 담보물권은 제8장에서 조문 순서에 따라 ① 유치권, ② 질권, ③ 저당권 순으로 알아보겠습니다.

제7장

물건을
사용할 권리

사람이 물건을 사용하는 방법은 크게 두 가지입니다.
하나는 물건과 직접 관계를 맺어서 사용하는 것이고,
다른 하나는 직접 관계를 맺지 않은 채 사용하는 겁니다.

I
들어가기 전에

1. 물건을 사용할 권리

우리는 하루에도 수많은 물건을 사용합니다. 당장 오늘 아침만 해도 우리는 눈을 뜨자마자 휴대폰을 사용했고, 자동차를 사용해 출근을 하였으며, 사무실에 도착한 뒤에는 컴퓨터를 사용해 오늘 할 일을 시작했습니다. 민법이 그려내는 우리 일상도 똑같습니다. 다만 그 내용을 법률용어로 적어 놓을 뿐입니다. 사람이 물건을 사용하는 방법은 크게 두 가지입니다. ① 하나는 물건과 직접 관계를 맺어서 사용하는 것이고, ② 다른 하나는 직접 관계를 맺지 않은 채 사용하는 겁니다. 전자는 '(용익)물권에 기하여' 사용이익을 누리는 경우입니다. 예를 들어 소유권에 기하여 물건을 사용하는 것이지요. 반면 후자는 '채권에 기해' 물건을 사용하는 경우입니다. 임대차가 대표적인 예입니다. 임차인은 (물건과의 직접적인 지배 관계가 아닌) 임대인과의 '약속'을 통해서 물건을 사용 수익합니다.

우리는 이번 장에서 **용익권(用益權)**에 대해 공부합니다. '용익권'이란 '물건을 사용(用)하여 이익(益)을 얻는 권리'를 말합니다. '용익물권' 대신 '용익권'을 공부하는 이유는, 물권인 지상권과 전세권에 더하여 채권관계인 임대차까지 한꺼번에 정리하기 위함입니다. 물건을 사용한다는 게 무슨 의미인지, 어떤 물건을 얼마에, 언제까지 사용할 수 있는지, 또 사용한 물건은 어떻게 반환해야 하는지 등을 차근히 알아봅시다.

1) 지상권에 관한 짧은 소개

제279조(지상권의 내용) 지상권자는 타인의 토지에 건물 기타 공작물이나 수목을 소유하기 위하여 그 토지를 사용하는 권리가 있다.

(1) 지상권은 토지를 사용하는 권리입니다. 앞서 민법은 물건을 동산과 부동산으로 나누고, 부동산은 토지와 그 정착물로 나뉜다고 했습니다(제99조). 지상권은 그 많은 물건 중에서 오직 '토지'만을 대상으로 합니다. 따라서 반대해석상 동산과 건물에는 지상권이란 걸 설정할 수 없습니다.

(2) 지상권은 '건물 기타 공작물이나 수목을 소유하기 위하여' 토지를 사용하는 권리입니다. 쉽게 말해 땅 위에 건물을 세우기 위해 지

지상권

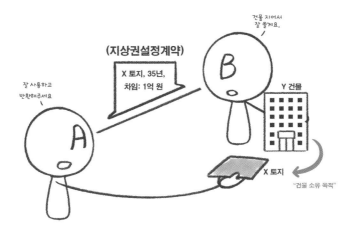

(지상권설정계약)

건물 지어서
잘 쓸게요.

X 토지, 35년,
차임: 1억 원

B

Y 건물

잘 사용하고
반환해주세요

A

X 토지

"건물 소유 목적"

[7-1]

상권을 설정합니다. 건물을 세울 목적으로 땅을 빌리는 것이라서 사용기간이 짧지 않습니다. 자세한 내용은 뒤에서 더 살펴봅시다.

2) 전세권에 관한 짧은 소개

제303조(전세권의 내용) ① 전세권자는 전세금을 지급하고 타인의 부동산을 점유하여 그 부동산의 용도에 좇아 사용·수익하며, 그 부동산 전부에 대하여 후순위권리자 기타 채권자보다 전세금의 우선변제를 받을 권리가 있다. ② 농경지는 전세권의 목적으로 하지 못한다.

(1) 전세권은 부동산을 사용하는 권리입니다. '부동산'이라서 토지

전세권

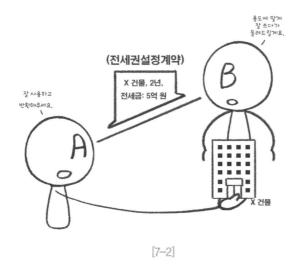

(전세권설정계약)

X 건물, 2년,
전세금: 5억 원

용도에 맞게
잘 쓰다가
돌려드릴게요.

잘 사용하고
반환해주세요.

A

B

X 건물

[7-2]

에도 전세권을 설정할 수 있고, 건물에도 전세권을 설정할 수 있습니다. 단 토지 전세권의 경우, 농경지는 전세권의 목적으로 하지 못합니다(제303조 제2항). 실무에서는 대부분 토지보다는 건물에 전세권을 설정합니다. (반대해석상 동산에는 전세권이란 걸 설정할 수 없습니다.)

(2) 전세권은 타인의 부동산을 점유하여 '그 부동산의 용도에 좇아' 사용·수익하는 권리입니다. 예를 들어 A가 B 소유 X 아파트에 전세권을 설정받았다고 해봅시다. A는 부동산의 용도에 좇아 X 아파트에 들어가 살거나 다른 사람에게 임대를 주어 수익을 얻을 수 있습니다.

(3) 전세권은 사용 중에는 용익물권, 사용 후에는 담보물권적 성

격을 갖습니다. 전세권은 전세금을 지급해야 성립을 하는데 전세권이 종료하면 설정자는 이를 반환해야 합니다. 만약 반환하지 않으면 전세권자는 '그 부동산 전부에 대하여 후순위권리자 기타 채권자보다 전세금의 우선변제를 받을 권리'가 있습니다. 전세부동산이 전세금의 반환을 위한 담보 역할을 하는 셈입니다. 담보에 대한 자세한 내용은 제8장에서 살펴봅시다.

(4) 우리가 흔히 말하는 '전세'와 민법에서 말하는 전세권은 조금 다릅니다. 민법의 전세권은 물권입니다. 그래서 직접성, 절대권성, 배타성 같은 물권의 기본 특징을 갖습니다[제6장 참고]. 약정으로 전세권을 맺는 경우엔 등기도 잊지 않고 해야겠죠(제186조)[제5장 참고]. 그런데 우리가 흔히 말하는 '전세'는 **채권적 전세**입니다. 이 채권적 전세의 본질은 임대차입니다. 월세를 꼬박꼬박 내는 대신에 전세금이라는 목돈을 한 번에 내는 차이가 있을 뿐입니다. 채권적 전세는 등기소를 방문할 필요도 없습니다.

채권적 전세는 결국 임대차라서 임대차가 갖는 한계와 약점을 동일하게 갖습니다. 예를 들어 채권적 전세는 절대권이 아닙니다. 그래서 목돈을 내고 '전세' 계약을 맺었는데 어느 날 갑자기 전셋집에서 내쫓기는 일이 발생할 수 있습니다. 이런 일을 방지하기 위해서 '주택임대차보호법'이 탄생했습니다. 이 법에서 요구하는 요건을 갖추면 조금이나마 물권 흉내를 낼 수 있습니다. 자세한 내용은 뒤에서 더 살펴봅시다.

3) 임대차에 관한 짧은 소개

제618조(임대차의 의의) 임대차는 당사자 일방이 상대방에게 목적물을 사용, 수익하게 할 것을 약정하고 상대방이 이에 대하여 차임을 지급할 것을 약정함으로써 그 효력이 생긴다.

(1) 임대차는 채권관계입니다. 임대차는 당사자 일방(=임대인)이 상대방(=임차인)에게 목적물을 사용, 수익하게 할 것을 약정하고, 상대방(=임차인)이 이에 대하여 차임을 지급할 것을 약정함으로써 효력이 생깁니다(제618조).

(2) 임대차는 목적물을 가리지 않습니다. 동산을 대상으로 삼을 수도 있고, 부동산을 대상으로 삼을 수도 있습니다. 조문에 '목적물'이

임대차

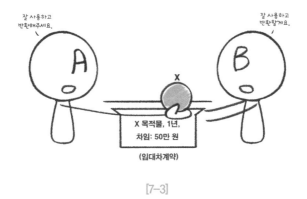

[7-3]

라고만 적혀 있기 때문입니다. 한편 부동산 임대차는 토지 임대차와 건물 임대차로 나눌 수 있습니다. 이 둘을 잘 구분하는 것이 중요합니다. 같은 임대차임에도 조문 내용이 사뭇 다르기 때문입니다. 결론부터 말하자면, 토지 임대차는 지상권을 많이 닮아 있고, 건물 임대차는 전세권을 많이 닮아 있습니다.

(3) 임차인은 물권자가 아닙니다. 이로 인해 발생하는 여러 문제점을 보완하고자 우리 법제는 '주택임대차보호법'과 '상가건물임대차보호법'을 만들었습니다. 이 책에서는 전자에 대해서만 좀 더 알아보겠습니다. 이 법을 통해 임차인의 지위가 어떻게 더 강화되었는지 살펴봅시다.

Ⅱ
쟁점 1:
언제까지 사용할까?

1. 물건의 사용기간

물건을 하나 빌리려 합니다. B는 2021. 6. 27. A로부터 대전시 유성구에 위치한 X 빌딩 405호를 임차했습니다. 보증금은 500만 원, 월세는 38만 원이군요. 임차기간은 12개월입니다. 그러니까 사용할 권리는 2022. 6. 26. 까지입니다. 특별한 사정이 없다면 A는 물건을 잘 사용한 뒤 B에게 405호를 반환을 하고, B는 A에게 보증금 500만 원을 반환할 겁니다.

용익권을 설정하는 모습은 대개 비슷합니다. 쟁점이 서로 비슷해서 그렇습니다. 우리는 ① 무엇을, ② 얼마에, ③ 언제까지 사용할 것인지, ④ 어떻게 반환할 것인지 등을 결정해야 합니다. 누구로부터 어

부동산(원룸) 월세 계약서

임대인과 임차인 쌍방은 아래 표시 부동산에 관하여 다음 계약 내용과 같이 임대차계약을 체결한다.

1. 부동산의 표시

소 재 지	대전시 유성구 405호				
토 지	지 목 대			면 적	529.2 ㎡
건 물	구 조 철근콘크리트구조	용 도 단독주택		면 적	268.32 ㎡
임대할부분	상기주소의 405호 전체			면 적	30 ㎡

2. 계약내용

제1조 [목적]위 부동산의 임대차에 한하여 임대인과 임차인은 합의에 의하여 임차보증금 및 차임을 아래와 같이 지불하기로 한다.

보 증 금	금 오백만원정	(₩5,000,000)
계 약 금	금 오십만원정	은 계약시에 지불하고 영수함 ※영수자 (인)
잔 금	금 사백오십만원정	은 2021년 06월 27일에 지불한다.
차 임	금 삼십팔만원정	은 매월 27일(선불) 지불한다.

제2조 [존속기간] 임대인은 위 부동산을 임대차 목적대로 사용할 수 있는 상태로 2021년06월27일 까지 임차인에게 인도하며, 임대차 기간은 인도일로부터 2022년06월26일 (12개월) 까지로 한다.
제3조 [용도변경 및 전대 등] 임차인은 임대인의 동의없이 위 부동산의 용도나 구조를 변경하거나 전대, 임차권 양도 또는 담보제공을 하지 못하며 임대차 목적 이외의 용도로 사용할 수 없다.
제4조 [계약의 해지] 임차인의 차임 연체액이 2기의 차임액에 달하거나, 제3조를 위반 하였을 때 임대인은 즉시 본 계약을 해지 할 수 있다.
제5조 [계약의 종료] 임대차 계약이 종료된 경우 임차인은 위 부동산을 원상으로 회복하여 임대인에게 반환한다. 이러한 경우 임대인은 보증금을 임차인에게 반환하고, 연체 임대료 또는 손해배상금이 있을 때는 이들을 제하고 그 잔액을 반환한다.

본 계약을 증명하기 위하여 계약 당사자가 이의 없음을 확인하고 각각 서명·날인한다. 2021년 06월 21일

임대인	주 소	대전시 유성구 ,501호(빌)		
	주민 등록 번호		전화	성명 A
공명동의인	주 소	서울시 은평구 호(역촌동)		
	주민 등록 번호		전화	성명
임차인	주 소	서울시 관악구		
	주민 등록 번호		전화	성명 B

[7-4]

떤 물건을 빌리든 마찬가지입니다. 용익권별로 각 쟁점을 정리해봅시다. 첫 번째 쟁점은 물건의 '사용기간'입니다.

1) 지상권의 경우

제280조(존속기간을 약정한 지상권) ① 계약으로 지상권의 존속기간을 정하는 경우에는 그 기간은 다음 연한보다 단축하지 못한다.
1. 석조, 석회조, 연와조 또는 이와 유사한 견고한 건물이나 수목의 소유를 목적으로 하는 때에는 30년
2. 전호이외의 건물의 소유를 목적으로 하는 때에는 15년
3. 건물이외의 공작물의 소유를 목적으로 하는 때에는 5년
② 전항의 기간보다 단축한 기간을 정한 때에는 전항의 기간까지 연장한다.

제281조(존속기간을 약정하지 아니한 지상권) ① 계약으로 지상권의 존

속기간을 정하지 아니한 때에는 그 기간은 전조의 최단존속기간으로 한다. ② 지상권설정당시에 공작물의 종류와 구조를 정하지 아니한 때에는 지상권은 전조제2호의 건물의 소유를 목적으로 한 것으로 본다.

제283조(지상권자의 갱신청구권, 매수청구권) ① 지상권이 소멸한 경우에 건물 기타 공작물이나 수목이 현존한 때에는 지상권자는 계약의 갱신을 청구할 수 있다. (…)

제284조(갱신과 존속기간) 당사자가 계약을 갱신하는 경우에는 지상권의 존속기간은 갱신한 날로부터 제280조의 최단존속기간보다 단축하지 못한다. 그러나 당사자는 이보다 장기의 기간을 정할 수 있다.

(1) 지상권은 건물 기타 공작물이나 수목을 '소유하기 위하여' 타인의 토지를 사용하는 권리입니다(제279조). 따라서 존속기간이 짧지 않습니다. 건물을 세우기 위해서 땅을 빌렸는데 1년 뒤에 돌려주어야 한다면 이상하기 때문입니다.

그래서 민법은 **지상권의 최단존속기간을 정하였습니다.** 단 지상물의 종류와 재료에 따라서 다르게 정하였습니다. 제280조 제1항 제1호를 예로 봅시다. 석조(=돌), 석회조(=시멘트), 연와조(=벽돌) 또는 이와 유사한 견고한 건물 소유를 목적으로 지상권을 설정할 때에는 존속기간을 최소 30년으로 해야 합니다. 그 외 물건은 이 기간보다 짧습니다.

(2) 민법은 **지상권의 최장존속기간은 따로 정하지 않았습니다.** 그럼 존속기간을 영구 무한히 누릴 수도 있을까요? 판례는 괜찮다고 합

대한민국에서 가장 쉽게 쓴 민법책

니다(대판 2001. 5. 29. 99다66410 참고).

(3) 지상권의 존속기간이 끝났는데 건물이 아직 튼튼하게 잘 버티고 있으면 지상권자는 계약의 갱신을 청구할 수 있습니다(제283조 제1항). 이를 **지상권자의 갱신청구권**이라고 합니다. 계약을 갱신하는 경우에도 제280조 최단존속기간 규정은 잘 지켜야 합니다. 물론 최단존속기간보다 더 장기로 설정하는 건 문제없습니다(제284조). (지상권자의 갱신청구권은 '쟁점 3: 반환 사유는?'에서 좀 더 자세히 다루도록 하겠습니다.)

2) 전세권의 경우

제312조(전세권의 존속기간) ① 전세권의 존속기간은 10년을 넘지 못한다. 당사자의 약정기간이 10년을 넘는 때에는 이를 10년으로 단축한다. ② 건물에 대한 전세권의 존속기간을 1년 미만으로 정한 때에는 이를 1년으로 한다. ③ 전세권의 설정은 이를 갱신할 수 있다. 그 기간은 갱신한 날로부터 10년을 넘지 못한다. ④ 건물의 전세권설정자가 전세권의 존속기간 만료전 6월부터 1월까지 사이에 전세권자에 대하여 갱신거절의 통지 또는 조건을 변경하지 아니하면 갱신하지 아니한다는 뜻의 통지를 하지 아니한 경우에는 그 기간이 만료된 때에 전(前)전세권과 동일한 조건으로 다시 전세권을 설정한 것으로 본다. 이 경우 전세권의 존속기간은 그 정함이 없는 것으로 본다.

제313조(전세권의 소멸통고) 전세권의 존속기간을 약정하지 아니한 때에는 각 당사자는 언제든지 상대방에 대하여 전세권의 소멸을 통고할 수 있고 상대방이 이 통고를 받은 날로부터 6월이 경과하면 전세권은 소멸한다.

(1) **전세권에는** 지상권과 다르게 **최장존속기간이 있습니다.** 전세권의 존속기간은 10년을 넘지 못합니다. 당사자의 약정기간이 10년을 넘는 때에는 10년으로 단축해버립니다(제312조 제1항). 한편 **전세권에는 최단존속기간 규정도** 있습니다. **단 건물전세권**이어야 합니다.˙ 건물전세권의 존속기간을 1년 미만으로 정한 때에는 1년으로 합니다(제312조 제2항).

(2) 건물의 전세권설정자가 전세권의 존속기간 만료 전 6월부터 1월까지 사이에 전세권자에 대하여 갱신거절의 통지 또는 조건을 변경하지 아니하면 갱신하지 아니한다는 뜻의 통지를 하지 아니한 경우에는 그 기간이 만료된 때에 전(前)전세권과 동일한 조건으로 다시 전세권을 설정한 것으로 봅니다(제312조 제4항). 이를 **건물전세권의 법정갱신**이라고 합니다. 제312조 제4항에 주석을 몇 개만 달아봅시다.

전세권은 부동산에 대한 권리입니다. 하지만 법정갱신은 '건물'전세권에서만 사용할 수 있습니다. (조문에 '건물의 전세권설정자'라고 적혀 있습니다.)

● **[TIP]** 지상권은 사용하는 물건이 오직 하나, 즉 '토지'뿐이므로 조문을 읽을 때 긴장을 조금 늦추어도 괜찮습니다. (요컨대 지상권을 읽을 때에는 언제나 토지를 전제하고 읽으면 됩니다.) 그러나 전세권이나 임대차 조문을 읽을 때에는 그럴 수 없습니다. 사용하는 물건들이 다양하기 때문입니다. 전세권의 경우, 전세권 일반에 적용되는 내용과 (특히) **'건물'전세권**에 한정하여 적용되는 내용을 잘 구분해야 합니다. 임대차의 경우는 더 복잡합니다. 임대차 일반에 적용되는 내용과 **'건물'임대차**에만 적용되는 내용, **'토지'임대차**에만 적용되는 내용을 모두 잘 구분해야 하기 때문입니다.

건물전세권의 법정갱신이 이루어진 경우, 전세권의 존속기간은 정함이 없는 것으로 봅니다(제312조 4항). 존속기간의 정함이 없는 전세권에서 각 당사자는 언제든지 상대방에 대하여 전세권의 소멸을 통고할 수 있고, 상대방이 이 통고를 받은 날로부터 6월이 경과하면 전세권은 소멸합니다(제313조).

건물전세권의 '법정갱신'은 이후 살펴볼 주택임대차보호법의 '묵시적 갱신'과 매우 닮아 있습니다(주택임대차보호법 제6조 제1항). 또 넓은 의미에서 민법상 임대차의 '묵시의 갱신'과도 맞닿아 있습니다(주택임대차보호법 제639조). 아래에서 그 공통점과 차이점에 대해 하나씩 살펴봅시다.

3) 임대차의 경우

(1) 민법상 임대차계약에는 최단기간도, 최장기간도 없습니다. 예전에는 최장기간을 제한하는 규정이 있었습니다(제651조 제1항). 그런데 헌법재판소에서 과잉금지원칙 위반을 이유로 위헌결정을 내렸고, 그래서 지금은 삭제되었습니다(헌재(전결) 2013. 12. 26. 2011헌바234). (지금도 민법전을 펼쳐보면 제651조가 있어야 하는 자리에 '삭제'라고 큼지막히 적혀 있습니다.)

> 제639조(묵시의 갱신) ① 임대차기간이 만료한 후 임차인이 임차물의 사용, 수익을 계속하는 경우에 임대인이 상당한 기간내에 이의를 하지 아니한 때에는 전(前)임대차와 동일한 조건으로 다시 임대차한 것으로 본다. 그러나 당사자는 제635조의 규정에 의하여 해지의 통고를 할 수 있다. (…)

제635조(기간의 약정없는 임대차의 해지통고) ① 임대차기간의 약정이 없는 때에는 당사자는 언제든지 계약해지의 통고를 할 수 있다. ② 상대방이 전항의 통고를 받은 날로부터 다음 각호의 기간이 경과하면 해지의 효력이 생긴다.
1. 토지, 건물 기타 공작물에 대하여는 임대인이 해지를 통고한 경우에는 6월, 임차인이 해지를 통고한 경우에는 1월
2. 동산에 대하여는 5일

(2) 임대차기간이 만료한 후 임차인이 임차물의 사용, 수익을 계속하는 경우에 임대인이 상당한 기간내에 이의를 하지 아니한 때에는 전(前)임대차와 동일한 조건으로 다시 임대차한 것으로 봅니다(제639조). 이를 **'임대차계약의 묵시의 갱신'**이라고 합니다. 앞서 본 건물전세권의 법정갱신과 비교해봅시다.

두 조문은 결론이 같습니다. 전(前)계약과 기본적으로 동일한 조건으로 다시 계약을 맺은 것으로 봅니다. 다만 사용기간에 관하여는 '기간의 정함이 없는' 경우로 봅니다. 건물전세권의 법정갱신은 제312조 제4항에서 친절하게 명시를 해주었고(="이 경우 전세권의 존속기간은 그 정함이 없는 것으로 본다"), 임대차계약의 묵시의 갱신은 제639조에서 넌지시 알려주고 있습니다(="당사자는 제635조의 규정에 의하여 해지의 통고를 할 수 있다").

임대차계약의 묵시갱신은 '임대차기간이 만료한 후'에 발생합니다. 임대차 사용기간이 끝났음에도 임차인이 물건을 계속 사용하고, 임대

인도 상당 기간 별 말이 없어야 비로소 묵시의 갱신이 인정되기 때문입니다(제639조). 반면 건물전세권의 법정갱신은 늦어도 '전세기간 만료 1개월 전'에는 갱신 여부가 결정됩니다. 건물의 전세권설정자가 '존속기간 만료전 6월부터 1월까지 사이에' 전세권자에 대하여 갱신거절을 통지하지 않으면 법정갱신이 이루어지기 때문입니다(제312조 제4항).

> 제643조(임차인의 갱신청구권, 매수청구권) 건물 기타 공작물의 소유 또는 식목, 채염, 목축을 목적으로 한 토지임대차의 기간이 만료한 경우에 건물, 수목 기타 지상시설이 현존한 때에는 제283조의 규정을 준용한다.

(3) 건물 기타 공작물의 소유 또는 식목, 채염, 목축을 목적으로 한 '토지'임대차의 기간이 만료한 경우에 건물, 수목 기타 지상시설이 현존한 때에는 제283조의 규정을 준용합니다. 이를 **토지임차인의 갱신청구권**이라고 합니다. (토지임차인의 갱신청구권은 '쟁점 3: 반환사유는?'에서 좀 더 자세히 다루도록 하겠습니다.)

제643조에서 말하는 토지임대차는 '지상권'을 흉내 내는 임대차입니다. 토지를 그냥 임차하는 게 아니라, '건물 기타 공작물의 소유 또는 식목, 채염, 목축을 목적으로' 임차하는 것이기 때문입니다. (지상권을 규정한 제279조를 다시 한번 읽어봅시다.)

위의 제643조는 '토지'임대차에서만 사용할 수 있는 갱신청구권입니다. 따라서 예를 들어 '건물'임차인은 민법 제643조를 활용할 수 없습니다.

사용할 권리	기간의 갱신	TIP
① 지상권 ② 토지임대차	**갱신청구권** (§283), (§643, §283)	※ '토지'를 사용할 권리와 연관됨 ※ 이후 '건물매수청구권'과 연관됨 (나머지 요건을 갖추었다는 전제 하에)
① 건물전세권 ② 민법상 임대차 ③ 주택임대차보호법상 주택임대차	**법정갱신**(§312④) / **묵시적 갱신**(§639) (주택임대차보호법 §6)	※ '건물'을 사용할 권리와 연관됨 (단, §639) ※ 주택임대차보호법상 '묵시적 갱신'은 내용상으로는 건물전세권의 법정갱신에 더 가까움
① 주택임대차보호법 주택임대차	* **갱신요구권** (주택임대차보호법 §6의3)	※ 주택임대차보호법상 '갱신요구권'은 민 법상 갱신청구권과 전혀 다른 제도임

[7-5]

2. 보론: 주택임대차보호법의 경우

「주택임대차보호법」
제1조(목적) 이 법은 주거용 건물의 임대차에 관하여 「민법」에 대한 특례
를 규정함으로써 국민 주거생활의 안정을 보장함을 목적으로 한다.

제2조(적용 범위) 이 법은 주거용 건물(이하 "주택"이라 한다)의 전부 또
는 일부의 임대차에 관하여 적용한다. 그 임차주택의 일부가 주거 외의
목적으로 사용되는 경우에도 또한 같다.

1) **주택임대차보호법**(이하 '**주임법**' 또는 '법'이라 하겠습니다)은 주
거용 건물(주택) 임대차에 관한 특별법입니다. 국민 주거생활의 안정
을 보장하기 위해 제정하였습니다(법 제1조).

대한민국에서 가장 쉽게 쓴 민법책

「주택임대차보호법」
제3조(대항력 등) ① 임대차는 그 등기가 없는 경우에도 임차인이 주택의 인도와 주민등록을 마친 때에는 그 다음 날부터 제삼자에 대하여 효력이 생긴다. 이 경우 전입신고를 한 때에 주민등록이 된 것으로 본다.

제3조의2(보증금의 회수) (…) ② 제3조제1항·제2항 또는 제3항의 대항요건과 임대차계약증서(…)상의 확정일자를 갖춘 임차인은 「민사집행법」에 따른 경매(…)를 할 때에 임차주택(대지를 포함한다)의 환가대금에서 후순위권리자나 그 밖의 채권자보다 우선하여 보증금을 변제받을 권리가 있다.

2) 채권은 물권이 부럽습니다. 물권은 자신의 권리를 아무에게나, 배타적으로 주장할 수 있기 때문입니다[제6장 참고]. 예를 들어 A가 B에게 X 건물을 건네주며 전세권을 설정해주었다고 해봅시다. A는 그 이후에 X 건물을 C에게 팔았습니다. C가 B에게 X 건물을 비워달라고 하네요. B는 건물에서 나가야 합니까? 그렇지 않습니다. B는 물권자이고, 따라서 자신의 권리를 누구에게나 주장할 수 있습니다. 사실 C도 억울할 게 없습니다. B는 전세권을 설정받으며 등기를 했을 것이고, C는 건물을 사면서 당연히 이를 확인했을 겁니다. (만약 확인을 안 했다면 C 잘못입니다.) B는 X 건물을 반환하지 않아도 됩니다.

반대로 이번에는 D가 E에게 Y 건물을 건네주며 임대차계약을 맺었다고 해봅시다. D는 이후 Y 건물을 F에게 팔았습니다. F가 E에게 건물을 비워달라고 하네요. E는 건물에서 나가야 합니까? 네, 나가야 합니다. 임차인에 불과한 E는 자신의 권리를 임대인 D에게만 주장할 수 있습니다. 화가 난 E는 D에게 채무불이행책임을 물을 수는 있겠지만, 새로운 소유자 F에게 대항할 수는 없습니다. 따라서 Y 건물을 반환해야 합니다.

주임법은 채권자에 불과한 임차인을 물권자처럼 만들어 주는 마법 같은 법입니다. 앞의 법 제3조를 봅시다. 임대차는 그 등기가 없는 경우에도 임차인이 ① '주택의 인도'와 ② '주민등록을 마친 때'에는 그 다음 날부터 제삼자에 대하여 효력이 생깁니다. 이 경우 전입신고를 한 때에 주민등록이 된 것으로 봅니다(법 제3조 제1항). 이를 **주택임대차의 대항력**이라고 합니다.

주임법 제3조 제1항은 물권의 공시(公示)제도를 흉내낸 것입니다. 주택임대차도 어딘가에 공시를 하고 싶은데 기존 등기부를 사용할 수 없으니 대신 '인도'와 '주민등록(전입신고)'를 택한 것이지요. 전입신고는 주택임대차를 공시하는 효과도 있지만, 무엇보다 임차인이 혼자서도 할 수 있다는 점에서 무척 편리합니다.

참고로 주택임대차의 **'대항력'**과 **'우선변제권'**은 별개의 제도입니다.[17] 전자는 법 제3조에 규정되어 있고, 후자는 제3조의2에 규정되어 있습니다. 주택임대차가 대항력을 갖추려면 주택의 인도와 전입신고가 필요했습니다. 그런데 보증금에 대한 우선변제권을 확보하기 위해선 여기에 더하여 임대차계약증서에 '확정일자'까지 받아야 합니다(제3조의2). 보증금 액수를 마음대로 바꾸지 못하게 하기 위함입니다.

대한민국에서 가장 쉽게 쓴 민법책

법 제3조의2 요건을 모두 갖춘 주택임차인은 임차주택이 경매에 넘어가더라도 그 환가대금에서 후순위권리자나 그 밖의 채권자보다 우선하여 보증금을 변제받을 권리가 있습니다. 이를 '**확정일자에 기한 우선변제권**'이라고 합니다. 전입신고도, 확정일자도 모두 거주지 관할기관(동 주민센터 등)에서 한꺼번에 처리할 수 있으니 새로운 주택임대차계약을 맺으면 가장 먼저 동 주민센터부터 들리도록 해야겠습니다.

「주택임대차보호법」
제4조(임대차기간 등) ① 기간을 정하지 아니하거나 2년 미만으로 정한 임대차는 그 기간을 2년으로 본다. 다만, 임차인은 2년 미만으로 정한 기간이 유효함을 주장할 수 있다. ② 임대차기간이 끝난 경우에도 임차인이 보증금을 반환받을 때까지는 임대차관계가 존속되는 것으로 본다.

3) 민법상 임대차계약에는 최장존속기간도, 최단존속기간도 없었습니다. 그런데 **주임법상 임대차계약에는 최단존속기간이 있습니다.** 기간을 정하지 아니하거나 2년 미만으로 정한 임대차는 그 기간을 2년으로 봅니다. 다만, 임차인은 2년 미만으로 정한 기간이 유효함을 주장할 수 있습니다(법 제4조 제1항). 그러니까 임차인은 1년짜리 주택임대차를 제안할 수 있습니다. 하지만 임대인은 그럴 수 없습니다.

「주택임대차보호법」
제6조(계약의 갱신) ① 임대인이 임대차기간이 끝나기 6개월 전부터 2개월 전까지의 기간에 임차인에게 갱신거절의 통지를 하지 아니하거나 계약조건을 변경하지 아니하면 갱신하지 아니한다는 뜻의 통지를 하지 아니한 경우에는 그 기간이 끝난 때에 전 임대차와 동일한 조건으로 다시

임대차한 것으로 본다. 임차인이 임대차기간이 끝나기 2개월 전까지 통지하지 아니한 경우에도 또한 같다. ② 제1항의 경우 임대차의 존속기간은 2년으로 본다. ③ 2기의 차임액에 달하도록 연체하거나 그 밖에 임차인으로서의 의무를 현저히 위반한 임차인에 대하여는 제1항을 적용하지 아니한다.

제6조의2(묵시적 갱신의 경우 계약의 해지) ① 제6조제1항에 따라 계약이 갱신된 경우 같은 조 제2항에도 불구하고 임차인은 언제든지 임대인에게 계약해지를 통지할 수 있다. ② 제1항에 따른 해지는 임대인이 그 통지를 받은 날부터 3개월이 지나면 그 효력이 발생한다.

4) 임대인이 임대차기간이 끝나기 6개월 전부터 2개월 전까지의 기간에 임차인에게 갱신거절의 통지를 하지 아니하거나 계약조건을 변경하지 아니하면 갱신하지 아니한다는 뜻의 통지를 하지 아니한 경우에는 그 기간이 끝난 때에 전 임대차와 동일한 조건으로 다시 임대차한 것으로 봅니다(법 제6조 제1항). 이를 **'주임법상의 묵시적 갱신'**이라고 합니다.

앞서 본 민법의 건물전세권의 법정갱신(제314조 제4항)이 자연스럽게 떠오릅니다. 다만 건물전세권의 법정갱신에서는 전세권의 존속기간 만료전 '6월부터 1월까지' 사이였는데, 주임법에서는 임대차기간이 끝나기 '6개월 전부터 2개월 전까지'이군요.●

● 한편 임차인은 임대차기간이 끝나기 2개월 전까지만 갱신거절 통지를 하면 됩니다.

또 다른 차이점은 갱신된 계약의 존속기간입니다. 민법에서는 계약이 갱신되면 '기간의 정함이 없는' 계약이 된다고 하였습니다. 그런데 주임법에서는 갱신된 임대차의 존속기간을 2년으로 봅니다(법 제6조 2항).

법 제6조 제2항에도 불구하고 임차인은 언제든지 임대인에게 계약해지를 통지할 수 있습니다(법 제6조의2 제1항). 묵시적 갱신으로 임대차 기간이 2년 연장되더라도 임차인은 꼭 2년씩이나 살 필요가 없다는 겁니다. 단 해지의 효력은 임대인이 그 통지를 받은 날부터 3개월이 지나야 발생합니다(법 제6조의2 제2항). 임차인은 언제든지 해지를 할 수 있는데 해지의 효력도 곧바로 발생한다고 하면 임대인에게 너무 가혹하기 때문입니다. (임대인도 새로운 임차인을 구하는 등 시간이 필요할 테니까요.)

한편 2기의 차임액에 달하도록 연체하거나 그 밖에 임차인으로서의 의무를 현저히 위반한 임차인에 대하여는 묵시적 갱신이 이루어지지 않습니다(법 제6조 제3항). 주임법상의 묵시적 갱신이 워낙 강력한 보호장치이다 보니 '임차인으로서의 의무를 현저히 위반한' 임차인에게는 이러한 혜택을 줄 수는 없다는 취지입니다.

「주택임대차보호법」
제6조의3(계약갱신 요구 등) ① 제6조에도 불구하고 임대인은 임차인이 제6조제1항 전단의 기간 이내에 계약갱신을 요구할 경우 정당한 사유 없이 거절하지 못한다. 다만, 다음 각 호의 어느 하나에 해당하는 경우에는 그러하지 아니하다.

1. 임차인이 2기의 차임액에 해당하는 금액에 이르도록 차임을 연체한 사실이 있는 경우

2. 임차인이 거짓이나 그 밖의 부정한 방법으로 임차한 경우

3. 서로 합의하여 임대인이 임차인에게 상당한 보상을 제공한 경우

4. 임차인이 임대인의 동의 없이 목적 주택의 전부 또는 일부를 전대(轉貸)한 경우

5. 임차인이 임차한 주택의 전부 또는 일부를 고의나 중대한 과실로 파손한 경우 (…)

8. 임대인(임대인의 직계존속·직계비속을 포함한다)이 목적 주택에 실제 거주하려는 경우

9. 그 밖에 임차인이 임차인으로서의 의무를 현저히 위반하거나 임대차를 계속하기 어려운 중대한 사유가 있는 경우

② 임차인은 제1항에 따른 계약갱신요구권을 1회에 한하여 행사할 수 있다. 이 경우 갱신되는 임대차의 존속기간은 2년으로 본다. (…)

④ 제1항에 따라 갱신되는 임대차의 해지에 관하여는 제6조의2를 준용한다. (…)

5) 임대인은 임차인이 임대차기간이 끝나기 6개월 전부터 2개월 전까지의 기간에 계약갱신을 요구할 경우 정당한 사유 없이 이를 거절할 수 없습니다(법 제6조의3 제1항). 이러한 주택임차인의 권리를 **'주임법상 임차인의 갱신요구권'**이라고 합니다.

주택임차인의 갱신요구권은 앞서 배운 임대차계약의 '묵시적 갱신'과 다른 제도입니다. 전자는 말 그대로 임차인이 갱신을 '요구'할 수 있는 권리이고, 후자는 어떤 상황(임대차 기간의 종료 직후 혹은 종료 직전의 상황)을 토대로 갱신 여부를 결정하는 제도에 불과합니다. 전

자가 훨씬 더 적극적인 형태입니다.

주택임차인의 갱신요구권은 곧 뒤에서 배울 민법상 '갱신청구권'
과도 다른 제도입니다. 민법전에는 ① 지상권자의 갱신청구권과 ② 토
지임차인의 갱신청구권이 있는데, 이 둘과 주임법상 갱신요구권 사이
에는 닮은 점이 거의 없습니다. 주임법상 갱신요구권은 별개의 제도로
이해하는 것이 좋습니다.

임대인은 임차인의 갱신요구권을 정당한 사유 없이 거절할 수 없
습니다. 갱신요구권을 거절할 수 있는 '정당한 사유'는 법 제6조의3 제
1항 각호에 규정되어 있습니다. 가장 대표적인 경우를 들자면 ① 임차
인이 2기의 차임액에 해당하는 금액에 이르도록 차임을 연체한 사실
이 있는 경우, ② 임차인이 임차한 주택의 전부 또는 일부를 고의나
중대한 과실로 파손한 경우, ③ 임대인(임대인의 직계존속·직계비속
을 포함한다)이 목적 주택에 실제 거주하려는 경우 등이 있습니다.

임차인은 계약갱신요구권을 1회에 한하여 행사할 수 있습니다. 이
경우 갱신되는 임대차의 존속기간은 2년으로 봅니다(법 제6조의3 제2
항). 앞서 말했듯이, 주임법상 묵시적 갱신과 갱신요구권은 별개의 제
도입니다. 따라서 묵시적 갱신을 수차례 거듭하다가 임대인이 정당한
사유 없이 계약 갱신을 거절한 그 마지막 임대차 종료시점을 기준으
로, 임차인은 갱신요구권을 사용하여 한 번 더 사용기간을 2년 연장
할 수 있겠습니다.[18]

III
쟁점 2:
얼마에 사용할까?

1. 물건의 사용대가

두 번째 쟁점입니다. 물건의 '사용대가'를 정하고 싶습니다. 구체적인 모습은 조금씩 다르지만 사용할 권리가 던지는 질문은 비슷합니다. ① 사용대가로 무엇을 지급할 건지, ② 훗날 사용대가를 변경(증감)할 수 있는지, ③ 사용대가를 지급하지 않으면 어떻게 처리할 것인지, 이렇게 세 가지 질문이 공통적으로 등장합니다. 이 질문들을 염두에 두면서 각 용익권을 살펴봅시다.

1) 지상권의 경우

제286조(지료증감청구권) 지료가 토지에 관한 조세 기타 부담의 증감이

나 지가의 변동으로 인하여 상당하지 아니하게 된 때에는 당사자는 그 증감을 청구할 수 있다.

제287조(지상권소멸청구권) 지상권자가 2년 이상의 지료를 지급하지 아니한 때에는 지상권설정자는 지상권의 소멸을 청구할 수 있다.

제289조(강행규정) 제280조 내지 제287조의 규정에 위반되는 계약으로 지상권자에게 불리한 것은 그 효력이 없다.

A는 2022. 1. 1. B에게 X 토지에 관한 지상권을 설정해주었습니다. 지료는 연 1억 원, 기간은 35년으로 정하였습니다. A는 B에게 X 토지를 인도해주고, 지상권 설정 등기에 필요한 서류도 넘겨주었습니다.

⑴ 지상권자는 토지사용 대가로 '**지료(地料)**'를 지급합니다.

⑵ 지료가 토지에 관한 조세 기타 부담의 증감이나 지가의 변동으로 인하여 상당하지 아니하게 된 때에는 당사자는 그 증감을 청구할 수 있습니다(제286조). 이를 '**지료증감청구권**'이라고 합니다.

⑶ 지상권자가 2년 이상의 지료를 지급하지 아니한 때에는 지상권설정자는 지상권의 소멸을 청구할 수 있습니다(제287조). 이를 '**지상권소멸청구권**'이라고 합니다. 이는 편면적 강행규정으로서 당사자 간 계약으로 지상권자에게 더 불리하게 만들 수 없습니다(제289조). 예를 들어 A와 B가 지상권을 설정할 때, 지료를 단 한 번이라도 연체하면 지상권을 해지할 수 있다는 특약을 두었다 해봅시다. 이 특약은 제287

조에 규정된 내용보다 지상권자 B에게 불리하므로 효력이 없습니다.

한편 제287조의 **"2년 이상의 지료를 지급하지 아니한 때"**란 체납된 지료액이 통산하여 2년분 이상이어야 한다는 의미입니다. 앞에서 본 A와 B의 예로 봅시다. 지상권자 B는 몇 해째 지료를 조금씩 덜 내고 있습니다. 23년에는 5천만 원, 24년에는 5천만 원, 25년에는 5천만 원, 그리고 26년에는 전혀 지급하지 않았습니다. 엄밀히 따지면 B는 23년에도, 24년에도 지료 지급 약속을 어겼습니다. 하지만 A는 아직 24년에는 지상권의 소멸을 청구할 수 없습니다. 체납된 지료액이 통산하여 2년분(2억 원) 이상이 아니기 때문입니다. A는 26년에 비로소 지상권의 소멸을 청구할 수 있습니다.

2) 전세권의 경우

제303조(전세권의 내용) ① 전세권자는 전세금을 지급하고 타인의 부동산을 점유하여 그 부동산의 용도에 좇아 사용·수익하며, 그 부동산 전부에 대하여 후순위권리자 기타 채권자보다 전세금의 우선변제를 받을 권리가 있다.

제312조의2(전세금 증감청구권) 전세금이 목적 부동산에 관한 조세·공과금 기타 부담의 증감이나 경제사정의 변동으로 인하여 상당하지 아니하게 된 때에는 당사자는 장래에 대하여 그 증감을 청구할 수 있다. 그러나 증액의 경우에는 대통령령이 정하는 기준에 따른 비율을 초과하지 못한다.

C는 2022. 1. 1. D에게 X 아파트에 대한 전세권을 설정해주었습니다. 전세금은 5억 원, 기간은 2년으로 정하였습니다. D는 C에게 전세금 5억 원을 주었고, C는 D에게 X 아파트를 인도함과 동시에 전세권 설정 등기에 필요한 서류를 건네주었습니다.

(1) 전세권에서는 매년 혹은 매월 지급해야 하는 무엇이 없습니다. 한 번에 목돈으로 전달한 **전세금(傳貰金)**의 이자가 전세권의 사용대가이기 때문입니다. D는 C에게 전세금 5억 원을 전달했으니까 이제 끝입니다. C는 5억 원에서 나오는 이자로 만족해야 합니다.

(2) '전세금'이란 '전세권을 설정하면서 전세권자가 전세권설정자에게 교부하고, 전세권이 소멸하면 전세권자가 전세권설정자로부터 반환받는 금전'을 말합니다. 전세금은 크게 두 가지 성질을 갖습니다. 우선 사용대가의 성질을 갖습니다. 전세권설정자는 전세금에서 나오는 이자를 차임에 충당합니다. 한편 전세금은 '보증금'의 성질도 갖습니다. 민법 제315조를 봅시다.

제315조(전세권자의 손해배상책임) ① 전세권의 목적물의 전부 또는 일부가 전세권자에 책임있는 사유로 인하여 멸실된 때에는 전세권자는 손해를 배상할 책임이 있다. ② 전항의 경우에 전세권설정자는 전세권이 소멸된 후 전세금으로써 손해의 배상에 충당하고 잉여가 있으면 반환하여야 하며 부족이 있으면 다시 청구할 수 있다.

예를 들어 D 잘못으로 X 아파트 일부가 크게 훼손되었다고 해봅시다. C는 속이 상하지만 너무 걱정할 필요는 없습니다. D로부터 받은 전세금 5억 원이 있기 때문입니다. 전세권이 종료되면 5억 원에서 손해배상에 충당을 하고, 혹시 모자라면 더 청구할 수도 있습니다.

(3) 전세금이 목적 부동산에 관한 조세·공과금 기타 부담의 증감이나 경제사정의 변동으로 인하여 상당하지 아니하게 된 때에는 당사자는 장래에 대하여 그 증감을 청구할 수 있습니다(제312조의2). 이를 **'전세금증감청구권'**이라고 합니다.

3) 임대차의 경우

제618조(임대차의 의의) 임대차는 당사자 일방이 상대방에게 목적물을 사용, 수익하게 할 것을 약정하고 상대방이 이에 대하여 차임을 지급할 것을 약정함으로써 그 효력이 생긴다.

제628조(차임증감청구권) 임대물에 대한 공과부담의 증감 기타 경제사정의 변동으로 인하여 약정한 차임이 상당하지 아니하게 된 때에는 당사자는 장래에 대한 차임의 증감을 청구할 수 있다.

제640조(차임연체와 해지) 건물 기타 공작물의 임대차에는 임차인의 차임연체액이 2기의 차임액에 달하는 때에는 임대인은 계약을 해지할 수 있다.

제641조(동전) 건물 기타 공작물의 소유 또는 식목, 채염, 목축을 목적으로 한 토지임대차의 경우에도 전조의 규정을 준용한다.

제652조(강행규정) 제627조, 제628조, 제631조, 제635조, 제638조, 제640조, 제641조, 제643조 내지 제647조의 규정에 위반하는 약정으로 임차인이나 전차인에게 불리한 것은 그 효력이 없다.

E는 2022. 1. 1. F로부터 X 건물을 임차했습니다. 차임은 월 50만 원, 보증금은 5,000만 원, 기간은 2년으로 정하였습니다. E는 F에게 보증금 및 첫 달 월세 명목으로 50만 원을 전달하였고, F는 E에게 X 건물을 인도하였습니다.

⑴ 임차인은 목적물의 사용대가로 임대인에게 **차임(借賃)** 즉, 사용료를 지급합니다.

⑵ **보증금(保證金)**은 임대차계약의 성립 요소가 아닙니다. (제618조 어디에도 보증금에 대한 언급이 없습니다.) 하지만 실제 임대차계약을 맺으려 하면 대부분의 임대인은 보증금을 요구합니다.

보증금의 여러 역할 중 하나는 임차인이 임대인에게 부담하는 채무를 담보하는 것입니다. 예를 들어 임차인 E가 한 번씩 차임을 제때 안 낸다거나, 실수로 X 건물을 훼손시키더라도 임대인 F는 너무 초조해할 필요 없습니다. E로부터 받은 보증금 5,000만 원이 있으니 말입니다. 임대차계약이 끝나면 F는 체납액 및 손해액 등을 보증금에서 공제하고, 남은 금액만 E에게 돌려주면 됩니다.

보증금의 위와 같은 역할은 다른 나라에서도 흔히 발견할 수 있습니다. 그런데 우리나라에서만 유독 성행하는 보증금 관행이 있습니다. 바로 **'채권적 전세'**입니다. 여기서는 보증금이 '사용대가'의 역할도 수행합니다. 예를 들어 E가 월세 50만 원, 보증금 5,000만 원을 지급하는 대신 매달 나가는 돈을 없애고 보증금을 1억으로 늘렸다고 해봅시다. 이제 임대인 F는 매달 받는 월세가 없습니다. 대신 보증금('전세금') 1억 원에서 나오는 이자를 차임에 충당해야 합니다. E와 F가 맺은 이 계약은 본질상 임대차계약이지만 일상생활에서는 그냥 '전세계약'이라고 부릅니다. (물권으로서의 전세권과 잘 구분해야겠습니다.)

(3) 임대물에 대한 공과부담의 증감 기타 경제사정의 변동으로 인하여 약정한 차임이 상당하지 아니하게 된 때에는 당사자는 장래에 대한 차임의 증감을 청구할 수 있습니다(제628조). 이를 **'차임증감청구권'**이라고 합니다. 앞서 살펴본 지료증감청구권, 전세금증감청구권과 내용이 비슷합니다.

(4) 건물 기타 공작물의 임대차, 즉 '건물'임대차에서 임차인의 차임연체액이 2기의 차임액에 달하는 때에는 임대인은 계약을 해지할 수 있습니다(제640조). 건물 등의 소유를 목적으로 한 '토지'임대차에서도 마찬가지입니다(제641조). 이를 **'즉시해지'**라고 합니다. 둘 다 편면적 강행규정이라서 규정보다 임차인에게 불리한 내용으로 약정을 맺을 수 없습니다. 예를 들어 E가 월세를 한 번만 밀려도 F가 임대차계약을 해지할 수 있다는 특약을 맺었다고 해봅시다. 이는 제640조 내용보다 임차인에게 불리하므로 무효입니다.

즉시해지의 요건은 **'차임연체액이 2기의 차임액에 달'**해야 합니다. 지상권에서처럼 이번에도 판단 기준은 액수이지, 기간이 아닙니다. 차임연체액이 통산하여 2기분이면 됩니다. 예를 들어 임차인 E가 수개월에 걸쳐 월세를 조금씩 덜 냈다고 해봅시다. 2월에는 25만 원, 3월에는 45만 원, 4월에는 25만 원, 5월에는 50만 원, 그리고 6월에는 한 푼도 내지 않았습니다. 임차인 E는 3월에 이미 월세를 두 번 부족하게 지급하였습니다. 하지만 차임연체액이 2기 차임액(100만 원)에 달하지 않으므로 F는 즉시해지를 할 수 없습니다. 6월이 지나야 비로소 즉시해지를 할 수 있습니다. 참고로 임대인이 교체된 경우에는, 원칙적으로 새로운 임대인에 대한 차임연체액이 2기분 이상이어야 즉시해지를 할 수 있습니다(대판 2009. 10. 9. 2008다3022 참고).

IV
쟁점 3:
반환 사유는?

1. 사용할 권리의 소멸

시작이 있으면 끝도 있습니다. 사용할 권리도 마찬가지입니다. 사용할 권리는 언젠가 사라지고, 물건을 빌린 사람은 물건을 반환해야 합니다. 사용할 권리가 사라지는 이유는 다양합니다. 다만 민법은 다음과 같은 이분법, 즉 ① '사용기간이 끝나서' 용익권이 사라지는 경우와, ② 그 밖의 경우로 나누어 접근하는 걸 좋아합니다. 전자의 경우에만 사용할 수 있는 아주 중요한 권리가 있기 때문입니다. 이번 절에서 공부할 '건물매수청구권'과 '부속물매수청구권'이 바로 그 주인공입니다. 사용할 권리가 사라질 수 있는 다양한 이유에 대해 우선 간단히 살펴보고, 사용할 권리가 기간의 만료로 사라진 때에 행사할 수 있는 건물매수청구권과 부속물매수청구권에 대해 좀 더 자세히 알아봅시다.

1) 지상권의 경우

(1) 지상권은 존속기간의 만료로 소멸합니다. 지상권의 존속기간에 대하여는 앞서 살펴보았습니다.

제287조(지상권소멸청구권) 지상권자가 2년 이상의 지료를 지급하지 아니한 때에는 지상권설정자는 지상권의 소멸을 청구할 수 있다.

(2) 지상권자가 2년 이상의 지료를 지급하지 아니한 때에는 지상권설정자는 지상권의 소멸을 청구할 수 있습니다(제287조). 즉 체납된 지료액이 통산하여 2년치를 넘으면 지상권설정자는 지상권의 소멸을 청구할 수 있습니다. 이를 '**지상권설정자의 지상권소멸청구**'라고 합니다. 한편 지상권은 물권이므로 물권 일반의 소멸사유에 따라 사라질 수도 있습니다. '물권의 포기'가 대표적인 예입니다.

2) 전세권의 경우

(1) 전세권은 존속기간의 만료로 소멸합니다. 전세권의 존속기간에 대하여는 앞서 살펴보았습니다.

제313조(전세권의 소멸통고) 전세권의 존속기간을 약정하지 아니한 때에는 각 당사자는 언제든지 상대방에 대하여 전세권의 소멸을 통고할 수 있고 상대방이 이 통고를 받은 날로부터 6월이 경과하면 전세권은 소멸한다.

(2) 전세권의 존속기간을 약정하지 아니한 때에는 각 당사자는 언제든지 상대방에 대하여 전세권의 소멸을 통고할 수 있고, 상대방이 이 통고를 받은 날로부터 6개월이 경과하면 전세권은 소멸합니다(제313조). 이를 '**전세권의 소멸통고**'라고 합니다.

제303조(전세권의 내용) ①전세권자는 전세금을 지급하고 타인의 부동산을 점유하여 그 부동산의 용도에 좇아 사용·수익하며, 그 부동산 전부에 대하여 후순위권리자 기타 채권자보다 전세금의 우선변제를 받을 권리가 있다. (…)

제311조(전세권의 소멸청구) ① 전세권자가 전세권설정계약 또는 그 목적물의 성질에 의하여 정하여진 용법으로 이를 사용, 수익하지 아니한 경우에는 전세권설정자는 전세권의 소멸을 청구할 수 있다. ② 전항의 경우에는 전세권설정자는 전세권자에 대하여 원상회복 또는 손해배상을 청구할 수 있다.

(3) 전세권은 '그 부동산의 용도에 좇아 사용·수익'하는 물권이므로(제303조), 전세권자가 전세권설정계약 또는 그 목적물의 성질에 의하여 정하여진 용법으로 이를 사용, 수익하지 아니한 경우에는 전세권설정자는 전세권의 소멸을 청구할 수 있습니다(제311조 제1항). 이때 전세권설정자는 전세권자에 대하여 원상회복 또는 손해배상을 청구할 수 있습니다(제311조 제2항). 이를 '**전세권설정자의 소멸청구**'라고 합니다.

제314조(불가항력으로 인한 멸실) ① 전세권의 목적물의 전부 또는 일부

가 불가항력으로 인하여 멸실된 때에는 그 멸실된 부분의 전세권은 소멸한다. ② 전항의 일부멸실의 경우에 전세권자가 그 잔존부분으로 전세권의 목적을 달성할 수 없는 때에는 전세권설정자에 대하여 전세권전부의 소멸을 통고하고 전세금의 반환을 청구할 수 있다.

(4) 전세권의 목적물이 전부 멸실되면 전세권은 전부 소멸합니다. 목적물이 일부 멸실되면 그 멸실된 부분의 전세권은 소멸합니다(제314조 제1항). 한편 후자의 경우, 전세권자가 그 잔존부분으로 전세권의 목적을 달성할 수 없으면 전세권설정자에게 전세권전부의 소멸을 통고하고 전세금의 반환을 청구할 수 있습니다(제314조 제2항).

민법 제314조는 잘잘못을 따지지 않습니다. 전세권의 목적물이 전세권자 때문에 멸실되었든, 전세권설정자 때문에 멸실되었든, 누구의 잘못도 없이 멸실되었든 상관없습니다. 제314조는 오직 하나, '전세권의 목적을 달성할 수 있는가'만을 판단 기준을 삼습니다. 그래서 예를 들어 전세권자 때문에 목적물이 멸실된 경우에도 전세권자는 소멸통고를 할 수 있습니다. 다만 집주인(전세권설정자)에게 손해배상책임을 지는 건 별개 문제겠지요. 한편 전세권도 물권이므로 지상권처럼 물권의 일반 소멸 사유(예: 전세권의 포기)에 의해 사라지기도 합니다.

3) 임대차의 경우

(1) 임대차계약은 기간의 만료로 종료됩니다. 임대차계약의 기간에 대해서는 앞서 살펴보았습니다.

제635조(기간의 약정없는 임대차의 해지통고) ① 임대차기간의 약정이 없는 때에는 당사자는 언제든지 계약해지의 통고를 할 수 있다. ② 상대방이 전항의 통고를 받은 날로부터 다음 각호의 기간이 경과하면 해지의 효력이 생긴다.
1. 토지, 건물 기타 공작물에 대하여는 임대인이 해지를 통고한 경우에는 6월, 임차인이 해지를 통고한 경우에는 1월
2. 동산에 대하여는 5일

제636조(기간의 약정있는 임대차의 해지통고) 임대차기간의 약정이 있는 경우에도 당사자일방 또는 쌍방이 그 기간내에 해지할 권리를 보류한 때에는 전조의 규정을 준용한다.

(2) 임대차기간의 약정이 없는 때에는 당사자는 언제든지 계약해지의 통고를 할 수 있습니다(제635조 제1항). 해지의 효력은 일정 기간이 지난 후에 발생하는데 누가 누구에게 통고를 했는가에 따라 다릅니다. 토지/건물 등 임대인이 임차인에게 통고한 경우에는 6개월, 토지/건물 등 임차인이 임대인에게 통고한 경우에는 1개월의 기간이 필요합니다. 한편 동산 임대차에서는 누가 통고를 하든 5일의 기간이 필요합니다(제635조 제2항). 이를 '**임대차계약의 해지통고**'라고 합니다.

제625조(임차인의 의사에 반하는 보존행위와 해지권) 임대인이 임차인의 의사에 반하여 보존행위를 하는 경우에 임차인이 이로 인하여 임차의 목적을 달성할 수 없는 때에는 계약을 해지할 수 있다.

제627조(일부멸실 등과 감액청구, 해지권) ① 임차물의 일부가 임차인의 과실없이 멸실 기타 사유로 인하여 사용, 수익할 수 없는 때에는 임차인

은 그 부분의 비율에 의한 차임의 감액을 청구할 수 있다. ② 전항의 경우에 그 잔존부분으로 임차의 목적을 달성할 수 없는 때에는 임차인은 계약을 해지할 수 있다.

(3) 임대차계약도 전세권과 비슷합니다. 목적물에 문제가 생겨서 계약목적을 달성할 수 없으면 임대차계약을 해지할 수 있습니다. 예를 들어 임대인이 임차인의 의사에 반하여 보존행위를 하는 경우에 임차인이 이로 인하여 임차의 목적을 달성할 수 없으면 계약을 해지할 수 있습니다(제625조). 또는 임차물의 일부가 임차인의 과실없이 멸실되어 사용·수익할 수 없게 되고, 그로 인해 임차의 목적을 달성할 수 없는 경우에도 임차인은 계약을 해지할 수 있습니다(제627조 제2항).

제629조(임차권의 양도, 전대의 제한) ① 임차인은 임대인의 동의없이 그 권리를 양도하거나 임차물을 전대하지 못한다. ② 임차인이 전항의 규정에 위반한 때에는 임대인은 계약을 해지할 수 있다.

(4) 임차인이 임대인의 동의없이 그 권리를 양도하거나 임차물을 전대하면 임대인은 계약을 해지할 수 있습니다(제629조). 임대차계약은 당사자 간 신뢰관계가 중요한 계약이기 때문입니다. (참고로 지상권자나 전세권자는 설정자의 동의 없이도 자기 권리를 처분할 수 있는 게 원칙입니다. '물권'이기 때문입니다. 자세한 내용은 '쟁점 5: 사용권 넘기기'에서 살펴보겠습니다.)

제640조(차임연체와 해지) 건물 기타 공작물의 임대차에는 임차인의 차임연체액이 2기의 차임액에 달하는 때에는 임대인은 계약을 해지할 수 있다.

제641조(동전) 건물 기타 공작물의 소유 또는 식목, 채염, 목축을 목적으로 한 토지임대차의 경우에도 전조의 규정을 준용한다.

(5) 건물 기타 공작물의 임대차에서 임차인의 차임연체액이 2기의 차임액에 달하면 임대인은 계약을 해지할 수 있습니다(제640조). 건물 등 소유를 목적으로 하는 토지임대차도 마찬가지입니다(제641조). 채무불이행에 근거해 임대차계약을 해지하는 것이지요. 차임의 연체는 연속될 필요가 없고, 만약 임대인이 교체되었다면 원칙적으로 새로운 임대인에 대해 차임 연체액이 2기분 이상이어야 합니다(대판 2008. 10. 9. 2008다3022 참고).

2. 사용기간의 만료와 매수청구권

앞서 언급한 바, 우리 민법은 사용할 권리를 소멸시키는 다양한 사유를 ① '기간의 만료'와 ② 그 밖의 사유로 나누어 접근하길 좋아합니다. 전자의 경우에는 용익권자가 특별한 매수청구권을 행사할 수 있기 때문입니다. 아래 결론을 간단히 확인한 후, 관련 조문을 하나씩 검토해봅시다.

⇒ **토지**를 사용할 권리(보다 정확히는 '건물 기타 공작물의 소유 또는 식목, 채염, 목축을 목적으로' 토지를 사용할 권리)가 기간의 만료로 사라지는 경우, 용익권자는 '건물매수청구권'의 행사를 검토해볼 수 있습니다. 지상권(제283조)과 지상권을 흉내내는 토지임대차(제643조, 제283조)에서 구체적인 요건을 규정하고 있습니다.

⇒ **건물**을 사용할 권리가 기간의 만료로 사라지는 경우, 용익권자는 '부속물매수청구권'의 행사를 검토해볼 수 있습니다. 전세권(제316조 제2항)[19]과 건물임대차(제646조)에서 구체적인 요건을 규정하고 있습니다.

1) 지상권과 지상물매수청구권

A는 2022. 1. 1. B로부터 X 토지에 지상권을 설정받았습니다. 지료는 연 1억 원, 기간은 35년으로 정하였고, 등기는 계약 다음날 마쳤습니다. A는 X 토지를 인도받자마자 그 위에 Y 건물을 신축했고, 오랜 기간 잘 사용했습니다. 이제 며칠 뒤면 지상권 존속기간의 만료일입니다. (Y 건물은 여전히 튼튼한 상태입니다.)

제285조(수거의무, 매수청구권) ① 지상권이 소멸한 때에는 지상권자는 건물 기타 공작물이나 수목을 수거하여 토지를 원상에 회복하여야 한다. ② 전항의 경우에 지상권설정자가 상당한 가액을 제공하여 그 공작물이나 수목의 매수를 청구한 때에는 지상권자는 정당한 이유없이 이를 거절하지 못한다.

(1) 지상권이 소멸하면 지상권자는 건물 기타 공작물이나 수목을 수거하여 토지를 원상에 회복하여야 합니다(제285조 제1항). 이러한 지상권자의 수거의무는 의무이기도 하지만, 동시에 권리이기도 합니다. 지상권자 A는 Y 건물을 수거해 가면서 돈 될만한 부분을 팔아 투하 자본를 회수할 수 있기 때문입니다.

(2) 그런데 지상권설정자가 상당한 가액을 제공하여 그 공작물이나 수목의 매수를 청구한 때에는 지상권자는 정당한 이유없이 이를 거절하지 못합니다(제285조 제2항). 이를 **지상권설정자의 매수청구권**이라고 합니다. 두 가지를 주의해야 합니다. ① 매수청구자는 '지상권설정자'입니다. 즉 우리 사례로 치면 B가 A에게 '나한테 Y 건물 파시오' 하고 말하는 겁니다. 그리고 ② 이 매수청구권은 소멸사유를 가리지 않습니다. 예를 들어 지료 연체 때문에 지상권이 소멸했더라도 지상권설정자 B는 매수를 청구할 수 있습니다.

> 제283조(지상권자의 갱신청구권, 매수청구권) ① 지상권이 소멸한 경우에 건물 기타 공작물이나 수목이 현존한 때에는 지상권자는 계약의 갱신을 청구할 수 있다. ② 지상권설정자가 계약의 갱신을 원하지 아니하는 때에는 지상권자는 상당한 가액으로 전항의 공작물이나 수목의 매수를 청구할 수 있다.

(3) 지상권이 **존속기간의 만료**로 소멸한 경우, 건물 기타 공작물이나 수목이 현존한 때에는 지상권자는 계약의 갱신을 청구할 수 있습니다(제283조 제1항). 만약 지상권설정자가 계약의 갱신을 원하지 않

으면 지상권자는 상당한 가액으로 공작물이나 수목의 매수를 청구할 수 있습니다(제283조 제2항). 제1항을 '**지상권자의 갱신청구권**', 제2항을 '**지상권자의 매수청구권**'이라고 합니다. 이 둘은 특별한 후속조치입니다. '존속기간의 만료'로 지상권이 소멸한 경우에만 사용할 수 있기 때문입니다. 그 밖의 사유로 지상권이 소멸한 경우, 예를 들어 지료 연체를 이유로 지상권설정자가 지상권소멸청구를 하여 지상권이 소멸한 경우에는 지상권자는 갱신청구권도, 매수청구권도 행사할 수 없습니다(대판 1993. 6. 29. 93다10781).

하지만 그러한 제한에도 불구하고 민법 제283조는 지상권자에게 얼마나 든든한 제도인지요. 지상권이 존속기간의 만료로 소멸하기만 한다면 지상권자는 우선 계약의 갱신을 상대에게 요구할 수 있고, 혹여 갱신을 거절당하더라도 지상물을 매수하라고 요구할 수 있으니 말입니다.

2) 토지임차인의 지상물매수청구권

A'는 2022. 1. 1. B'로부터 X 토지를 임차하였습니다. 차임은 연 1억 원, 보증금은 10억 원, 기간 35년으로 정했습니다. A'는 X 토지를 인도받자마자 그 위에 Y 건물을 신축했고, 오랜 기간 잘 사용했습니다. 이제 며칠 뒤면 임대차기간 종료일입니다. (Y 건물은 여전히 튼튼한 상태입니다.)

제654조(준용규정) 제610조제1항, 제615조 내지 제617조의 규정은 임대차에 이를 준용한다.

제615조(차주의 원상회복의무와 철거권) 차주가 차용물을 반환하는 때에는 이를 원상에 회복하여야 한다. 이에 부속시킨 물건은 철거할 수 있다.

(1) 토지임대차가 종료되면 임차인은 토지를 원상에 회복하여 반환해야 합니다(제654조, 제615조). 이러한 토지임차인의 원상회복의무는 의무이기도 하지만, 동시에 권리이기도 합니다. 토지임차인 A'가 Y 건물을 수거해 가면서 돈 될만한 부분을 팔아 투하자본를 회수할 수 있기 때문입니다.

제643조(임차인의 갱신청구권, 매수청구권) 건물 기타 공작물의 소유 또는 식목, 채염, 목축을 목적으로 한 토지임대차의 기간이 만료한 경우에 건물, 수목 기타 지상시설이 현존한 때에는 제283조의 규정을 준용한다.

제283조(지상권자의 갱신청구권, 매수청구권) ① 지상권이 소멸한 경우에 건물 기타 공작물이나 수목이 현존한 때에는 지상권자는 계약의 갱신을 청구할 수 있다. ② 지상권설정자가 계약의 갱신을 원하지 아니하는 때에는 지상권자는 상당한 가액으로 전항의 공작물이나 수목의 매수를 청구할 수 있다.

(2) 토지임대차의 **기간이 만료한 경우**에 건물, 수목 기타 지상시설이 현존한 때에는 앞에서 본 제283조의 규정을 준용합니다(제643조). 즉 토지임차인은 계약의 갱신을 청구하고 있고, 만약 임대인이 계약의 갱신을 원하지 않으면 토지임차인은 상당한 가액으로 공작물이

나 수목의 매수를 청구할 수 있습니다. 전자를 '**토지임차인의 갱신청구권**', 후자를 '**토지임차인의 매수청구권**'이라고 합니다. 이 둘은 특별한 후속조치입니다. 토지임대차가 '기간의 만료'로 종료된 경우에만 사용할 수 있기 때문입니다. 따라서 예를 들어 토지임대차가 채무불이행을 이유(예: 차임 연체)로 해지된 경우에는 토지임차인은 갱신청구권도, 매수청구권도 행사할 수 없습니다(대판 2003. 4. 22. 2003다7685).

하지만 그러한 제한에도 불구하고 민법 제643조는 토지임차인에게 얼마나 든든한 제도인지요. 토지임대차가 '기간의 만료'로 종료되기만 한다면 토지임차인은 우선 계약의 갱신을 상대에게 요구할 수 있고, 혹여 갱신을 거절당하더라도 지상물을 매수하라고 요구할 수 있으니 말입니다.

3) 전세권과 부속물매수청구권

C는 2022. 1. 1. D로부터 X 건물에 대해 전세권을 설정받았습니다. 전세금은 2억 원, 기간은 5년으로 정하였고, 등기는 계약 다음날 마쳤습니다. C는 X 건물을 잘 사용하던 중 D의 동의를 얻어 부속물을 하나 설치했습니다. 주거용 난방시설이었는데, 건물로부터 분리가 가능하고 따로 경제적 가치를 지닌 물건이었습니다. 이제 곧 있으면 전세권 존속기간 만료일입니다.

제316조(원상회복의무, 매수청구권) ① 전세권이 그 존속기간의 만료로

인하여 소멸한 때에는 전세권자는 그 목적물을 원상에 회복하여야 하며 그 목적물에 부속시킨 물건은 수거할 수 있다. 그러나 전세권설정자가 그 부속물건의 매수를 청구한 때에는 전세권자는 정당한 이유없이 거절하지 못한다. (…)

(1) 전세권이 소멸하면 전세권자는 그 목적물을 원상에 회복하고, 그 목적물에 부속시킨 물건을 수거할 수 있습니다(제316조 제1항). 이러한 전세권자의 원상회복의무는 의무이기도 하지만, 동시에 권리이기도 합니다. 전세권자 C는 부속시킨 물건을 수거해 가면서 돈 될만한 부분을 팔아 투하자본를 회수할 수 있기 때문입니다.

(2) 그런데 전세권설정자가 그 부속물의 매수를 청구한 때에는 전세권자는 정당한 이유없이 거절하지 못합니다(제316조 제1항 후단). 이를 **'전세권설정자의 매수청구권'**이라고 합니다. 곧 뒤에서 살필 '전세권자'의 부속물매수청구권과 잘 비교해야겠습니다. 민법 제316조 제1항 후단의 매수청구는 '전세권설정자', 즉 D가 C에게 '이왕 설치한 부속물 나한테 파시오'하고 말하는 경우입니다.[20]

(3) **부속물(附屬物)**에 대해 간단히 알아봅시다. '부속물'이란 '건물에 부속된 물건으로서 임차인(또는 전세권자)의 소유에 속하고, 건물의 구성부분으로는 되지 아니한 것으로서 건물의 사용에 객관적인 편익을 가져오게 하는 물건'입니다(대판 1993. 10. 8. 93다25738·25745). 쉽게 말해 건물에 붙인 어떤 물건인데, ① 붙인 사람 소유이면서, ② 건물의 구성부분까지는 아니지만, ③ 건물 사용에 객관적으로 도움을

주는 무엇이어야 합니다.

두 번째 요건이 중요합니다. 어떤 물건이 건물의 구성부분이 되어 사실상 분리가 불가능해지면 더 이상 '부속물'이 아니기 때문입니다. 그 물건은 이제 건물소유자의 소유이며, 물건을 설치한 사람은 비용상환청구권을 행사할 수 있을 뿐입니다(제310조, 제626조 참고). (제626조와 비용상환청구권에 대해서는 다음 절에서 자세히 살펴봅시다.)

세 번째 요건도 중요합니다. '부속된 물건이 오로지 임차인(또는 전세권자)의 특수목적에 사용하기 위하여 부속된 것일 때에는 부속물에 해당하지 않'기 때문입니다(대판 1995. 6. 30. 95다12927). 결국 어떤 물건이 부속물에 해당하는지는 구체적 사실관계에 따라 개별적으로 판단하는 수밖에 없습니다.●

제316조(원상회복의무, 매수청구권) (...) ② 전항의 경우에 그 부속물건이 전세권설정자의 동의를 얻어 부속시킨 것인 때에는 전세권자는 전세권설정자에 대하여 그 부속물건의 매수를 청구할 수 있다. 그 부속물건이 전세권설정자로부터 매수한 것인 때에도 같다.

● 판례 중에는 임차인이 비디오테이프 대여점을 운영하면서 임대인 측의 묵시적 동의하에 설치한 '유리 출입문'과 '새시'를 부속물로 인정한 것이 있습니다(대판 1995. 6. 30. 95다12927). 반면 임차인이 삼계탕집 경영이라는 특수한 목적을 위하여 설치한 보일러, 온돌방, 방문틀, 합판 장식 등은 부속물로 보지 않았습니다(대판 1993. 10. 8. 93다25738·25745).

(4) 전세권이 **존속기간의 만료**로 소멸한 경우, 전세권자는 전세권 설정자의 동의를 얻어 부속시킨 물건이나, 전세권설정자로부터 매수한 부속물을 되팔 수 있습니다(제316조 제2항). 이를 '**전세권자의 부속물매수청구권**'이라고 합니다. 전세권자의 부속물매수청구권은 '존속기간의 만료'로 전세권이 소멸한 경우에만 사용할 수 있습니다. 조문에 그렇게 쓰여있기 때문입니다(제316조 제1항). 제316조 덕분에 전세권자 C는 든든합니다. 전세권이 존속기간 만료로 소멸하는 이상 전세권설정자의 동의를 받아 설치한 부속물, 혹은 전세권설정자로부터 구입한 부속물을 그에게 다시 되팔 수 있기 때문입니다.

4) 건물임차인의 부속물매수청구권

C'는 2022. 1. 1. D'로부터 Z 건물을 임차했습니다. 차임은 월 1,000만 원, 보증금은 5억 원, 기간은 5년으로 정하였습니다. C'는 Z 건물을 잘 사용하던 중 D'의 동의를 얻어 부속물을 하나 설치했습니다. 주거용 난방시설이었는데, 건물로부터 분리가 가능하고 따로 경제적 가치를 지닌 물건이었습니다. 이제 곧 있으면 임대차기간 만료일입니다.

제654조(준용규정) 제610조제1항, 제615조 내지 제617조의 규정은 임대차에 이를 준용한다.

제615조(차주의 원상회복의무와 철거권) 차주가 차용물을 반환하는 때에는 이를 원상에 회복하여야 한다. 이에 부속시킨 물건은 철거할 수 있다.

(1) 건물임대차가 종료되면 임차인은 건물을 원상으로 회복하여 반환해야 합니다(제654조, 제615조). 이러한 건물임차인의 원상회복의무는 의무이기도 하지만, 동시에 권리이기도 합니다. 건물임차인 C'는 부속시킨 물건을 수거해 가면서 돈 될만한 부분을 팔고 투하자본를 회수할 수 있기 때문입니다.

제646조(임차인의 부속물매수청구권) ① 건물 기타 공작물의 임차인이 그 사용의 편익을 위하여 임대인의 동의를 얻어 이에 부속한 물건이 있는 때에는 임대차의 종료시에 임대인에 대하여 그 부속물의 매수를 청구할 수 있다. ② 임대인으로부터 매수한 부속물에 대하여도 전항과 같다.

(2) 건물임대차가 종료된 경우, 건물임차인은 임대인의 동의를 얻어 부속시킨 물건이나, 임대인으로부터 매수한 부속물을 되팔 수 있습니다(제646조). 이를 **'건물임차인의 부속물매수청구권'**이라고 합니다. 판례는 임대차계약이 임차인의 채무불이행으로 해지된 경우에는 부속물매수청구권을 행사할 수 없다고 합니다(대판 1990. 1. 23. 88다카 7245·7252). 학설은 대개 반대 입장입니다. 제646조가 종료사유를 특정하지 않았고, 또 건물임차인을 보호할 필요가 있다는 걸 이유로 삼습니다.

초학자인 우리는 판례 입장에 따라 간단히 정리해봅시다. 앞서 지상권자의 건물매수청구권과 토지임차인의 건물매수청구권이 그러하였고, 또 전세권자의 부속물매수청구권이 그러하였듯이, 건물임차인의 부속물매수청구권도 '기간의 만료'로 인하여 종료된 때에만 사용할 수 있습니다. (이렇게 정리해두면 판례의 입장과도 상통하고, 전체 그림을 보기에도 편합니다.) 제646조 덕분에 건물임차인 C'는 든든합 니다. 임대차계약이 기간 만료로 끝나는 이상 임대인으로부터 동의를 받아 설치한 부속물, 혹은 임대인으로부터 구입한 부속물을 그에게 다시 되팔 수 있으니 말입니다.

		지상권	임대차		전세권
			토지임대차	건물임대차	
반환 사유는?	사용기간 만료		수거할 권리 or **건물매수청구권**		수거할 권리 or **부속물매수청구권**	
	그 외 사유 (ex. 차임연체)		수거할 권리		수거할 권리	

[7-6]

V
쟁점 4:
비용 처리하기

1. 물건을 보존 혹은 개량하기 위하여 지출한 비용

A는 장사를 하기 위해 2022. 1. 1. B로부터 X 건물을 임차했습니다. 차임은 월 2,000만 원, 보증금은 3억 원, 기간은 5년으로 정하여 빌렸습니다. A는 한동안 특별한 문제없이 건물을 잘 사용했습니다. 하지만 오래 사용하다 보니 결국 돈 나갈 일이 생기고 맙니다. 23년 2월에는 보일러 시설이 고장 났습니다. A는 고장 사실을 건물주인에게 알렸고 B는 얼마 지나지 않아 수리공과 함께 와서 보일러를 고쳐주었습니다. 같은 해 6월에는 수도 시설에 문제가 발생했습니다. 당시 상황이 급하여 A는 먼저 자비로 수리를 한 뒤 임대인 B에게 비용 청구를 하였습니다. 한편 지난주에는 건물 2층 외부 창문을 전부 교체하는 대공사를 했습니다. 손님 유치를 위해 좀 더 세련된 창문으로 바

꾸는 작업이었습니다. 2,000만 원이라는 큰돈이 들었지만 덕분에 방문객도 늘고 X 건물의 시장가격도 5,000만 원 이상 올랐습니다.

물건을 사용하다 보면 돈 나갈 일이 종종 발생합니다. 그래서 **비용상환(費用償還)**의 문제는 용익권자에게 중요한 문제입니다. 특히 물건을 수리 혹은 개량하면서 지출한 비용을 물건 소유자(빌려준 사람)에게 청구할 수 있는지 여부가 중요합니다. 만약 비용상환을 청구할 수 있다고 하면 사용자는 물건 수리·개량에 좀 더 적극적일 겁니다. 하지만 반대로 그러한 비용을 청구할 수 없다고 한다면 물건의 수리·개량에 훨씬 더 소극적일 테지요. 어차피 곧 반환해야 하는 물건이니까요.

민법은 비용상환의 문제를 용익권의 종류에 따라, 또 비용의 종류에 따라 다르게 판단하고 있습니다. 임대차를 예로 우선 비용의 '종류'부터 알아봅시다. 민법은 용익권자가 지출한 비용을 ① 필요비와 ② 유익비, 이렇게 두 종류로 나누어 접근합니다.

제626조(임차인의 상환청구권) ① 임차인이 임차물의 보존에 관한 필요비를 지출한 때에는 임대인에 대하여 그 상환을 청구할 수 있다. ② 임차인이 유익비를 지출한 경우에는 임대인은 임대차종료시에 그 가액의 증가가 현존한 때에 한하여 임차인의 지출한 금액이나 그 증가액을 상환하여야 한다. 이 경우에 법원은 임대인의 청구에 의하여 상당한 상환기간을 허여할 수 있다.

대한민국에서 가장 쉽게 쓴 민법책

제654조(준용규정) 제610조제1항, 제615조 내지 제617조의 규정은 임대차에 이를 준용한다.

제617조(손해배상, 비용상환청구의 기간) 계약 또는 목적물의 성질에 위반한 사용, 수익으로 인하여 생긴 손해배상의 청구와 차주가 지출한 비용의 상환청구는 대주가 물건의 반환을 받은 날로부터 6월내에 하여야 한다.

'**필요비(必要費)**'란 '물건을 보존하기 위하여 지출한 금액'입니다. 임차인이 임차물의 보존에 관한 필요비를 지출한 때에는 임대인에 대하여 그 상환을 청구할 수 있습니다(제626조 제1항). 예를 들어 보일러 시설, 수도 시설 등을 수리하며 지출한 비용이 필요비에 해당합니다. 필요비는 비용을 지출한 시점부터 곧바로 상환청구가 가능합니다. (나중에 청구하는 것도 가능하지만 늦어도 물건 반환 후 6개월 안에는 청구해야 합니다(제654조, 제617조).)

또 다른 비용은 **유익비(有益費)**입니다. '유익비'란 '물건을 개량하기 위하여 지출한 금액'을 말합니다. 임차인이 유익비를 지출한 경우에는 임대인은 임대차 종료 시에 그 가액의 증가가 현존한 때에 한하여 임차인의 지출한 금액이나 그 증가액을 상환하여야 합니다(제626조 제2항). 예를 들어 100만 원을 들여 물건을 개량했지만 임대차 종료 시 가치증대분이 50만 원뿐이라면 임대인은 50만 원만 상환하면 됩니다. 발코니 확장, 담장 축조, 이중 창문 설치 등을 하면서 지출한 비용이 유익비에 해당합니다.

유익비는 임대차관계가 끝난 뒤에야 상환청구가 가능합니다. '임대차종료시에 그 가액의 증가가 현존한 때에 한하여' 유익비 상환을 청구할 수 있기 때문입니다. 상환청구 기간은 필요비와 동일합니다. 임대인이 물건의 반환을 받은 날로부터 6월내에 해야 합니다(제654조, 제617조).

2. 사용할 권리와 비용상환청구권

1) 임대차의 경우

제623조(임대인의 의무) 임대인은 목적물을 임차인에게 인도하고 계약존속중 그 사용, 수익에 필요한 상태를 유지하게 할 의무를 부담한다.

제626조(임차인의 상환청구권) ① 임차인이 임차물의 보존에 관한 필요비를 지출한 때에는 임대인에 대하여 그 상환을 청구할 수 있다. ② 임차인이 유익비를 지출한 경우에는 임대인은 임대차종료시에 그 가액의 증가가 현존한 때에 한하여 임차인의 지출한 금액이나 그 증가액을 상환하여야 한다. 이 경우에 법원은 임대인의 청구에 의하여 상당한 상환기간을 허여할 수 있다.

(1) 임대인은 '목적물을 임차인에게 인도하고 계약존속중 그 사용, 수익에 필요한 상태를 유지하게 할 의무'를 부담하는데(제623조), 이를 임대인의 **수선의무**라고 합니다.

대한민국에서 가장 쉽게 쓴 민법책

(2) 임대인의 '수선의무'와 임차인의 '필요비상환청구권'은 서로 연관성이 깊습니다. 임차물 수선의무는 원칙적으로 '임대인'이 부담하므로, 만약 임차인이 대신 임차물을 수선(보존)하느라 비용을 지출하였다면 이를 임대인에게 청구할 수 있어야 하는 게 이치에 맞습니다. 그래서 민법은 임차인에게 유익비상환청구권 뿐만 아니라 필요비상환청구권도 주었습니다(제626조).

2) 전세권의 경우

제309조(전세권자의 유지, 수선의무) 전세권자는 목적물의 현상을 유지하고 그 통상의 관리에 속한 수선을 하여야 한다.

제310조(전세권자의 상환청구권) ① 전세권자가 목적물을 개량하기 위하여 지출한 금액 기타 유익비에 관하여는 그 가액의 증가가 현존한 경우에 한하여 소유자의 선택에 좇아 그 지출액이나 증가액의 상환을 청구할 수 있다. ② 전항의 경우에 법원은 소유자의 청구에 의하여 상당한 상환기간을 허여할 수 있다.

(1) 전세권설정자는 '사용, 수익에 필요한 상태를 유지하게 할 의무'를 부담하지 않습니다. 오히려 '전세권자'가 목적물의 현상을 유지하고 그 통상의 관리에 속한 수선을 하여야 합니다(제309조).

● 정확히는, '목적물을 임차인에게 인도하고'까지는 '목적물인도의무'라고 하고 그 뒷부분, 즉 '계약존속중 그 사용, 수익에 필요한 상태를 유지하게 할 의무'를 '수선의무'라고 합니다.

(2) 그래서 민법은 전세권자에게 '유익비상환청구권'만 주고, '필요비상환청구권'은 부여하지 않았습니다(제310조). (민법 제310조가 전세권자의 상환청구권을 정하면서 필요비상환청구권에 관한 내용을 쏙 빼놓은 것은 꽤나 흥미롭습니다.)

3) 지상권의 경우

지상권자의 상환청구권에 관하여는 조문이 따로 없습니다. 따라서 법리로 해결하는 수밖에 없습니다. 지상권자에게 유익비상환청구권을 인정해줄 수 있을까요? 네, 인정할 수 있습니다(통설). 목적물을 개량하여 그 가액 증가가 아직까지 현존하고 있다는데 비용상환청구를 인정하지 않을 이유가 없지요.

필요비상환청구권은 어떠합니까? 앞서 본 바, 필요비상환청구권은 상대방의 수선의무와 연관성이 깊습니다. 지상권설정자는 수선의무, 즉 '사용, 수익에 필요한 상태를 유지하게 할 의무'가 있습니까? 없습니다. 임대인의 수선의무를 규정한 제623조 같은 조문도 없거니와, 지상권의 내용 및 전세권과의 균형 등을 고려해볼 때 지상권설정자에게 수선의무가 있다고 볼 수 없습니다. 따라서 지상권자는 필요비상환청구권은 갖지 못합니다.

대한민국에서 가장 쉽게 쓴 민법책

3. 보론: 제201조, 제202조, 제203조

(1) 제6장을 빠르게 복습해봅시다. 점유권은 점유할 권리가 아니었습니다. 물건을 사실상 지배하는 상태에 불과했지요. 하지만 우리 민법은 사실 상태를 보호하는 일에도 관심이 많았습니다. 그래서 점유권을 위해 여러 추정(제197조~제200조)도 해주었고, 보호청구권(제204조) 같은 기초적인 방어 수단도 마련해주었습니다. 우리가 이번에 알아볼 과실수취권도 비슷합니다. 원칙대로라면 점유권에 근거해 과실을 수취할 수는 없습니다. 하지만 민법은 사실 상태를 존중하는 차원에서 예외를 하나 두었습니다. 민법 제201조를 봅시다.

> 제201조(점유자와 과실) ① 선의의 점유자는 점유물의 과실을 취득한다. ② 악의의 점유자는 수취한 과실을 반환하여야 하며 소비하였거나 과실로 인하여 훼손 또는 수취하지 못한 경우에는 그 과실의 대가를 보상하여야 한다. ③ 전항의 규정은 폭력 또는 은비에 의한 점유자에 준용한다.

선의의 점유자는 점유물의 과실을 취득합니다(제201조 제1항). 반면 악의의 점유자는 수취한 과실을 반환하여야 하며, 소비하였거나 실수로 훼손 또는 수취하지 못한 경우에는 그 과실의 대가를 보상하여야 합니다(제2항). 앞서 **'선의(善意)'**란 '무언가를 알지 못하는 상태'라 하였습니다. 제201조의 점유자는 무엇을 모르는 것일까요? 그는 '자신에게 점유할 권리가 없다는 걸 모르는 자'입니다. 점유할 권리가 있어야 정당히 과실을 수취할 텐데, 점유할 권리가 없다는 사실을 모른 채 그냥 과실을 수취해버린 겁니다. 다만 판례는 문언에서 더 나아가 "민법 제201조 제1항에 의하여 과실수취권이 인정되는 선의의 점유자란 과실수취권을 포함하는 권원이 있다고 오신한 점유자를 말하고, 그와 같은 오신을 함에는 오신할 만한 정당한 근거가 있어야 한다"라고 합니다(대판 1995. 8. 25. 94다27069).

(2) 사례로 볼까요. A는 2022. 1. 1. B로부터 X 건물을 임차했습니다. 차임은 월 2,000만 원, 보증금 5억 원에, 기간은 5년으로 정했습니다. (X 건물은 주택도 아니고, 상가도 아닙니다.) A는 한동안 건물을 잘 사용했습니다. 그런데 어느 날 건물의 소유자가 바뀌었습니다. B가 2024. 1. 1. X 건물을 C에게 15억 원에 판 것입니다. C는 B에게 15억 원을 지급하고, 같은 날 소유권이전등기까지 마쳤습니다. 임차인 A는 소유자가 바뀌었단 사실을 모른 채 계속 건물을 사용했습니다.

A는 6개월 뒤 법원으로부터 소장 한 통을 받습니다. C가 2024. 6. 1. A에게 X 건물의 반환을 청구했다는 겁니다. 또 2024. 1. 1.부터 2024. 6. 1.까지 차임 상당의 부당이득도 반환하랍니다. 갑자기 소송에 휘말린 A는 당황스럽습니다. C의 청구는 타당한 것일까요? 우선 첫 번째 청구(건물의 반환)는 타당합니다. 임대차계약은 채권관계에 불과하기 때문입니다. 임차인 A는 자신의 점유할 권리를 임대인 B에게는 주장할 수 있지만, 제3자 C에게는 주장할 수 없습니다. 안타깝지만 임차인 A는 소유자 C에게 X 건물을 돌려주어야 합니다.

반면 C의 두 번째 청구(부당이득 반환)는 타당하지 않습니다. 제201조 덕분입니다. 엄밀히 따지면 2024. 1. 1.부터 6. 1.까지 A는 남의 물건을 함부로 사용한 셈입니다. 2024. 1. 1.부터는 X 건물이 C 소유였으니 말입니다. 하지만 A는 자신에게 X 건물을 사용할 권리가 있다고 믿었습니다. 또 그렇게 믿을만한 정당한 근거도 있습니다. 얼마 전까지만 해도 A는 B와의 약속에 근거해 건물을 사용했으니까요. 따라서 A는 6개월치 차임 상당액을 반환하지 않아도 됩니다. 제201조에서 말하는 '선의의 점유자'에 해당하기 때문입니다.

사례를 하나만 더 봅시다. 철수는 2022. 1. 1. 영희로부터 Y 아파트를 5억 원에 샀습니다. 철수는 영희에게 5억 원을 주었고, 영희는 Y 아파트 및 소유권이전등기에 필요한 서류를 건네주었습니다. 철수는 다음 날 소유권이전등기를 마치고 아파트를 한동안 사용했습니다. 그런데 여섯 달 뒤 거래가 취소되고 맙니다. 영희가 법률행위의 중요 부분에 착오가 있었음으로 밝혀내고, 민법 제109조(착오로 인한 의사표시의 취소)에 근거해 의사표시를 취소한 것이죠. 거래가 취소되었으니 철수는 영희에게 Y 아파트를, 영희는 철수에게 5억 원을 돌려줄 상황이 왔습니다.

문제는 이자와 과실 부분입니다. 6개월 간 영희는 5억 원에 대한 이자를, 철수는 Y 아파트에 대한 사용수익을 얻었습니다. 이러한 이자와 과실 부분도 서로 반환해야 하는 걸까요? 민법 제201조는 철수에게 반환의무가 없다고 말합니다. 철수가 '선의의 점유자'이기 때문임니다. 원칙대로 따지면 취소의 효과로 거래는 처음부터 없었던 것이 되고, 따라서 철수는 6개월 간 사용할 권리를 누린 적이 없으며, 따라서 6개월치 과실을 반환해야 합니다. 하지만 철수는 자신에게 점유할 권리가 있다고 믿었습니다. 또 그렇게 믿은 데에 정당한 근거가 있습니다. 매매계약을 통해서 아파트를 건네받은 것이니까요. 따라서 철수는 과실을 반환하지 않아도 괜찮습니다.

영희는 어떠합니까? 판례는 "쌍무계약이 취소된 경우 선의의 매수인에게 민법 제201조가 적용되어 과실취득권이 인정되는 이상, 선의의 매도인에게도 민법 제587조의 유추적용에 의하여 대금의 운용이익 내지 법정이자의 반환을 부정함이 형평에 맞다"고 합니다(대판 1993. 5. 14. 92다45025). 결국 영희도, 철수도 이자와 과실 부분에 대해선 서로 반환의무를 부담하지 않습니다. 그냥 5억 원과 Y 아파트만 서로 반환하면 됩니다.

(3) 사용할 권리가 있는 경우에는 뒷정리가 간단합니다. 사용할 권리를 발생시킨 그 기초 법률관계에 따라 관계를 청산하면 됩니다. 예를 들어 임대차계약에 근거해 물건을 사용했다면, 물건의 반환 및 그 후속조치도 임대차계약을 따르면 됩니다. 그런데 사용할 권리가 없는 경우에는 뒷정리가 조금 복잡합니다. 원칙대로라면 불법행위나 부당이득 법리에 따라 처리를 해야 하는데, 이런 경우 억울한 점유자가 생길 수 있기 때문입니다. 방금 살펴본 임차인 A와 철수 사례가 그렇습니다. 둘 다 사용할 권리 없이 물건을 사용한 건 맞습니다. 하지만

사연이 없지 않습니다. 전자는 어느 날 갑자기 새로운 건물주가 나타나는 바람에, 후자는 취소의 소급효 때문에 사용할 권리가 사라졌습니다. 두 사례를 물건을 처음부터 도둑질해 사용한 경우와 동등하게 평가하는 건 조금 부당해 보입니다.

기초 법률관계가 부존재하거나 무효라서 점유자에게 사용할 권리가 없다면 소유자는 반환청구권(제213조)을 행사할 겁니다. 점유할 권리가 없어서 물건 자체를 반환하는 것까지는 좋은데, 우리는 그다음 이야기가 궁금합니다. 물건을 돌려준 후에도 ① 과실반환 문제, ② 손해배상 문제, ③ 비용 문제 같은 여러 골치거리가 남기 때문입니다. 민법은 이 골치거리를 제201조, 제202조, 제203조에서 정리하고 있습니다. 모두 같은 상황을 전제하고 있으므로 우리는 셋을 하나의 묶음처럼 읽어야 합니다.

(4) 제201조는 앞서 살펴보았고, 제202조는 간단히 읽고 넘어갑시다. 우리의 관심사는 제203조입니다.

제202조(점유자의 회복자에 대한 책임) 점유물이 점유자의 책임있는 사유로 인하여 멸실 또는 훼손한 때에는 악의의 점유자는 그 손해의 전부를 배상하여야 하며 선의의 점유자는 이익이 현존하는 한도에서 배상하여야 한다. 소유의 의사가 없는 점유자는 선의인 경우에도 손해의 전부를 배상하여야 한다.

제203조(점유자의 상환청구권) ① 점유자가 점유물을 반환할 때에는 회복자에 대하여 점유물을 보존하기 위하여 지출한 금액 기타 필요비의 상

환을 청구할 수 있다. 그러나 점유자가 과실을 취득한 경우에는 통상의 필요비는 청구하지 못한다. ② 점유자가 점유물을 개량하기 위하여 지출한 금액 기타 유익비에 관하여는 그 가액의 증가가 현존한 경우에 한하여 회복자의 선택에 좇아 그 지출금액이나 증가액의 상환을 청구할 수 있다. ③ 전항의 경우에 법원은 회복자의 청구에 의하여 상당한 상환기간을 허여할 수 있다.

cf. 제626조(임차인의 상환청구권) ① 임차인이 임차물의 보존에 관한 필요비를 지출한 때에는 임대인에 대하여 그 상환을 청구할 수 있다. ② 임차인이 유익비를 지출한 경우에는 임대인은 임대차종료시에 그 가액의 증가가 현존한 때에 한하여 임차인의 지출한 금액이나 그 증가액을 상환하여야 한다. 이 경우에 법원은 임대인의 청구에 의하여 상당한 상환기간을 허여할 수 있다.

점유자가 점유물을 반환할 때에는 회복자에 대하여 점유물을 보존하기 위하여 지출한 금액 기타 필요비의 상환을 청구할 수 있습니다. 다만 점유자가 과실을 취득한 경우에는 통상의 필요비는 청구하지 못합니다(제203조 제1항). 우리가 앞서 배운 임차인의 필요비상환청구와 대체로 비슷한데 마지막에 붙은 문장 하나가 다르군요. 왜 민법 제626조에는 저런 단서가 붙지 않은 걸까요? 임차인은 임대차계약 정의상 당연히 과실을 수취하는 자입니다. 반면 우리는 지금 사용할 권리가 없는 점유자에 대해 이야기하고 있습니다. 그는 '선의의 점유자'일 때에만, 그러니까 자신에게 사용할 권리가 있다고 오신하고 그렇게 오신한 데에 정당한 근거가 있는 경우에만 과실을 수취할 수 있습니다. 아무 점유자나 과실을 수취할 수 있는 게 아니므로 "점유자가 과실을 취득한 경우" 같은 표현이 제203조에서는 등장할 수 있는 것이지요.

정리하자면 다음과 같습니다. 사용할 권리가 없는 점유자도 필요비상환청구를 할 수 있습니다. 다만 제201조에서 말하는 선의의 점유자로서 과실을 취득한 자라면 통상의 필요비는 청구할 수 없습니다. 그게 공평하기 때문입니다. (정당한 권리 없이 물건을 사용한 점유자에게 특별히 과실수취를 인정해 주었는데, 여기서 더 나아가 필요비상환청구권까지 인정해 주는 건 너무 과한 보호입니다.) 반대로 악의의 점유자라면 과실은 취득하지 못하지만 필요비의 상환은 청구할 수 있겠군요.

사례로 볼까요. 철수는 6개월 간 Y 아파트를 사용하면서 보일러와 수도 시설을 수리하였고, 그 과정에서 500만 원이 들었습니다. 거래의 취소로 아파트를 반환할 때 철수는 필요비의 상환을 영희에게 청구할 수 있을까요? 없습니다. 철수는 선의의 점유자로서 6개월 간 과실을 수취했기 때문입니다. 따라서 통상의 필요비는 청구할 수 없습니다.

한편 유익비의 상환청구는 앞서 임대차와 전세권에서 살펴본 내용과 동일합니다. 점유자가 점유물을 개량하기 위하여 지출한 금액 기타 유익비에 관하여는 그 가액의 증가가 현존한 경우에 한하여 회복자의 선택에 좇아 그 지출금액이나 증가액의 상환을 청구할 수 있습니다(제203조 제2항). 만약 회복자의 청구가 있다면 법원은 상당한 상환기간을 허여(허락)할 수도 있습니다(제203조 제3항).

VI
쟁점 5:
사용권 넘기기

1. 사용물 넘기기 vs. 사용권 넘기기

물건과 물건에 관한 권리는 서로 다릅니다. 전자는 그냥 물건이고, 후자는 물권이라고 부릅니다. 둘을 구분해내는 순간부터 우리는 다음 두 경우, 즉 물권자가 '물권' 자체를 양도해준 경우와, '물건만' 물리적으로 건네준 경우를 개념적으로 구분할 수 있습니다. 겉으로 드러난 현상은 서로 비슷해 보이지만 실제 당사자 간 권리의무 관계는 전혀 다르기 때문에 이 차이를 이해하는 게 중요합니다.

전세권을 예로 봅시다. B는 2022. 1. 1. A로부터 X 아파트에 대해 전세권을 설정받았습니다. 전세금은 1억 원, 전세기간은 2년으로 정하였습니다. B는 A에게 전세금은 주었고, A는 X 아파트를 인도함과 동시에 전세권설정 등기도 해주었습니다. 한동안 B는 X 아파트를 그 목적에 맞게 잘 사용하였습니다. 그런데 6개월 후 갑자기 이사 갈 일이 생겼습니다. B는 A에게 자기 사정을 이야기했지만 A도 돈이 묶인 상태라 어쩔 수가 없다고 합니다. B는 자리에 앉아 천천히 고민을 해봅니다. 곰곰이 생각을 해보니 전세금에 묶인 돈을 유동화시킬 방법이 몇 가지 떠오릅니다.

① B는 전세금반환채권을 담보로 은행권에서 돈을 빌릴 수 있습니다. 1년 반 뒤에 전세금을 돌려받을 수 있으니까 이를 은행에 (담보로) 맡기고 급전을 받는 겁니다(제371조 참고). 이에 대한 자세한 내용은 제8장에서 살펴봅시다.

② B는 전세권 자체를 타인에게 양도할 수 있습니다. B는 물권자입니다. 따라서 자신이 가진 물권을 남에게 양도할 수 있습니다. 이 방법은 B가 X 아파트를 둘러싼 법률관계에서 완전히 손을 뗀다는 장점이 있습니다. 다만 새 전세권자를 급하게 구할 수 있을지는 의문입니다. (정 안되면 전세금을 좀 덜 받고 양도를 하는 수밖에 없겠죠.)

③ B는 자신은 전세권자로 남은 채로 X 아파트를 타인에게 빌려줄 수 있습니다. 전세권은 부동산을 그 용도에 맞게 사용·수익하는 물권입니다. 타인에게 부동산을 빌려주고 그로부터 차임을 얻는 것은 부동산을 사용·수익하는 한 가지 방법이지요. 따라서 전

세권자 B는 X 아파트를 타인에게 빌려줄 수도 있습니다. 민법을 좀 공부해보니 전전세권(轉傳貰)이란 걸 설정해주거나, 그냥 임대차 계약을 맺을 수 있는 것 같습니다. 이 방법은 B가 여전히 물권자로 남는다는 게 장점이자 곧 단점입니다. 즉 B는 물권자로서 권리를 여전히 갖지만 그와 동시에 책임도 여전히 부담합니다.

①번과 ②번은 사용권을 '처분'하는 방식입니다. 전자는 사용권 범위 내에서 담보를 설정하는 것이고, 후자는 사용권 자체를 남에게 넘기는 것이지요. 반면 ③번에서 아파트를 임대해주는 건 사용물만 건네주는 방식에 가깝습니다. 아파트를 임대해주었다고 B가 전세권자의 지위를 잃는 것도 아니고, 임차인이 아파트에 대해 물권을 획득하는 것도 아니니까요. 이러한 차이를 염두에 두고 아래 조문을 하나씩 읽어봅시다.

2. 대신 사용할 사람 구합니다

1) 지상권의 경우

제282조(지상권의 양도, 임대) 지상권자는 타인에게 그 권리를 양도하거나 그 권리의 존속기간 내에서 그 토지를 임대할 수 있다.

제289조(강행규정) 제280조 내지 제287조의 규정에 위반되는 계약으로 지상권자에게 불리한 것은 그 효력이 없다.

(1) 지상권자는 물권자입니다. 따라서 지상권자는 타인에게 지상권을 양도할 수 있습니다. 또는 지상권을 양도하는 대신에 토지라는 물건만 빌려줄 수도 있습니다. 조문에서는 이 둘을 묶어서 "지상권자는 타인에게 그 권리를 양도하거나 그 권리의 존속기간 내에서 토지를 임대할 수 있다."고 적었습니다(제282조).

(2) 제282조는 편면적 강행규정입니다(제289조). 따라서 지상권자의 양도 처분 또는 토지 임대차를 금지하는 계약은 효력이 없습니다.

2) 전세권의 경우

제306조(전세권의 양도, 임대 등) 전세권자는 전세권을 타인에게 양도 또는 담보로 제공할 수 있고 그 존속기간내에서 그 목적물을 타인에게 전전세 또는 임대할 수 있다. 그러나 설정행위로 이를 금지한 때에는 그러하지 아니하다.

제307조(전세권양도의 효력) 전세권양수인은 전세권설정자에 대하여 전세권양도인과 동일한 권리의무가 있다.

제308조(전전세 등의 경우의 책임) 전세권의 목적물을 전전세 또는 임대한 경우에는 전세권자는 전전세 또는 임대하지 아니하였으면 면할 수 있는 불가항력으로 인한 손해에 대하여 그 책임을 부담한다.

(1) 민법 제306조를 봅시다. 전세권자가 할 수 있는 것은 총 네 가지입니다. 우선 전세권자는 전세권을 타인에게 **'양도'**할 수 있습니다. 물권자이기 때문입니다. 예를 들어 B가 C에게 전세권을 양도한다

고 해봅시다. 전세권을 양도하면 B는 더 이상 물권자가 아닙니다. 오직 C만 전세권을 갖으며, 그는 전세권설정자에 대하여 전세권양도인과 동일한 권리의무가 있습니다(제307조). 이제 B는 홀가분한 마음으로 전세부동산을 떠날 수 있습니다. 한편 전세권자는 전세권을 **'담보로 제공'**할 수도 있습니다. (담보의 설정도 처분행위입니다. 자세한 내용은 제8장에서 보겠습니다.)

전세권자는 그 존속기간 내에서 목적물을 타인에게 **'임대'**해줄 수도 있습니다. 전세권은 부동산을 점유하며 그 용도에 좇아 사용·수익하는 권리입니다. 남에게 부동산을 임대해주고 차임을 얻는 것도 사용·수익의 한 가지 방법이므로, 전세권자는 목적물을 임대할 수 있습니다. 이 방법은 전세권자가 물권자로서의 지위를 잃지 않습니다.

마지막으로 전세권자는 타인에게 **'전전세(轉傳貰)'**라는 걸 설정할 수도 있습니다. '전전세'란 '전세권자의 전세권을 그대로 둔 채 그것을 기초로 하여 그 전세목적물에 전세권을 다시 설정하는 것'을 말합니다. 겉으로 보기에는 전세권자가 타인에게 목적물을 임대해준 경우와 타인에게 전전세를 설정해준 경우가 같아 보입니다. 둘 다 전세권자가 따로 있고, 그가 아닌 다른 누군가가 부동산을 사용하는 상황이니 말입니다. 하지만 속사정은 완전히 다릅니다. 전자는 채권 계약을 맺은 것에 불과하고, 후자는 물권 계약을 맺은 것입니다. 한편 전세권의 목적물을 전전세 또는 임대한 경우에는 전세권자는 전전세 또는 임대하지 아니하였으면 면할 수 있는 불가항력으로 인한 손해에 대하여 그

책임을 부담합니다(제308조).

(2) 설정행위로 전세권자의 처분 권한을 제한할 수 있습니다(제306조 단서). 예를 들어 전세권을 설정해주면서 다른 사람에게 넘기지 말라고 특약을 맺는 것이죠. 다만 이러한 제한은 물권 특성에 반하기 때문에 등기를 해야만 제3자에게 대항할 수 있습니다(부동산등기법 제72조 제1항 제5호 참고).

3) 임대차의 경우

제629조(임차권의 양도, 전대의 제한) ① 임차인은 임대인의 동의없이 그 권리를 양도하거나 임차물을 전대하지 못한다. ② 임차인이 전항의 규정에 위반한 때에는 임대인은 계약을 해지할 수 있다.

제630조(전대의 효과) ① 임차인이 임대인의 동의를 얻어 임차물을 전대한 때에는 전차인은 직접 임대인에 대하여 의무를 부담한다. 이 경우에 전차인은 전대인에 대한 차임의 지급으로써 임대인에게 대항하지 못한다. ② 전항의 규정은 임대인의 임차인에 대한 권리행사에 영향을 미치지 아니한다.

제631조(전차인의 권리의 확정) 임차인이 임대인의 동의를 얻어 임차물을 전대한 경우에는 임대인과 임차인의 합의로 계약을 종료한 때에도 전차인의 권리는 소멸하지 아니한다.

(1) 임차인은 물권자가 아닙니다. 따라서 임차권은 지상권이나 전세권처럼 손쉽게 처분할 수 없습니다. 물론 임차권 양도가 이론상 불

가한 건 아닙니다. 잠시 제5장으로 돌아가 볼까요. 민법은 재산권을 처분 대상으로 삼습니다. 재산권에는 물권과 채권이 있었죠. 채권을 양도 처분하는 걸 '채권양도'라 하였습니다. 임차권은 채권입니다. 따라서 우리는 기존 채권양도 법리를 활용해 임차권을 양도하는 논리를 구상해볼 수 있습니다. 이에 따르면 임차인은 양도인으로서 임차권을 다른 사람(양수인)에게 양도하고, 그 사실을 임대인(채무자)에게 통지하면 충분할 것입니다(제450조)[제5장 채권양도 참고].

그런데 민법은 그리 판단하지 않았습니다. 임차인이 **임차권을 양도하려면** 임대인의 적극적인 동의가 있어야 합니다(제629조 제1항). 혹여 임대인의 동의를 받지 않고 임차권을 양도할 경우, 임대인은 임대차계약을 해지할 수 있습니다(제629조 제2항). 임대차 계약은 당사자 사이 신뢰관계가 중요한 계약이기 때문에(대판 1993. 4. 13. 92다24950 참고) 양도인(임차인)이 일방적으로 건네는 통지만으로는 임차권의 양도를 인정하기에 부족하다고 본 것이지요.* 대부분의 임대인은 새로 들어올 임차인을 직접 확인하고, 또 기존 임차인과의 정산이 모두 끝난 뒤에야 임차권 양도를 동의해줄 테니[21] 신뢰관계가 갑작스럽게 깨지는 상황은 방지한 셈입니다.

(2) 한편 임차인은 목적물을 **전대(轉貸)**할 수도 있습니다. '전대'란

● 앞서 채권양도는 재산권의 처분이기도 하지만 사람과 사람 사이 관계를 재설정하는 의미도 갖는다 하였습니다. 임차권의 양도는 후자의 성격이 좀 더 강조되는 경우라 하겠습니다.

'임차인이 임대인의 임차물을 다시 제3자로 하여금 사용·수익케 하는 계약'입니다. 임차권의 양도 때와 마찬가지로 임대인의 동의가 있어야 합니다. 임대인의 동의가 없는 전대차계약이 이루어질 경우, 임대인은 기존 임대차계약을 해지할 수 있습니다(제629조 제2항).

임차권의 양도와 다르게 전대차에서는 기존 임차인이 남아 있습니다. 예를 들어 임차인 B가 C와 전대차 계약을 맺은 경우, B는 기존 임차인 지위를 유지합니다. 더 나아가 '전대인'이라는 새로운 이름표도 얻습니다. C는 '전차인'이라는 이름표를 얻구요.

임차인(전대인)이 임대인의 동의를 얻어 임차물을 전대한 경우, 전차인은 직접 임대인에 대하여 의무를 부담합니다. 이 경우 전차인은 전대인에 대한 차임의 지급으로써 임대인에게 대항하지는 못합니다(제630조 제1항)[22]. 하지만 임대인과 임차인이 합의로 임대차 계약을 종료시키더라도 전차인의 권리는 소멸하지 않습니다(제631조).

제8장

약속을 어길 수 있으니 담보가 필요합니다

"나 저거 찜해둘테니 등기부에 잘 적어두세요.
당신 돈 안 갚으면 저거 팔아서 충당할 겁니다."

I

약속을 어길 수 있으니
담보가 필요합니다

1. 담보란 무엇인가요?

A는 2022. 1. 1. B로부터 1,000만 원을 연이율 3%로 정하여 빌렸습니다. 돈은 1년 뒤에 갚기로 했습니다. 훗날 돈을 갚으라 요구할 수 있는 B는 채권자, 그 요구에 응해야 하는 A는 채무자겠군요. 채무자 A 등 뒤로 거대한 네모를 하나 그려 봅시다. 이 네모는 안에는 채무자의 전재산이 들어가 있습니다. X 토지와 Y 건물, 최신 노트북과 C로부터 받을 300만 원 채권 등 돈 될만한 게 많습니다. B는 금고문을 열어 한번 쓰으 살피더니 X 토지를 손가락으로 가리킵니다.

"나 저거 찜해둘 테니 등기부에 잘 적어두세요. 당신 돈 안 갚으면 저거 팔아서 충당할 겁니다."

[8-1]

　'담보(擔保)'란 '채무불이행 사태에 대비해 채권자가 채무자(혹은 제3자)로부터 확보한 채권변제 수단'입니다. 채무자가 약속을 어길 수 있으니 돈 될만한 걸 미리 받아두는 것이죠. 채권변제 수단을 미리 확보하는 건 채권자에게 매우 유용합니다. '**채권자 평등의 원칙**'이라는 개념 때문입니다. 아래 이야기를 찬찬히 따라가면서 민법상 담보 제도가 어떻게 자리를 잡게 되었는지 살펴봅시다.

　1) 담보를 설명하기 위해선 우선 약속이 하나 필요합니다. A는 2022. 1. 1. B로부터 1,000만 원을 연이율 3%로 정하여 빌렸습니다. 돈은 1년 후에 갚기로 하였습니다. 그런데 A가 약속을 어기고 돈을 갚지 않았습니다.

　2) B는 A에게 원금과 약정이자, 지연이자를 구하는 소송을 걸어

승소하였고 판결은 곧 확정되었습니다. 그런데 채무자 A는 여전히 돈을 갚지 않습니다. 이 경우 금전채권이 있는 B는 채무자의 일반재산을 팔아 변제에 충당할 수 있습니다. 이를 '**금전채권에 기초한 강제집행**'이라고 합니다. 강제집행의 구체적 내용은 채무자의 '무엇을' 파는지에 따라 조금씩 다릅니다만(예: 부동산, 유체동산, 채권 등), 큰 틀에서는 모두 비슷한 절차를 거칩니다. ① 집행권원의 취득, ② 압류, ③ 현금화, ④ 배당 이렇게 네 가지 절차를 거치면 됩니다.

① '**집행권원(執行權原)**'이란 '사법상의 일정한 이행청구권의 존재와 범위를 표시함과 동시에 강제집행으로 그 청구권을 실현할 수 있는 집행력을 인정한 공정의 증서'를 말합니다. 확정된 종국판결을 떠올리면 쉽습니다(민사집행법 제24조 참고). 집행으로 나아가기 위해선 실체법상 판단을 일단락 지어야 하므로 강제집행을 하려면 반드시 집행권원이 필요합니다.

② '**압류(押留)**'란 '금전채권의 만족을 얻기 위하여 채무자의 특정 재산에 대하여 사실상 또는 법률상의 처분을 금지하는 국가의 강제적 행위'를 말합니다. 파산한 집 안 물건에 붙는 '빨간딱지'를 떠올리면 쉽습니다. 압류는 강제집행절차의 사실상 첫 번째 단계로[23], 채무자는 압류된 재산을 처분하거나 이전할 수 없게 됩니다.

③ '**현금화(現金化)**'란 '압류화된 채무자의 재산을 현금으로 바꾸는 것'을 말합니다. 집행 대상에 따라 조금씩 다르지만 기본적으

로 경매를 떠올리면 쉽습니다. 집행기관은 채무자의 재산을 경매로 팔아 채권자에게 줄 현금을 마련합니다.

④ '배당(配當)'이란 '현금화로 얻은 돈을 채권자에게 교부하는 것'입니다. 그런데 집행채권자 외에 다른 채권자도 집행에 참가한 경우에는 참가자들 사이의 권리관계를 조정한 후 그 순위에 따라 배당을 해야 합니다.

3) B는 채무자 A로부터 돈을 얻어내기 위해 강제집행 절차에 착수했습니다. 그런데 알고 보니 B만 채권자가 아니었습니다. C도 A로부터 돈을 받아야 한다고 합니다. C는 2022. 6. 1. A에게 2,000만 원을 연이율 5%, 기간은 6개월로 정하여 빌려주었다고 하네요. 그와중에 A가 가진 유일한 재산은 시가 1,500만 원 하는 X 자동차뿐입니다.

채권자는 많은데 채무자의 일반재산으로는 모두를 만족시킬 수 없는 상황입니다. 이런 경우 민법은 '각 채권자의 채권액에 비례하여 채무자의 일반재산 가액을 배분'합니다. 이를 **채권자 평등의 원칙**이라고 합니다. 채권의 목적, 발생원인, 성립 시기나 이행기의 선후 등은 중요하지 않습니다. 예컨대 B가 C보다 돈을 먼저 빌려주었다고 더 챙겨주지 않습니다. 모든 채권자는 평등하기 때문입니다. 민법은 B가 A로부터 받을 금액(원금+약정이자+지연이자)과 C가 A로부터 받을 금액(원금+약정이자+지연이자) 간 비율을 찾아 그 비율에 따라 일반재산 가액을 나눌 뿐입니다.

대한민국에서 가장 쉽게 쓴 민법책

4) 그래서 담보 제도가 탄생하였습니다. 채권자 평등의 원칙에 따른 제약을 뛰어넘기 위해서 말입니다. 담보에는 두 종류가 있습니다. ① 물적 담보와 ② 인적 담보가 그 둘입니다.

5) 채무자의 재산은 금전채권에 기초한 강제집행의 대상이 됩니다. 이 재산은 모든 채권자를 위해 존재한다는 점에서 **'일반재산'**이라고도 하고, 강제집행의 궁극적 대상이 된다는 점에서 **'책임재산'**이라고도 합니다.

물적 담보는 채무자의 일반재산 중에서 특정 재산을 채권자가 '찜'을 하는 제도입니다. 예를 들어 저당권이라는 물적 담보의 경우, 채권자가 채무자 소유 부동산에 저당권을 설정하면 그 부동산에는 채권자 평등의 원칙이 적용되지 않고, 저당권자(담보권자)는 그 부동산에 대하여는 다른 채권자보다 자기채권의 우선변제를 주장할 수 있습니다(제356조).

한편 인적 담보는 채무자가 아닌 다른 사람의 일반재산을 책임재산으로 추가하는 겁니다. 보증이 대표적인 예입니다(제428조). A가 B에게 부담하는 채무를 위해 D가 B와 보증 계약을 맺으면 B는 채무자 A의 일반재산 뿐만 아니라, 보증인 D의 일반재산에 대해서도 강제집행 대상으로 삼을 수 있습니다. 다만 인적 담보는 말 그대로 책임재산 크기를 늘리는 것이라서 여전히 채권자 평등의 원칙을 적용받습니다.

2. 피담보채권?

이번 장에서 우리는 물적 담보, 즉 담보물권에 대해 공부합니다. 그런데 담보물권을 본격적으로 공부하기에 앞서 알아야 할 것이 두 가지 더 있습니다. 하나는 '피담보채권'이라는 개념이고, 다른 하나는 '담보물권의 성질'입니다. 전자를 알아야 후자를 좀 더 쉽게 이해할 수 있으므로 피담보채권에 대해 먼저 알아봅시다.

1) 민법은 '피(被)—'라는 표현을 좋아합니다. '당하다'라는 의미의 한자입니다. (일본식 표현이라서 바꾸어야 한다는 주장도 있습니다만, 우리는 공부하는 입장이니 지금은 그냥 전문용어라고 생각하고 접근합시다.) 피(被)—로 시작하는 단어는 다음 둘 중 하나로 해석하면 쉽습니다.

> **'～의 대상이 되는 무엇'** 또는 **'～을 받는 사람'**

2) 다음은 **'～의 대상이 되는 무엇'**으로 해석되는 예입니다.

> 예1. 피담보채권: 담보의 대상이 되는 채권
>
> 예2. 피보전채권: 보전의 대상이 되는 채권
>
> 예3. 피대위채권: 대위의 대상이 되는 채권
>
> 예4. 피압류채권: 압류의 대상이 되는 채권

대한민국에서 가장 쉽게 쓴 민법책

앞서 '압류(押留)'란 '채무자가 자기 재산을 함부로 빼돌리지 못하도록 처분을 금지시키는 결정'이라 하였습니다. **'피압류채권'**은 그러한 '압류 결정의 대상이 되는 채권'을 말합니다. 사례로 봅시다. A는 B로부터 500만 원 받을 권리(채권 ①)가 있습니다. 그런데 B가 자꾸 돈을 갚지 않습니다. B가 가진 재산이라곤 C로부터 450만 원 받을 권리(채권 ②)뿐입니다. 이런 경우 A는 (채권 ②)를 압류하여 자기 채권의 만족을 위해 가져갈 수 있습니다(민사집행법 제223조 이하 참고[24]).

이처럼 채권도 얼마든지 압류의 대상이 될 수 있습니다. 그래서 '피압류채권'이라는 표현이 필요했습니다. 압류의 대상이 되는 채권을 가리키기 위해서 말입니다. 우리가 방금 위에서 본 사례에서는 B가 C에 대해 가지는 채권이 피압류채권에 해당하겠군요.

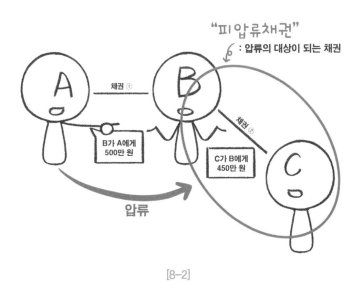

[8-2]

비슷한 이치로 '**피담보채권**'이란 '담보의 대상이 되는 채권'을 뜻합니다. 곧 뒤에서 더 보겠지만 담보물권을 설정하기 위해서는 약속이 두 개 필요합니다. 하나는 '담보물권을 설정하는 약속'이고, 다른 하나는 '담보물권 설정의 계기가 된 약속'입니다. 피담보채권은 이 두 번째 약속, 즉 담보물권 설정의 계기가 된 채권, 담보물권으로써 보호하고자 하는 채권을 가리킵니다. 사례로 볼까요. A는 2022. 1. 1. B로부터 1,000만 원을 연이율 5%, 기간은 1년으로 정하여 빌렸습니다. A가 돈을 갚을지 확신할 수 없었던 B는 담보를 요구했습니다. 그래서 A는 같은 날 자기 소유 X 아파트에 대해 B를 채권자로 하는 저당권설정계약을 맺고 등기까지 해주었습니다.

저당권

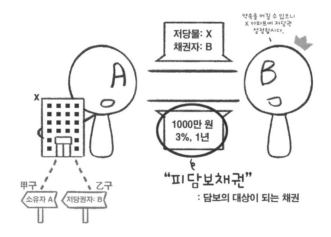

[8-3]

이처럼 담보물권을 설정하려면 약속이 둘 필요합니다. 그래서 '피담보채권'이라는 표현이 필요했습니다. 담보의 대상이 되는 채권을 가리키기 위해서 말입니다. 방금 본 사례에서는 B가 A에 대해 가지는 금전채권이 피담보채권에 해당합니다.

3) 다음은 **'~을 받는 사람'**으로 해석되는 예입니다. 보통 뒤에 –인(人) 자가 붙습니다.

예1. 피성년후견인: 성년후견을 받는 사람
예2. 피한정후견인: 한정후견을 받는 사람
예3. 피특정후견인: 특정후견을 받는 사람
예4. 피상속인: 상속을 받는 사람 (주의!)

피성년후견인, 피한정후견인, 피특정후견인은 여기서 이름만 알고 갑시다. 구체적인 내용은 조금씩 다르지만 모두 후견을 필요로 하는, '후견을 받는' 사람들입니다. 반면 성년후견인, 한정후견인, 특정후견인은 그러한 사람을 후견하는 사람을 말합니다.

다만 피상속인이라는 표현은 오해의 소지가 있으므로 주의를 요합니다. 공식에 따라 해석하면 피상속인이란 '상속을 받는 사람'입니다. 그런데 우리는 흔히 상속재산을 물려받는다고 표현하죠. 이러한 용례 때문에 상속재산을 승계하는 쪽을 피상속인이라 착각하기 쉽습니다. 하지만 상속(相續)은 그 자체로 받는 행위를 내포한 단어입니다. 따라서 '상속하는 사람'이라는 의미를 가진 상속인이 오히려 상속재산을 승계하는 쪽입니다. 피상속인은 이러한 승계 절차를 당하는 사람이구요. 예를 들어 C가 2023. 1. 1. 사망하여 그의 아들 D가 C의 재산을 포괄적으로 승계하는 경우 아버지 C가 피상속인, 아들 D가 상속인입니다. 두 단어를 거꾸로 사용하지 않도록 주의합시다.

제997조(상속개시의 원인) 상속은 사망으로 인하여 개시된다.

제1005조(상속과 포괄적 권리의무의 승계) 상속인은 상속개시된 때로부터 피상속인의 재산에 관한 포괄적 권리의무를 승계한다. 그러나 피상속인의 일신에 전속한 것은 그러하지 아니하다.

3. 담보물권의 세 가지 특성

담보물권에는 세 가지 특성이 있습니다. 담보물권이 공통적으로 갖는 성질이라 하여 '**담보물권의 통유성(通有性)**'이라고도 합니다. ① 부종성과 수반성, ② 불가분성, ③ 물상대위성이 그 셋인데 하나씩 살펴봅시다.

1) 부종성과 수반성

제369조(부종성) 저당권으로 담보한 채권이 시효의 완성 기타 사유로 인하여 소멸한 때에는 저당권도 소멸한다.

저당권으로 담보한 채권이 시효의 완성 기타 사유로 인하여 소멸한 때에는 저당권도 소멸합니다. 담보의 대상이 되는 채권(피담보채권)이 사라졌으니 담보도 더 이상 존재할 필요가 없다는 것이죠. 이러한 성질을 **'부종성(附從性)'**이라고 합니다. 교과서에서는 부종성을 "피담보채권의 존재를 전제로만 담보물권이 존재할 수 있다는 성질"이라고 적습니다. 민법상 부종성은 저당권에만 명시적으로 규정되어 있으나 유치권과 질권에도 당연히 인정됩니다.

제361조(저당권의 처분제한) 저당권은 그 담보한 채권과 분리하여 타인에게 양도하거나 다른 채권의 담보로 하지 못한다.

저당권은 그 담보한 채권과 분리하여 타인에게 양도하거나 다른 채권의 담보로 하지 못합니다. 만약 피담보채권과 분리하여 저당권(담보물권)만 양도할 수 있다고 하면 피담보채권 없는 담보물권도 인정하는 셈이 되기 때문입니다. 하지만 이는 부종성에 반하므로 인정할 수 없습니다. 그래서 담보물권과 피담보채권을 분리시켜 담보물권만 처분할 수는 없습니다. 이러한 담보물권의 성질을 **'수반성(隨伴性)'**이라고 합니다. 피담보채권을 처분하면 담보물권의 처분도 일반적으로 수반, 즉 뒤따른다는 것이죠. 하지만 반대로 담보물권과 피담보채권을 분리시켜 '피담보채권'만 처분하는 것은 가능합니다(대판 2004. 4. 28. 2003다61542 참고). 이때 채권의 처분을 따르지 않은 담보물권은 소멸합니다.

2) 불가분성

제321조(유치권의 불가분성) 유치권자는 채권전부의 변제를 받을 때까지 유치물전부에 대하여 그 권리를 행사할 수 있다.

제343조(준용규정) 제249조 내지 제251조, 제321조 내지 제325조의 규정은 동산질권에 준용한다.

제370조(준용규정) 제214조, 제321조, 제333조, 제340조, 제341조 및 제342조의 규정은 저당권에 준용한다.

담보물권은 피담보채권 전부에 대한 변제가 있을 때까지 목적물 전부에 대하여 효력을 미칩니다. 이러한 담보물권의 성질을 **불가분성 (不可分性)**이라고 합니다. 예로 봅시다. A는 2022. 1. 1. B로부터 2억 원을 연이율 5%, 기간은 1년으로 정하여 빌렸습니다. A가 약속을 어길까 걱정이 되었던 B는 담보를 요구했고, 그리하여 A는 같은 날 자기 소유 X 아파트에 대하여 B를 채권자로 하는 저당권을 설정해주었습니다. 시간이 지나 A가 돈을 갚아야 하는 시간이 왔습니다. 그러나 A 수중에 현금이 없어서 원금과 이자를 포함해 딱 절반밖에 갚지 못했습니다. B는 X 아파트를 팔아서 나머지 만족을 얻고자 합니다.

이런 경우 B는 X 아파트 '전부'에 대해 저당권을 실행할 수 있습니다. A가 채무의 절반은 갚았으므로 X 아파트 절반에 대해서만 저당권을 실행하는 게 아닙니다. 피담보채권이 남아있는 이상 담보물권의 효력은 담보물 전부에 미치기 때문입니다. 불가분성은 유치권에 규정되어 있고(제321조), 질권과 저당권에서 이를 준용하고 있습니다(제343조, 제370조).

3) 물상대위성

제342조(물상대위) 질권은 질물의 멸실, 훼손 또는 공용징수로 인하여 질권설정자가 받을 금전 기타 물건에 대하여도 이를 행사할 수 있다. 이 경우에는 그 지급 또는 인도전에 압류하여야 한다.

제370조(준용규정) 제214조, 제321조, 제333조, 제340조, 제341조 및 제342조의 규정은 저당권에 준용한다.

A는 2022. 1. 1. B로부터 2억 원을 연이율 5%, 기간은 1년으로 정하여 빌렸습니다. 그리고 같은 날 A 소유 X 건물에 B를 채권자로 하는 저당권도 설정, 등기까지 마쳤습니다. 그런데 A는 2023. 1. 1. 이후에도 돈을 전혀 갚지 않았고, 이에 B는 변제를 재촉하며 시일 내 돈을 갚지 않으면 저당권을 실행하겠다고 통지하였습니다. 그러던 중 어느 날 X 건물에 원인 모를 화재가 나서 건물 전체가 소실되었습니다. 다행히 A는 X 건물에 대해 보험을 들어놓아서 보험금 5억 원을 받을 수 있다고 합니다. 이런 경우 B는 A가 보험사로부터 받을 보험금에 대해서도 우선변제권을 행사할 수 있습니다. 저당권의 **물상대위(物上代位)'** 제도 덕분입니다. 단 저당권자 B가 물상대위를 주장하기 위해선 보험사가 A에게 돈을 지급하기 전에 보험금채권을 압류해야만 합니다(제370조, 제342조).

앞서 담보물권은 물건의 교환가치를 지배하는 물권이라 하였습니다[제6장 참고]. 물상대위는 담보물권의 이러한 성질을 가장 잘 활용한 제도입니다. 담보물권에서 물건의 외형은 껍데기에 불과합니다. 담보물이 지닌 교환가치가 진짜 중요한 부분이죠. 그래서 가치만 유지될 수 있다면 외형이 기존 형태에서 다른 형태로 바뀌는 건 상관없습니다. 제342조를 인용하며 밑줄 친 부분, "멸실, 훼손 또는 공용징수로 인하여 (...)설정자가 받을 금전 기타 물건"이 바로 이런 상황을 말하고 있습니다. 멸실, 훼손 또는 공용징수 등을 이유로 담보물이 기존 형태에서 새로운 형태로, 하지만 본질은 유지한 채 변하는 겁니다.

한편 물상대위권을 행사하기 위해선 담보물권자는 대위물의 지급 또는 인도 전에 이를 압류해야만 합니다. 특정성을 유지하기 위함입니다. 쉽게 말해, 찜한 물건이 사라지고 그 대신 새로운 물건이 등장했는데 이 물건에도 우선변제권 효력을 유지하고 싶으면 찜하지 않은 채무자의 일반재산과 미리 구분을 지어놓으란 겁니다. 물상대위는 담보권의 가치권성에 기초한 제도이므로, 가치권성이 희박한 유치권에는 인정되지 않습니다. 질권에 규정되어 있고, 저당권이 이를 준용하고 있습니다.

II
담보물권 1:
유치권

1. 조문으로 읽는 유치권

A는 X 건물의 소유자입니다. 그는 2022. 1. 1. B에게 건물 수리를 맡겼습니다. 2개월에 걸쳐 건물 수리를 마친 B는 A에게 수리비 5,000만 원을 청구했습니다. 그런데 A가 돈을 주지 않습니다. 이런 경우 B는 X 건물을 유치(留置)할 수 있습니다. A가 돈을 줄 때까지 X 건물을 자기 점유 하에 두는 것이죠.

> 제320조(유치권의 내용) ① 타인의 물건 또는 유가증권을 점유한 자는 그 물건이나 유가증권에 관하여 생긴 채권이 변제기에 있는 경우에는 변제를 받을 때까지 그 물건 또는 유가증권을 유치할 권리가 있다. ② 전항의 규정은 그 점유가 불법행위로 인한 경우에 적용하지 아니한다.

유치권

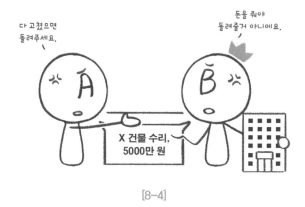

[8-4]

타인의 물건 또는 유가증권을 점유하는 자는 그 물건이나 유가증권에 관하여 생긴 채권이 변제기에 있는 경우에는 변제를 받을 때까지 그 물건 또는 유가증권을 유치할 권리를 갖습니다(제320조). 이를 유치권이라고 합니다. 조문상 요건을 나누어 봅시다. 유치권자가 탄생하려면 크게 세 가지 요건이 필요합니다. 그는 ① 타인의 물건 또는 유가증권을 적법하게 점유한 자로서, ② 그 물건이나 유가증권에 관하여 생긴 채권을 가져야 하고, ③ 그 채권(피담보채권)은 변제기에 있어야 합니다.* 하나씩 살펴봅시다.

첫째, 타인의 물건 또는 유가증권을 적법하게 점유해야 합니다. 꼭 채무자 소유의 물건일 필요는 없습니다. 예를 들어 우리가 방금 본

● 　더 나아가, 조문상 내용은 아니지만 유치권 성립을 배제하는 특약이 없어야 합니다.

사례에서 X 건물이 사실은 C 소유로 밝혀지더라도 민사상 유치권이 성립할 수 있습니다. 조문에서 '타인'이라고만 적었을 뿐, 채무자 소유로 한정 짓지 않았기 때문입니다. 상법에서 등장하는 상사유치권이 '채무자' 소유 물건 또는 유가증권에만 성립할 수 있는 것과는 대조적입니다(상법 제58조 참고).

한편 물건 또는 유가증권에 대한 점유는 적법해야 합니다. 제320조 제2항에서 "그 점유가 불법행위로 인한 경우에는 적용하지 아니한다"라고 적었기 때문입니다. 예를 들어 누군가의 시계를 훔쳐서 마음대로 수리해놓고선 유치권을 행사할 수는 없다는 겁니다. 판례는 자신에게 점유할 권리가 없다는 걸 알았거나 중과실로 알지 못한 채 점유를 시작한 경우도 마찬가지라고 합니다(대판 1996. 6. 7. 66다600, 66다601 참고).

둘째, 피담보채권은 점유하고 있는 물건 또는 유가증권에 '관하여 생긴' 채권이어야 합니다. 이를 제4장에서 본 **견련관계(牽連關係)**라고 합니다.[●] 앞서 본 공사비채권의 경우나, 제7장에서 살펴본 비용상환청구권의 경우가 여기에 해당합니다. 공사비용이나 필요비, 유익비는 목적물의 가치를 유지·증대시키는 효과가 있어서 목적물의 소유자뿐만

● 앞서 제4장에서 말했듯이 '관련되어 있다'는 뜻입니다. 판례는 견련관계에 대해 "여기서 '그 물건에 관하여 생긴 채권'이라 함은, 위 유치권 제도 본래의 취지인 공평의 원칙에 특별히 반하지 않는 한, 채권이 목적물 자체로부터 발생한 경우는 물론이고 채권이 목적물의 반환청구권과 동일한 법률관계나 사실관계로부터 발생한 경우도 포함한다"라고 합니다(대판 2007. 9. 7. 2005다16942).

아니라 모든 채권자에게 이익이 되는 공익적 성격을 갖지요. 유치권은 그러한 비용을 지출한 채권자를 다른 채권자보다 먼저 챙겨주는 효과가 있습니다.

셋째, 유치권이 성립하기 위해선 피담보채권이 변제기에 있어야 합니다. 질권과 저당권은 피담보채권이 변제기에 도래해야 담보권을 '행사'할 수 있는 것에 반해(행사요건), 유치권의 경우는 채권의 변제기 도래가 '성립요건'이라는 점이 흥미롭습니다.

1) 유치권은 (법정)담보물권이다.

제320조(유치권의 내용) ① 타인의 물건 또는 유가증권을 점유한 자는 그 물건이나 유가증권에 관하여 생긴 채권이 변제기에 있는 경우에는 변제를 받을 때까지 그 물건 또는 유가증권을 유치할 권리가 있다. ② 전항의 규정은 그 점유가 불법행위로 인한 경우에 적용하지 아니한다.

제327조(타담보제공과 유치권소멸) 채무자는 상당한 담보를 제공하고 유치권의 소멸을 청구할 수 있다.

(1) 물적 담보에는 세 가지 형태가 있습니다. 첫 번째는 상대방에게 심리적 압박을 가할 목적으로 상대방 재산을 붙잡아 두는 경우입니다. 채무 변제를 촉구하기 위함이지요. 우리 민법은 '유치권'과 '질권'에서 이러한 방법을 택하였습니다. (그래서 유치권자와 질권자는 담보물을 '점유할 권리'를 갖습니다.)

두 번째는 상대로부터 물건을 빼앗아 채권자가 직접 사용수익하여 변제에 충당하는 경우입니다. **수익질(收益質)**이라도 불리는 이 방법은 우리 민법전에는 존재하지 않습니다. 담보물을 붙잡아 두는 것에서 더 나아가 직접 사용으로 변제에 충당한다는 관념이 오늘날 경제 현실과는 잘 맞지 않았기 때문입니다.

마지막은 상대 물건의 교환가치로부터 '우선변제'를 받는 경우입니다. 상대방 재산에 찜 스티커를 붙여서 자신을 채권자 평등의 원칙에서 배제시키고, 이후 채무자가 약속을 어기면 그 스티커 붙은 재산을 팔아서 다른 채권자에 비해 먼저 채권의 만족을 얻는 방법이지요. 우리 민법에서는 '질권'과 '저당권'에서 이러한 방법을 택하였습니다. (그래서 질권자와 저당권자는 '우선변제권'을 갖습니다.)

(2) 유치권은 법에서 정한 요건을 모두 갖추면 자연스레 성립하는 **법정(法定)담보물권**입니다. 곧 뒤에서 배울 질권과 저당권이 약정(約定)담보물권인 점과는 대조적입니다. 예컨대 질권은 질권설정계약, 저당권은 저당권설정계약를 맺어 성립하는 게 원칙입니다. 반면 유치권에는 설정계약이 따로 없습니다.

(3) 채무자는 상당한 담보를 제공하고 유치권의 소멸을 청구할 수 있습니다(제327조). 유치권의 목표는 결국 채권변제의 확보이니까 유치물을 대체할 상당한 담보만 있다면 채권자에게 불리할 건 없습니다. 반면 채무자 입장에서는 채권자가 유치하고 있는 물건이 아주 소중한

것일 수 있습니다. 채무자는 그런 경우 제327조 덕분에 채권자에게 상당한 담보를 제공하고 유치권의 소멸을 청구할 수 있습니다.

2) 유치권은 점유할 권리이다. 그러나 사용수익할 권리는 아니다.

제320조(유치권의 내용) ① 타인의 물건 또는 유가증권을 점유한 자는 그 물건이나 유가증권에 관하여 생긴 채권이 변제기에 있는 경우에는 변제를 받을 때까지 그 물건 또는 유가증권을 유치할 권리가 있다. ② 전항의 규정은 그 점유가 불법행위로 인한 경우에 적용하지 아니한다.

제328조(점유상실과 유치권소멸) 유치권은 점유의 상실로 인하여 소멸한다.

제324조(유치권자의 선관의무) ① 유치권자는 선량한 관리자의 주의로 유치물을 점유하여야 한다. ② 유치권자는 채무자의 승낙없이 유치물의 사용, 대여 또는 담보제공을 하지 못한다. 그러나 유치물의 보존에 필요한 사용은 그러하지 아니하다. ③ 유치권자가 전2항의 규정에 위반한 때에는 채무자는 유치권의 소멸을 청구할 수 있다.

(1) 유치권은 '점유할 권리'입니다. 유치권자는 물건에 관하여 생긴 채권을 변제받을 때까지 그 물건을 유치할 수 있으니 말입니다(제320조). 예를 들어 X 건물을 수리하여 공사비채권을 얻게 된 B는 A가 돈을 줄 때까지 X 건물을 유치(점유)할 수 있습니다.●

● 유치권은 점유의 상실로 인하여 소멸합니다(제328조). 그러나 민법 제204조에 따라 점유를 회수한 경우에는 점유권이 소멸하지 않으므로 유치권이 소멸하지 않습니다(제192조 제2항, 제204조).

(2) 유치권은 점유할 권리입니다. 그러나 '사용수익할 권리'는 아닙니다. 제324조를 봅시다. 유치권자는 선량한 관리자의 주의로 유치물을 점유해야 하며(제1항), 채무자의 승낙없이 유치물의 사용, 대여 또는 담보제공을 하지 못합니다. 다만 유치물의 보존에 필요한 사용은 가능합니다(제2항). 만약 제324조 제1항 또는 제2항의 내용을 위반할 시 채무자는 유치권의 소멸을 청구할 수 있습니다(제3항). 여기서 우리는 유치권의 본래 취지를 다시 한번 확인할 수 있습니다. 유치권은 채무변제를 압박하기 위한 제도일 뿐, 담보물을 사용하여 변제에 충당하는 제도가 아니라는 점 말입니다.[25]

3) 유치물을 경매할 수 있다. 그러나 우선변제권은 없다.

제322조(경매, 간이변제충당) ① 유치권자는 채권의 변제를 받기 위하여 유치물을 경매할 수 있다. ② 정당한 이유있는 때에는 유치권자는 감정인의 평가에 의하여 유치물로 직접 변제에 충당할 것을 법원에 청구할 수 있다. 이 경우에는 유치권자는 미리 채무자에게 통지하여야 한다.

유치권자는 채권을 변제받기 위하여 유치물을 경매할 수 있습니다. 하지만 대부분의 유치권자는 유치권에 기초한 경매를 하지 않습니다. 이유는 크게 두 가지입니다. 우선 유치권자에게는 우선변제권이 없습니다. 그래서 굳이 경매를 신청할 이유가 없습니다. 경매를 해봤자 일반채권자와 동일한 순위로 배당받을 수밖에 없기 때문입니다.

반면 경매를 하지 않고 버티는 이익은 막대합니다. 우리 민사집행법이 유치권에 대해 **인수주의(引受主義)**를 택함으로써 매수인에게 유치권 부담을 인수하도록 하였기 때문입니다(민사집행법 제91조 제5항 참고[26]). 덕분에 유치권은 사실상 최우선 변제를 받는 담보권이 되었습니다. 유치권 문제가 해결되기 전에는 아무도 유치물을 매수하려고 하지 않으니 말입니다. 유치물이 헐값에 팔리는 걸 막기 위해서라도 유치물의 소유자인 채무자는 유치권을 가장 먼저 해결할 수밖에 없는 것이죠. 아래 판례는 이러한 유치권의 폐해를 잘 설명하고 있습니다.

우리 법에서 유치권제도는 무엇보다도 권리자에게 그 목적인 물건을 유치하여 계속 점유할 수 있는 대세적 권능을 인정한다(민법 제320조 제1항, 민사집행법 제91조 제5항 등 참조). 그리하여 소유권 등에 기하여 목적물을 인도받고자 하는 사람(...)은 유치권자가 가지는 그 피담보채권을 만족시키는 등으로 유치권이 소멸하지 아니하는 한 그 인도를 받을 수 없으므로 실제로는 그 변제를 강요당하는 셈이 된다. (...) 따라서 부동산유치권은 대부분의 경우에 사실상 최우선순위의 담보권으로서 작용하여, 유치권자는 자신의 채권을 목적물의 교환가치로부터 일반채권자는 물론 저당권자 등에 대하여도 그 성립의 선후를 불문하여 우선적으로 자기 채권의 만족을 얻을 수 있게 된다. 이렇게 되면 유치권의 성립 전에 저당권 등 담보를 설정받고 신용을 제공한 사람으로서는 목적물의 담보가치가 자신이 애초 예상·계산하였던 것과는 달리 현저히 하락하는 경우가 발생할 수 있다. (...)
이상과 같은 사정을 고려하여 보면, 유치권제도와 관련하여서는 거래당사자가 유치권을 자신의 이익을 위하여 고의적으로 작출함으로

대한민국에서 가장 쉽게 쓴 민법책

써 앞서 본 유치권의 최우선순위담보권으로서의 지위를 부당하게 이용하고 전체 담보권질서에 관한 법의 구상을 왜곡할 위험이 내재한다. 이러한 위험에 대처하여, 개별 사안의 구체적인 사정을 종합적으로 고려할 때 신의성실의 원칙에 반한다고 평가되는 유치권제도 남용의 유치권 행사는 이를 허용하여서는 안 될 것이다.
[대법원 2011. 12. 22. 선고, 2011다84298 판결]

4) 유치권자는 점유자로서 상환청구권을 갖는다.

제325조(유치권자의 상환청구권) ① 유치권자가 유치물에 관하여 필요비를 지출한 때에는 소유자에게 그 상환을 청구할 수 있다. ② 유치권자가 유치물에 관하여 유익비를 지출한 때에는 그 가액의 증가가 현존한 경우에 한하여 소유자의 선택에 좇아 그 지출한 금액이나 증가액의 상환을 청구할 수 있다. 그러나 법원은 소유자의 청구에 의하여 상당한 상환기간을 허여할 수 있다.

유치권은 점유할 권리입니다. 그래서 유치권에서도 비용상환의 문제가 발생합니다. 제325조를 봅시다. 유치권의 비용상환청구도 앞에서 본 제203조(점유자의 상환청구권)처럼 필요비를 지출한 경우와, 유익비를 지출한 경우를 나누어 규정하고 있습니다. 다만 유치권에서는 비용상환청구권의 상대방이 회복자가 아닌 '소유자'라는 점을 주의해야겠습니다. 한편 유치권자는 비용상환청구권에 기하여 유치물 위에 다시 유치권을 취득할 수도 있습니다(대판 1972. 1. 31. 71다2414 참고).

III
담보물권 2:
질권

1. 조문으로 읽는 질권

'바탕 질(質)'은 쓰임새가 많은 한자입니다. 본질(本質), 품질(品質), 성질(性質) 같은 단어에서는 우리가 흔히 알고 있는 의미(바탕) 그대로입니다. 그런데 다른 문맥에서는 또 전혀 다른 의미를 갖기도 합니다. 인질(人質)이 대표적인 예인데, 여기서 질(質)이란 저당 잡힌 것, 즉 '상대로 하여금 내 요구에 응하도록 강제하기 위해 붙잡아 둔 무엇'을 뜻합니다. 우리가 이번 절에서 배울 **질권(質權)**도 그 연장선상에 있습니다. '질권'이란 '채권의 담보로 상대방의 동산 또는 재산권을 붙잡아 두는 권리'이기 때문입니다. 사실 질권 자체는 중요도가 떨어지는 담보물권이지만, 조문 구조상 질권을 정확히 이해를 해야 (질권보다 훨씬 중요한) 저당권을 온전히 이해할 수 있으므로 인내심을 갖고 관련 조문을 차근히 음미해봅시다.

1) 질권에는 동산질권과 권리질권이 있다

제1절 동산질권
제329조(동산질권의 내용) 동산질권자는 채권의 담보로 채무자 또는 제
삼자가 제공한 동산을 점유하고 그 동산에 대하여 다른 채권자보다 자기
채권의 우선변제를 받을 권리가 있다.

제2절 권리질권
제345조(권리질권의 목적) 질권은 재산권을 그 목적으로 할 수 있다. 그
러나 부동산의 사용, 수익을 목적으로 하는 권리는 그러하지 아니하다.

민법상 질권에는 ① **동산질권**(제329조~제344조)과 ② **권리질권**(제
345조~제355조)이 있습니다. 둘은 담보물을 무엇으로 삼느냐에 따라
나눈 것입니다. '동산질권'은 채권의 담보로 '동산'을, '권리질권'은 채권
의 담보로 '재산권'을 담보물로 삼습니다(제329조, 제345조). 앞서 재산
권에는 사람과 사람 사이 권리인 채권과, 사람과 물건 사이 권리인 물
권이 있다고 하였죠[제5장 참고]. 권리질권은 이러한 권리를 담보물로
삼는 것입니다.˚ (이처럼 질권에는 두 종류가 있지만 우리는 동산질권
에 대해서만 조금 더 알아보겠습니다. 아래에서 '질권'은 특별한 설명
이 없는 한 '동산질권'을 의미합니다.)

● 다만 제345조 단서에 따라 부동산의 사용, 수익을 목적으로 하는 권리는 질권의 목적이 되지 못합
니다. 이러한 권리는 권리질권이 아닌 저당권에서 다루고 있습니다(제371조 참조).

질권

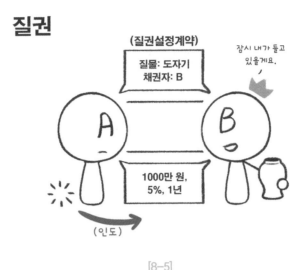

[8-5]

2) 질권은 (약정)담보물권이다.

(1) 질권은 담보물권입니다. 동산질권자는 채권의 담보로 채무자 또는 제삼자가 제공한 동산을 점유하고 그 동산에 대하여 다른 채권자보다 자기채권의 우선변제를 받을 권리가 있습니다(제329조).

(2) 질권은 **'약정담보물권'**입니다. 앞서 유치권은 법에서 정한 요건을 갖추면 자연스레 성립하는 법정담보물권이었습니다. 질권은 이와 다르게 설정계약을 맺어 성립하는 것이 원칙입니다.[27]

대한민국에서 가장 쉽게 쓴 민법책

(3) 질권은 약속을 통해 동산에 물권을 설정하는 것이므로 '처분행위'에 관한 문제가 생깁니다. 빠르게 복습해봅시다. 처분은 정당한 권리자로부터, 적법한 원인을 통해 받고, 적절한 공시 절차를 거쳐야 합니다[제5장 참고]. 질권도 마찬가지입니다. 질권이 유효하게 성립하려면 정당한 처분권한이 있는 사람으로부터, 적법한 질권설정계약을 받고, 인도(引渡)라는 적절한 공시 절차까지 거쳐야 합니다.

> 제330조(설정계약의 요물성) 질권의 설정은 질권자에게 목적물을 인도함으로써 그 효력이 생긴다.
>
> 제331조(질권의 목적물) 질권은 양도할 수 없는 물건을 목적으로 하지 못한다.
>
> 제332조(설정자에 의한 대리점유의 금지) 질권자는 설정자로 하여금 질물의 점유를 하게 하지 못한다.

(4) 질권의 설정은 질권자에게 목적물을 인도함으로써 그 효력이 생깁니다(제330조). 예로 봅시다. A는 2022. 1. 1. B로부터 1000만 원을 연이율 5%, 기간은 1년으로 정하여 빌렸습니다. A가 약속을 어길 것이 두려웠던 B는 담보를 요구합니다. 이에 A는 같은 날 B와 질권설정계약을 맺고 자기 집에서 보관 중이던 고려 도자기를 담보로 제공하였습니다. 질권이 성립하려면 A는 B에게 도자기를 인도, 즉 점유를 이전해야 합니다.

(5) 질권은 양도할 수 없는 물건을 목적으로 하지 못합니다(제331

조). 여기서 질물의 인도는 '현실인도'에 한하지 않습니다. '간이인도'나 '반환청구권의 양도'에 의한 인도도 가능합니다[인도의 종류에 관하여는 제5장 참고]. 다만 제332조에 따라 '점유개정'에 의한 질권설정은 할 수 없습니다. 쉽게 말해, 채무자 A가 고려 도자기를 여전히 자기 품에 둔 채로 질권을 설정할 수는 없다는 겁니다. 우리 민법이 질물의 인도를 얼마나 강조하는지 알 수 있는 대목입니다.

(6) 무권리자는 유권리자를 낳을 수 없습니다. 따라서 처분권한 없는 자는 질권을 설정할 수 없는 게 원칙입니다. 하지만 이런 경우라도 질권자가 선의무과실이면 선의취득이 가능합니다. 동산질권 관련 준용규정들을 명시해 놓은 민법 제343조에서 선의취득 규정(제249조)을 준용하고 있기 때문입니다(제343조, 제249조 참고).

제333조(동산질권의 순위) 수개의 채권을 담보하기 위하여 동일한 동산에 수개의 질권을 설정한 때에는 그 순위는 설정의 선후에 의한다.

제334조(피담보채권의 범위) 질권은 원본, 이자, 위약금, 질권실행의 비용, 질물보존의 비용 및 채무불이행 또는 질물의 하자로 인한 손해배상의 채권을 담보한다. 그러나 다른 약정이 있는 때에는 그 약정에 의한다.

제335조(유치적효력) 질권자는 전조의 채권의 변제를 받을 때까지 질물을 유치할 수 있다. 그러나 자기보다 우선권이 있는 채권자에게 대항하지 못한다.

(7) 하나의 질물에 여러 개의 질권이 성립할 수도 있습니다(제333

조 참고). 예를 들어 앞서 A가 B에게 제공한 고려 도자기 시가가 5,000만 원 정도라 해봅시다. 고려 도자기의 교환가치 중 B가 '찜' 스티커를 붙인 부분(대략 1,000만 원)을 제외한 나머지는 여전히 A의 몫입니다. A는 이 남은 부분을 담보 삼아 돈을 더 빌릴 수 있는 것이죠. 예컨대 A가 2022. 3. 1. C에게 2,000만 원을 연이율 5%, 기간은 1년으로 정하여 빌렸는데 C도 담보를 요구한다면, A는 고려 도자기에 한 번 더 질권을 설정해줄 수 있습니다.

(8) 수개의 채권을 담보하기 위하여 동일한 동산에 수개의 질권을 설정한 때에는 그 순위는 설정의 선후에 의합니다(제333조). 질권에서 말하는 점유가 간접점유도 포함하기 때문에 가능한 일입니다. 예컨대 A가 C에게 후순위질권을 설정해줄 때에는 고려 도자기를 현실인도할 필요가 없습니다. B가 질물을 현실 점유하고 C는 이를 간접으로만 점유하여도 후순위질권이 성립할 수 있습니다(제194조* 참고).

3) 질권은 동산을 점유할 권리이다

제329조(동산질권의 내용) 동산질권자는 채권의 담보로 채무자 또는 제삼자가 제공한 동산을 점유하고 그 동산에 대하여 다른 채권자보다 자기 채권의 우선변제를 받을 권리가 있다.

● 제194조(간접점유) 지상권, 전세권. 질권, 사용대차. 임대차. 임치 기타의 관계로 타인으로 하여금 물건을 점유하게 한 자는 간접으로 점유권이 있다.

(1) 질권은 동산을 '점유할 권리'입니다(제329조). 하지만 질권은 '사용수익할 권리'는 아닙니다. 조문에 사용수익에 대한 내용이 없기 때문입니다.

(2) 질권은 유치권처럼 동산을 점유(유치)할 권리를 가지므로 유치권에 관한 규정들이 준용됩니다(제343조). 민법 제343조는 과실수취권(제323조), 선관의무(제324조), 비용상환청구권(제325조)에 관한 내용 등을 준용하고 있습니다.

4) 질권자는 질물을 경매할 수 있다

제338조(경매, 간이변제충당) ① 질권자는 채권의 변제를 받기 위하여 질물을 경매할 수 있다. ② 정당한 이유있는 때에는 질권자는 감정자의 평가에 의하여 질물로 직접 변제에 충당할 것을 법원에 청구할 수 있다. 이 경우에는 질권자는 미리 채무자 및 질권설정자에게 통지하여야 한다.

질권자는 채권의 변제를 받기 위하여 질물을 경매할 수 있습니다 (제338조). 유치권자와 다르게 질권자에게는 우선변제권이 있으므로 경매를 하면 다른 일반채권자보다 먼저 배당을 받습니다(제329조).

5) 질권자는 물상대위권을 행사할 수 있다

제342조(물상대위) 질권은 질물의 멸실, 훼손 또는 공용징수로 인하여 질권설정자가 받을 금전 기타 물건에 대하여도 이를 행사할 수 있다. 이 경우에는 그 지급 또는 인도전에 압류하여야 한다.

물상대위(物上代位)에 대하여는 이번 장 초입부에서 설명하였습니다. 질권은 질물의 멸실, 훼손 또는 공용징수로 인하여 질권설정자가 받을 금전 기타 물건에 대하여도 행사할 수 있습니다. 다만 그 지급 또는 인도전에 금전 기타 물건에 대해 압류를 해야 합니다(제342조).

물상대위는 질권에 규정되어 있고, 뒤에 나오는 저당권에서 이를 준용합니다. 유치권에는 물상대위 규정이 없습니다. 유치권은 우선변제권이 없기 때문입니다.

6) [심화] 유질(流質)계약의 금지

제339조(유질계약의 금지) 질권설정자는 채무변제기전의 계약으로 질권자에게 변제에 갈음하여 질물의 소유권을 취득하게 하거나 법률에 정한 방법에 의하지 아니하고 질물을 처분할 것을 약정하지 못한다.

A는 2022. 1. 1. B로부터 1,000만 원을 연이율 5%, 기간은 1년으로 정하여 빌렸습니다. B는 담보를 요구하였고, 이에 A는 고려 도자기에 질권을 설정해주었습니다. 이제 B는 채무자 A가 약속을 지키지 않을 시 도자기(질물)를 경매로 팔아 자기 채권의 우선변제를 누릴 수 있습니다. 이것이 질권 실행의 정상적인 모습입니다. 그런데 이러한 방법에 의하지 않고 질물을 처분하기도 합니다. 예를 들어 경매라는 복잡한 절차를 생략하고 그냥 질권자 B가 변제에 갈음하여 질물 소유권을 갖도록 약정할 수도 있습니다. 이처럼 '법률에서 정한 방법에 의하지 않고 질물을 처분하는 약속'을 **'유질계약(流質契約)'**이라고 합니다.

유질계약을 잘 활용하면 경매 같은 복잡한 절차를 거치지 않고 채권채무 문제를 해결할 수 있기 때문에 유용합니다. 하지만 악용될 경우 채권자가 폭리를 취할 수 있기 때문에 동시에 주의를 요합니다. 예를 들어 A가 B로부터 1,000만 원을 빌리면서 5,000만 원짜리 고려 도자기를 담보로 제공했다고 해봅시다. 둘은 질권을 설정하면서 유질 계약도 맺었습니다. 즉 A가 변제기까지 돈을 다 갚지 못하면 그 즉시 도자기를 B 소유로 하기로 한 겁니다. 이 약속대로라면 A가 채무를 불이행할 시 채권자 B는 원금에 몇 배에 해당하는 이익을 얻습니다. 쉽게 수긍하기 어려운 결과입니다.

그래서 민법은 제339조를 마련하였습니다. 질권설정자는 변제기 전의 계약으로 질권자에게 변제에 갈음하여 질물의 소유권을 취득하게 하거나 법률에 정한 방법에 의하지 아니하고 질물을 처분할 것을 약정할 수 없습니다. 채권자가 채무자의 절박한 상황을 악용하지 못하도록 한 겁니다. 조문에 "채무변제기전의 계약으로"라 적혀 있어서 반대해석상 변제기가 지난 후에 유질계약을 맺는 건 괜찮습니다. 변제기 이후에는 정말 그게 더 편할 거 같아서 유질계약을 하는 경우가 있기 때문입니다.[28] 한편 상법에서는 상행위의 자율성이 더 중요하기 때문에 유질계약이 허용됩니다(상법 제59조 참고).

7) [심화] 질권의 처분과 전질(轉質)

A는 2022. 1. 1. B로부터 1,000만 원을 연이율 5%, 기간은 1년으

로 정하여 빌렸습니다. 둘은 같은 날 질권설정계약도 맺고 A는 자기 소유 고려 도자기를 B에게 질물로 제공, 인도까지 해주었습니다. 그런데 3개월 뒤 문제가 발생했습니다. B가 급하게 돈이 필요하게 된 것입니다. B가 현재 재산으로 삼을 만한 건 세 가지뿐입니다. ① B가 A에 대해 가지는 '금전채권', ② B가 점유하고 있는 A의 '고려 도자기', ③ B가 고려 도자기에 관해 가지고 있는 '질권', 이렇게 셋이죠. B는 이를 처분해 급전을 마련하고자 합니다. B는 무엇을 할 수 있을까요?

하나씩 살펴봅시다. B는 우선 자기가 A에 대해 가지는 금전채권(①)을 양도해 돈을 마련할 수 있습니다. B가 채무자 A로부터 받을 수 있는 금액은 원금 1,000만 원에 약정이자와 지연이자를 더한 것이니 누군가 이를 적당히 할인하여 산다면 충분히 가치 있는 투자가 될 겁니다. 예를 들어 C가 B의 위 채권을 800만 원에 샀다고 해봅시다.

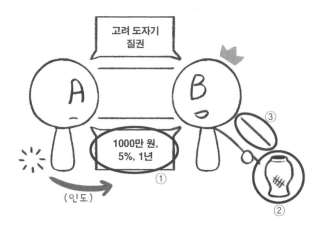

[8-6]

C가 B의 채권을 양수하면 질권은 어떻게 될까요? 특별한 사정이 없으면 질권도 같이 이전됩니다. 앞서 배운 담보물권의 '수반성' 때문입니다. 한편 질권은 인도라는 공시절차를 필요로 하므로 B는 고려 도자기(질물)도 C에게 인도해야겠군요. 도자기까지 넘기고 난 B는 이제 이 복잡한 삼각관계에서 벗어납니다. 이야기의 주인공은 A와 C만 남습니다. 채권양수인 C가 새로운 채권자이자 새로운 질권자가 되기 때문입니다.

B가 급전을 마련하는 두 번째 방법은, 채무자 A의 승낙을 얻어 고려 도자기 자체(②)를 담보로 제공하는 것입니다. 질권자는 채무자의 승낙없이 질물의 사용, 대여 또는 담보제공을 하지 못합니다(제343조, 제324조). 따라서 그 반대해석상 채무자의 승낙을 얻으면 질권자는 질물을 다른 누군가에서 다시 담보로 제공할 수 있습니다. 교과서에서는 이를 '**승낙전질(承諾轉質)**'이라고 합니다.

제343조(준용규정) 제249조 내지 제251조, 제321조 내지 제325조의 규정은 동산질권에 준용한다.

제324조(유치권자의 선관의무) ② 유치권자는 채무자의 승낙없이 유치물의 사용, 대여 또는 담보제공을 하지 못한다. 그러나 유치물의 보존에 필요한 사용은 그러하지 아니하다.

예로 봅시다. 급하게 돈이 필요했던 B는 2022. 4. 1. D로부터 800만 원을 연이율 10%, 기간은 3개월로 정하여 빌리기로 합니다. D

대한민국에서 가장 쉽게 쓴 민법책

는 담보를 요구했고 이에 B는 자기가 점유 중인 고려 도자기를 떠올립니다. 그리고 A에게 도자기를 자기 채무 담보로 제공해도 괜찮은지 승낙을 구합니다. 마음씨 착한 A는 그리 허락해주었습니다. 이에 B는 D와 질권설정계약을 맺고 고려 도자기를 인도해주었습니다.

이런 경우 A, B, D의 관계는 어떻게 되는 걸까요? 다 별개입니다. 승낙전질은 원질권과 무관한 질권이기 때문입니다. 따라서 원질권의 피담보채권(B가 A에 대해 가지는 채권)이 변제기에 있지 않더라도 전질권이 변제기에 있으면 전질권을 실행할 수 있으며, 또 원질권이 소멸하더라도 전질권에 영향을 주지 않습니다. 쉽게 말해 승낙전질은 질물 자체를 채무자로부터 빌려 별개 질권을 만드는 겁니다.

B가 급전을 구하는 또 다른 방법은, 질권이라는 권리 자체(③)에 채권질을 설정하는 겁니다. 교과서에서는 이를 **'책임전질(責任轉質)'**이라고 합니다.[29] 책임전질은 민법 제336조에 규정되어 있습니다.

제336조(전질권) 질권자는 그 권리의 범위 내에서 자기의 책임으로 질물을 전질할 수 있다. 이 경우에는 전질을 하지 아니하였으면 면할 수 있는 불가항력으로 인한 손해에 대하여도 책임을 부담한다.

제337조(전질의 대항요건) ① 전조의 경우에 질권자가 채무자에게 전질의 사실을 통지하거나 채무자가 이를 승낙함이 아니면 전질로써 채무자, 보증인, 질권설정자 및 그 승계인에게 대항하지 못한다. ② 채무자가 전항의 통지를 받거나 승낙을 한 때에는 전질권자의 동의없이 질권자에게 채무를 변제하여도 이로써 전질권자에게 대항하지 못한다.

책임전질은 앞서 본 승낙전질과 조금 다릅니다. 책임질권은 '그 권리의 범위 내에서 자기 책임으로' 질물을 전질하는 것입니다. 채무자의 승낙은 필요 없습니다. 단 책임전질은 전질을 하지 아니하였으면 면할 수 있는 불가항력으로 인한 손해에 대하여도 책임을 져야 하죠(제336조). 예로 봅시다. 이번에도 B는 2022. 4. 1. D로부터 800만 원을 연이율 10%, 기간은 3개월로 정하여 빌렸습니다. D가 담보를 요구했는데 이번에는 B가 A에게 승낙을 구하는 대신 자기 권리 내에서 처리를 하기로 마음을 먹습니다. 그리고 자신의 질권을 하나의 권리로 삼아 여기에 채권질을 설정해주겠다고 제안합니다. 질권은 재산권도 그 목적으로 할 수 있기 때문입니다(제345조 권리질권의 목적 참고). D는 B의 제안을 받아들이고 질권을 설정, 고려 도자기를 인도받습니다.

이런 경우 A, B, D의 관계는 어떻게 되는 걸까요? 승낙전질과 다르게, 책임전질은 원질권에 종속됩니다. 책임전질은 피담보채권의 금액과 존속기간도 원질권 범위 내에서 유효하고(제336조, 제137조 참고), 원질권이 소멸되면 전질권도 소멸됩니다. 또한 전질권자는 원질권과 전질권의 피담보채권이 모두 변제기에 있어야 원질권을 실행하여 자기 채권의 우선변제를 받을 수 있죠. 제336조 단서와 제337조에 따른 제약도 있습니다. 이처럼 책임전질은 채무자 승낙 없이도 할 수 있는 전질이라서 승낙전질보다 좀 더 까다롭습니다.

IV

담보물권 3: 저당권

1. 조문으로 읽는 저당권

채무자 등 뒤로 거대한 금고를 하나 그려봅시다. 이 금고 안에는 채무자의 모든 재산이 들어가 있습니다. 채무자가 약속을 어기면 채권자는 금고를 열어 재산을 팔고 채권의 만족을 얻을 수 있습니다. 문제는 모든 채권자가 평등하다는 것입니다. 총재산보다 갚아야 할 채무가 더 많다면 채권자끼리 나눠가질 수밖에 없죠. 이를 '채권자평등의 원칙'이라고 하였습니다. 이러한 제한을 극복하고자 민법은 담보 제도를 마련하였습니다. 민법에는 인적 담보와 물적 담보가 있는데 우리가 지금까지 공부한 것은 후자, 바로 물적 담보입니다.

물적 담보는 채권자가 채무자(또는 제3자)의 재산을 '찜'하는 것과 같습니다. 방법은? 민법전에 실제 규정된 방식은 두 가지입니다. ① 하나는 채무자를 심리적으로 압박하기 위하여 찜한 재산의 점유를 빼앗아 채권자가 들고 있는 것이고, ② 다른 하나는 찜한 재산에 대하여 우선변제권을 설정하는 겁니다.

우리 민법전에 규정된 담보물권은 유치권, 질권, 저당권 이렇게 세 가지뿐입니다. 여기서 유치권은 ①번 방식으로 재산을 찜하는 담보물권이었습니다. 우선변제권은 없지만 피담보채권을 변제받을 때까지 타인의 물건을 유치할 수 있었죠. 한편 질권은 ①번과 ②번 방식을 활용해 타인 재산을 찜하는 담보물권이었습니다. 질권자는 상대방이 담보 목적으로 제공한 동산을 점유하다가 채무자가 약속을 어기면 질물을 현금화하여 그 매각대금으로부터 다른 일반채권자보다 우선변제를 받을 수 있었습니다.

우리는 이번에 마지막 담보물권인 저당권에 대해 공부합니다. 저당권은 ②번 방식으로 재산을 재산을 찜하는 담보물권입니다. 저당권은 점유할 권리가 아니라서 저당물을 넘겨받지 않습니다. 하지만 질권처럼 우선변제권이 있습니다. 그래서 채무자가 약속을 어기면 저당권자는 저당물을 팔아서 그 매각대금으로부터 다른 일반채권자보다 우선변제를 받을 수 있습니다. 제356조를 봅시다.

제356조(저당권의 내용) 저당권자는 채무자 또는 제삼자가 점유를 이전하지 아니하고 채무의 담보로 제공한 부동산에 대하여 다른 채권자보다 자기채권의 우선변제를 받을 권리가 있다.

저당권은 채무자 또는 제3자로부터 점유를 이전하지 아니한 채 담보 목적으로 부동산을 제공받고 그 부동산에 대하여 우선변제권을 갖는 담보물권입니다. 예를 들어 A가 2022. 1. 1. B로부터 1억 원을 연이율 5%, 기간은 1년으로 정하여 빌렸다고 해봅시다. A가 약속을 어길 것을 걱정한 B는 A에게 담보를 요구했습니다. A가 가진 재산은 X 토지가 전부입니다. 이런 경우 A는 X 토지를 담보로 삼아 B에게 저당권을 설정해줄 수 있습니다. 조문에 따라 A는 토지를 인도해줄 필요는 없고, 다만 A가 약속을 어기면 저당권자 B는 X 토지를 팔아 그 매각대금으로부터 일반채권자보다 우선변제를 받을 수 있습니다.

저당권은 우리가 일상에서 가장 흔하게 접할 수 있는 담보물권입니다. 일반적으로 부동산이 동산보다 더 큰 재산적 가치를 갖기 때문입니다. 요즘 하루가 멀다 하고 뉴스에 등장하는 '주택담보대출'도 그 민법상 본질은 저당권입니다. 주택을 담보 삼아 저당권을 설정하고 돈이 필요한 사람에게 대출을 해주는 제도니까요. 이번 절에서 저당권의 정확한 의미와 주요한 법적 성질에 대해 하나씩 알아봅시다.

1) 저당권은 담보물권이다

제356조(저당권의 내용) 저당권자는 채무자 또는 제삼자가 점유를 이전하지 아니하고 채무의 담보로 제공한 부동산에 대하여 다른 채권자보다 자기채권의 우선변제를 받을 권리가 있다.

(1) 저당권은 '당사자끼리 설정계약을 맺어 성립시키는 게 원칙'입

니다. 즉 '약정담보물권'입니다. 예외적으로 법에서 정한 요건을 갖추면 저당권이 성립하는 경우도 있는데, 이는 법정저당권이라고 합니다 (제649조, 제666조 참고).

(2) 저당권의 담보물은 부동산 및 부동산에 관한 권리입니다(제356조, 제371조). 빠르게 비교해봅시다. 유치권은 동산과 부동산을 가리지 않고 성립할 수 있었습니다. 심지어 채무자 소유일 필요도 없었죠. 타인 소유 물건 또는 유가증권이기만 하면 됩니다(제320조). 질권은 좀 더 까다로웠습니다. 동산질권은 동산, 권리질권은 재산권만을 담보물로 삼았습니다(단 부동산에 관한 권리는 제외. 제345조). 요컨

저당권

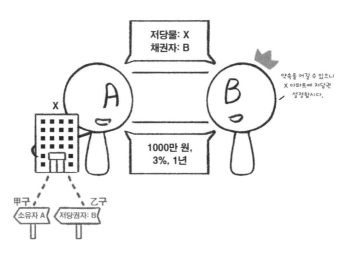

[8-7]

대 세 담보물권끼리 담보물을 사이좋게 나눠가진 셈입니다. 쉽게 정리하자면 동산은 질권, 부동산은 저당권이 담당합니다. 유치권은 법정담보물권이므로 동산과 부동산 모두를 담보물로 삼습니다.

(3) 저당권의 설정은 '처분행위'입니다. 따라서 정당한 권리자로부터, 적법한 원인을 거쳐 설정하고, 적절한 공시절차까지 갖추어야 합니다. 특히 저당권의 설정은 부동산에 관한 물권변동이라서 '등기'를 해야 효력이 생깁니다(제186조 부동산물권변동의 효력, 부동산등기법 제75조도 참고).

(4) 저당권은 부동산을 '점유할 권리'가 아닙니다. 유치권과 질권이 모두 담보물을 점유할 권리인 것과 대조적입니다. 점유할 권리가 아니라서 물권적 청구권 중 점유반환청구권(제213조)은 행사할 수 없습니다(제370조 저당권 준용규정 참고).

저당권은 점유할 권리가 아닙니다. 그래서 여러모로 편리합니다. 저당권을 설정해준 사람(저당권설정자)˚은 부동산을 빼앗기지 않아서 좋습니다. 저당권을 설정한 뒤에도 여전히 부동산을 사용할 수 있어서, 예를 들어 저당물인 건물을 타인에게 빌려준다거나, 저당물인 토지 위에 건물을 지을 수도 있죠. 한편 저당권자는 귀찮게 담보물을

● **[TIP]** 자기의 부동산에 저당권을 설정해준 사람을 **저당권설정자**라고 합니다. 한편 저당권은 채무자 또는 제삼자가 설정해줄 수 있습니다(제356조). 채무자를 위해 저당권을 설정해준 '제삼자'를 특히 물상보증인이라고 합니다. (동일한 논리가 질권에도 적용됩니다.)

관리할 필요가 없습니다. 실로 누이 좋고 매부 좋은 상황입니다. 또한 같은 부동산에 저당권을 여러 번 설정해도 헷갈릴 가능성이 적습니다. 등기부에 등기된 순서만 잘 지키면 되니까요(예: 1순위 저당권자, 2순위 저당권자). 이러한 이유로 많은 사람들이 저당권을 애용합니다.

> 제360조(피담보채권의 범위) 저당권은 원본, 이자, 위약금, 채무불이행으로 인한 손해배상 및 저당권의 실행비용을 담보한다. 그러나 지연배상에 대하여는 원본의 이행기일을 경과한 후의 1년분에 한하여 저당권을 행사할 수 있다.

(5) 피담보채권의 범위는 민법 제360조에 규정되어 있습니다. 저당권은 원본(원금), 이자, 위약금, 채무불이행으로 인한 손해배상 및 저당권의 실행비용을 담보합니다. 그러나 지연배상에 대하여는 원본의 이행기일을 경과한 후의 1년분에 한하여 저당권을 행사할 수 있습니다(제360조). 지연이자를 1년분으로 제한한 이유는 저당권자가 저당권 실행을 일부로 지체하여 후순위 권리자를 침해하는 일이 없도록 함입니다.

2) 저당권자는 경매를 청구할 수 있다

> 제363조(저당권자의 경매청구권, 경매인) ① 저당권자는 그 채권의 변제를 받기 위하여 저당물의 경매를 청구할 수 있다. ② 저당물의 소유권을 취득한 제삼자도 경매인이 될 수 있다.

(1) 저당권자는 경매를 청구할 수 있습니다(제363조). 즉 채무자가 약속을 어기면 저당권자인 채권자는 저당목적물인 부동산을 현금화하고 그 매각대금으로부터 다른 일반채권자보다 우선변제를 받을 수 있습니다.

(2) 저당권은 민사집행법에 따라 임의경매를 하는 것이 원칙입니다. 그런데 법에서 정하지 않은 방식으로 저당권을 실행하기도 합니다. 예를 들어 채무자가 약속을 어기는 즉시 채권자가 부동산의 소유권을 취득하기로 약정하는 것이죠. 이러한 약속을 '**유저당계약(流抵當)**'이라고 합니다. 앞서 질권에서는 변제기 전 유질계약이 금지된다고 하였습니다(제339조). 하지만 저당권에는 그러한 금지 규정이 없습니다. 따라서 해석상으로는 변제기 전 유저당계약도 허용된다고 할 것입니다.[30]

3) 저당권의 부종성, 수반성 등

제361조(저당권의 처분제한) 저당권은 그 담보한 채권과 분리하여 타인에게 양도하거나 다른 채권의 담보로 하지 못한다.

제369조(부종성) 저당권으로 담보한 채권이 시효의 완성 기타 사유로 인하여 소멸한 때에는 저당권도 소멸한다.

제370조(준용규정) 제214조, 제321조, 제333조, 제340조, 제341조 및 제342조의 규정은 저당권에 준용한다.

제362조(저당물의 보충) 저당권설정자의 책임있는 사유로 인하여 저당물의 가액이 현저히 감소된 때에는 저당권자는 저당권설정자에 대하여 그 원상회복 또는 상당한 담보제공을 청구할 수 있다.

(1) 저당권은 담보물권의 전형적인 특성을 모두 갖고 있습니다. ① 부종성은 제369조에, ② 수반성은 제361조에, ③ 불가분성은 제370조에 따라 준용되는 제321조에, ④ 물상대위성은 제370조에 따라 준용되는 제342조에 규정되어 있습니다.

(2) 저당권자는 물권자로서 '물권적 청구권'을 행사할 수 있습니다. 예를 들어 누군가 내 저당권을 불법 말소하고 자기가 저당권자인 양 등기를 하였다면 나는 방해배제청구권을 행사하여 상대 등기를 말소시키고 내 등기를 회복할 수 있습니다(제370조, 제214조). 반면 저당권자는 점유할 권리가 없어서 제213조(소유물반환청구권)는 준용규정에 없습니다.

(3) 저당권설정자의 책임있는 사유로 저당물의 가액이 현저히 감소된 때에는 저당권자는 저당권설정자에 대하여 그 원상회복 또는 상당한 담보제공을 청구할 수 있습니다(제362조).

4) 근(根)저당권에 관하여

제357조(근저당) ① 저당권은 그 담보할 채무의 최고액만을 정하고 채무의 확정을 장래에 보류하여 이를 설정할 수 있다. 이 경우에는 그 확정될

때까지의 채무의 소멸 또는 이전은 저당권에 영향을 미치지 아니한다. ② 전항의 경우에는 채무의 이자는 최고액 중에 산입한 것으로 본다.

A는 B로부터 1억 원을 빌리면서 자기 소유 X 토지에 저당권을 설정해주었습니다. A가 1억 원을 다 갚으면 X 토지 위에 설정된 저당권은 소멸합니다. 부종성 때문입니다. 피담보채권이 사라지면 저당권도 사라진다는 논리는 아주 자연스럽습니다. 하지만 논리적이라고 꼭 편리한 건 아니죠. 오히려 엄격한 부종성은 불편을 초래합니다. 예를 들어 A와 B가 돈거래를 자주 하는 사이라고 해봅시다. 부종성을 엄격히 적용하면 돈을 빌리고 갚을 때마다 피담보채권이 전부 사라졌는지, 그래서 저당권이 소멸했는지, 소멸했다면 새로운 담보권은 설정을 할 건지 등을 따져야 합니다. 등기 작업에 들어갈 시간과 비용이 벌써부터 아깝습니다.

그래서 민법은 '근저당권(根抵當權)'을 마련했습니다. '근저당권'이란 '계속적 거래관계로부터 발생하는 다수의 불특정채권을 일정한 한도까지 담보하는 저당권'을 말합니다. 근저당권이 처음 민법에 등장했을 때에는 '계속적 거래관계'의 의미가 꽤나 한정적이었습니다. 예를 들어 당좌대월계약, 어음할인약정, 계속적 상품공급계약처럼 채권을 발생시키는 거래의 기초가 동질적이어야 했습니다. 그런데 은행이 근저당권을 더 다양한 경우에 사용하면서 '기본계약을 특정하지 않은 근저당권'도 등장하기 시작했습니다. 이를 '포괄근저당권'이라고 하는데, 판례는 오래 전부터 그 유효성을 인정했습니다(대판 1997. 6. 24. 95

다43327 참고). 우리는 초학자니까 그냥 쉽게 접근합시다. 근저당권을 한 번 설정해두면 거래를 여러 번 해서 채권이 발생·소멸을 거듭하더라도 기존 근저당권으로 담보할 수 있습니다. 채권최고액 범위 내라면 말입니다.

근저당권에서는 두 가지가 중요합니다. ① 채권최고액과 ② 확정일이 그 둘입니다. 채권최고액은 말 그대로 '최대' 피담보채권액입니다. 사례로 볼까요. A는 2022. 1. 1. B 은행으로부터 1억 원을 연이율 3%, 기간은 2년으로 정하여 빌렸습니다. B 은행이 담보를 요구해서 A 소유 X 토지에 근저당권을 설정했습니다. 채권최고액은 1억 5,000만 원입니다. 그런데 얼마 지나지 않아 A는 은행을 다시 찾았습니다. 급하게 3,000만 원이 더 필요했기 때문입니다. B 은행은 돈을 빌려주어도 괜찮을까요? 물론 새로운 담보를 구할 수 있다면 더 좋겠지만, 새 담보를 구하지 못하더라도 B는 너무 낙심할 필요 없습니다. 앞서 설정한 근저당권이 있기 때문입니다. 채권최고액이 1억 5,000만 원이므로 3,000만 원을 더 빌려주어도 다행히 최고액 범위 안입니다.

일반 저당권에서는 피담보채권이 소멸하면 저당권도 같이 소멸했습니다. 그런데 근저당권에서는 피담보채권이 소멸해도 곧바로 사라지지 않습니다(부종성의 완화). '확정된' 피담보채권이 소멸해야 근저당권도 소멸할 수 있죠. 그래서 근저당권에서는 '확정'이 중요합니다. 근저당권 확정사유에는 ① 계속적 거래관계의 종료, ② 근저당권자의 경매신청, ③ 근저당권 아닌 자의 경매신청 등이 있습니다. 지금 우리 단계에서는 첫 번째 사유만 잘 잡고 갑시다. 계속적 거래에서 결산기가 도래하거나, 기본 계약이 해지되면 근저당권은 확정됩니다.

5) 저당물의 제삼취득자

제364조(제삼취득자의 변제) 저당부동산에 대하여 소유권, 지상권 또는 전세권을 취득한 제삼자는 저당권자에게 그 부동산으로 담보된 채권을 변제하고 저당권의 소멸을 청구할 수 있다.

제367조(제삼취득자의 비용상환청구권) 저당물의 제삼취득자가 그 부동산의 보존, 개량을 위하여 필요비 또는 유익비를 지출한 때에는 제203조 제1항, 제2항의 규정에 의하여 저당물의 경매대가에서 우선상환을 받을 수 있다.

저당권을 설정한 뒤에도 저당권설정자는 부동산을 사용·수익할 수 있습니다. 저당권자는 부동산의 교환가치를 직접 지배할 뿐 부동산을 점유할 권리는 없기 때문입니다. 덕분에 저당목적물은 다양한 형태로 활용됩니다. 예를 들어 A가 B로부터 1억 원을 빌리면서 자기소유 X 건물에 B를 채권자로 하는 저당권을 설정해주었다고 해봅시다. X 건물은 여전히 A가 점유하며 사용·수익합니다. 그래서 A는 X 건물을 다른 누군가에게 임대해줄 수도 있고, 전세권을 설정해줄 수도 있습니다. 심지어 저당권이 설정된 채로 팔아버릴 수도 있죠.

저당권이 설정된 부동산에 대하여 소유권, 지상권 또는 전세권을 취득한 자를 저당목적물의 **제삼취득자**라고 합니다. 제삼취득자는 저당권자에게 그 부동산으로 담보된 채권을 변제하고 저당권의 소멸을 청구할 수 있습니다(제364조). 본래 저당권을 소멸시키려면 피담보채권액을 전부 변제해야 하는데 제삼취득자는 '그 부동산으로 담보된 채권'만 변제하면 된다는 점에서 의미가 있습니다. 그래서 제삼취득자는 얼마를 변제해야 하나요? 제360조에서 정해준 범위, 즉 피담보채권의 원본과 이자, 위약금, 채무불이행으로 인한 손해배상 및 저당권의 실행비용까지입니다. 단 지연이자는 1년분에 한정됩니다(제360조). 채무자는 여기에 한정되지 않고 실제 채무액 전부를 변제해야만 저당권 소멸을 청구할 수 있으므로 제삼취득자가 좀 더 유리한 셈입니다(대판 1995. 5. 12. 90다8855 참고).

6) [심화] 일괄경매와 법정지상권

아래 두 상황을 비교해봅시다. A는 X 토지와 그 지상 위 Y 건물을 소유하고 있습니다. 다만 Y 건물을 건축한 시점이 서로 다릅니다.

[상황 1]

A는 X 토지 소유자입니다.

A는 2022. 1. 1. B로부터 1억 원을 연이율 5%, 기간은 3년으로 정하여 빌렸습니다.

채권자 B가 담보를 요구하길래 A는 같은 날 자기 소유 X 토지에 저당권을 설정해주었습니다.

이후 2023. 1. 1. A는 X 토지 위에 Y 건물을 신축하였습니다.

시간이 지나 변제기가 도래하였음에도 A가 돈을 갚지 않아서 B는 저당권을 실행하고자 합니다.

대한민국에서 가장 쉽게 쓴 민법책

[상황 2]

A는 X 토지와 Y 건물의 소유자입니다. (Y 건물은 2019. 1. 1. A가 X 토지 위에 신축하였습니다.)

A는 2022. 1. 1. B로부터 1억 원을 연이율 5%, 기간은 3년으로 정하여 빌렸습니다.

채권자 B가 담보를 요구하길래 A는 같은 날 자기 소유 X 토지에 저당권을 설정해주었습니다

시간이 지나 변제기가 도래하였음에도 A가 돈을 갚지 않아서 B는 저당권을 실행하고자 합니다.

저당권을 설정할 당시 토지 위에 건물이 존재하고 있었습니까? 두 상황이 서로 다릅니다. [상황 2]은 저당권을 설정할 당시부터 건물이 존재했으나, [상황 1]의 경우에는 존재하지 않았습니다.

[상황 1]부터 평가해봅시다. 토지를 사려는 사람은 건물이 세워진 땅보다는 아무것도 없는 빈 땅, 즉 **나대지(裸垈地)**를 선호합니다. 나대지가 토지를 활용하는 측면에서 더 편하기 때문입니다. 토지를 산다고 해서 그 위에 세워진 건물까지 소유권을 취득하는 건 아닙니다. 민법상 토지와 건물은 별개의 부동산이기 때문입니다. 땅을 사서 실제 사용을 하려면 어차피 토지 위 방해물을 제거해야 하므로 다른 조건이 동일하다면 나대지가 일반적으로 더 좋은 평가를 받는 것이죠.

[상황 1]의 경우 저당권 설정 당시 토지 위에 건물이 존재하지 않

았습니다. 따라서 채권자 B는 X 토지를 나대지로 평가하여 돈을 넉넉히 빌려주었을 것입니다. 그런데 그 이후에 Y 건물이 신축된다면? B에게는 반가운 소식이 아닙니다. 훗날 경매를 할 때 사람들이 X 토지를 평가하면서 건물이 세워져 있다는 이유로 입찰을 꺼려하거나 가격을 낮춰 부를 수 있기 때문입니다.

그래서 민법은 제365조를 마련하였습니다. 제365조에 따르면 토지를 목적으로 저당권을 설정한 후 그 설정자가 그 토지에 건물을 축조한 때에는 저당권자는 나중에 저당권을 실행할 때 토지와 함께 그 건물에 대하여도 경매를 청구할 수 있습니다. 단 그 건물의 경매대가에 대하여는 우선변제를 받을 수 없습니다. 이를 저당권자의 '**일괄경매청구**'라고 합니다.

제365조(저당지상의 건물에 대한 경매청구권) 토지를 목적으로 저당권을 설정한 후 그 설정자가 그 토지에 건물을 축조한 때에는 저당권자는 토지와 함께 그 건물에 대하여도 경매를 청구할 수 있다. 그러나 그 건물의 경매대가에 대하여는 우선변제를 받을 권리가 없다.

민법 제365조에 따라 저당권자 B는 X 토지뿐만 아니라 Y 건물에 대하여도 경매를 신청할 수 있습니다. 단서에 따라 건물의 매각대금에서는 우선변제를 받을 수 없지만, 저당권자 입장에선 여전히 고마운 제도입니다. 토지와 건물을 동시에 경매함으로써 물건값을 제대로 평가받을 가능성이 많이 올라갔으니 말입니다.

[8-8]

이번엔 [상황 2]를 평가해봅시다. [상황 2]는 [상황 1]과 다르게 저당권이 설정될 때부터 지상 위에 건물이 존재하고 있었습니다. B는 지상물의 존재를 감안하여 땅값을 평가했을 것이고, 따라서 그는 억울할 게 없습니다.

문제는 Y 건물의 존속 여부입니다. 민법상 토지와 건물은 별개의 부동산이므로 토지소유자와 건물소유자가 달라지는 것 자체는 대수롭지 않습니다. 다만 건물이 대지 위에 서 있기 위해서는 그 땅을 점유할 정당한 권리가 있어야 하죠. 예를 들어 건물 소유자가 땅을 사버리거나('소유권' 취득), '지상권'을 설정하거나, '토지임대차계약'을 맺는 등 조치를 취해야 합니다. 일반적인 경우에는 건물을 세우기에 앞서 대지 사용에 관한 권리를 확보할 것이므로 큰 문제가 없습니다.

그런데 [상황 2]는 조금 다릅니다. 저당권의 실행으로 토지소유자와 건물소유자가 갑작스럽게 나뉘었기 때문입니다. 채무자 A가 끝까지 돈을 갚지 않아 저당권이 실행됐다고 해봅시다. 토지는 E라는 사람이 매수해갔습니다. 이제 X 토지는 E 소유이고, Y 건물은 A 소유입니다. 토지와 건물의 소유자가 서로 다르므로 건물소유자는 대지를 점유할 정당한 권리를 확보해야겠군요. 그런데 만약 새로운 토지소유자 E가 대지 사용을 허락하지 않는다면? 지금까지 배운 논리에 따르면 A는 Y 건물을 철거할 수밖에 없습니다. 하지만 A는 억울합니다. 이럴 줄 알았으면 차라리 토지에 건물까지 저당목적물로 삼아 버릴 걸 그랬습니다. 사회적 손실은 또 어떻습니까. 채권채무 관계를 정리하고자 실행한 저당권 하나 때문에 멀쩡한 건물을 부수는 꼴이 되었으니 말입니다.

그래서 민법은 제366조를 마련하였습니다. 제366조에 따르면 저당물의 경매로 인하여 토지와 그 지상건물이 다른 소유자에 속한 경우에는 토지소유자는 건물소유자에 대하여 지상권을 설정한 것으로 봅니다. 단 지료는 당사자의 청구에 의하여 법원이 이를 정합니다. 약정이 아닌 '법에서 정한 요건에 따라 설정되는 지상권'이라서 **법정지**

상권'이라고 합니다.[31]

[상황 2]의 경우, 저당권을 설정할 당시 A가 토지와 그 지상 건물 모두를 소유하였으나 이후 '저당권의 실행으로' 토지 소유자는 E, 건물 소유자는 A로 서로 달라졌으므로 민법 제366조에 따라 건물 소유자 A는 법정지상권의 성립을 주장할 수 있고, 따라서 건물을 철거할 필요가 없겠습니다.

실로 긴 여정이었습니다. 민법이 무엇인지 설명하는 아주 기초적인 단계부터 시작을 하였는데, 어느덧 다양한 형태의 약속과 물권에 관해 이야기할 수 있는 수준에까지 이르렀습니다. 이제서야 민법이라는 큰 숲의 둘레가 보이는 성싶습니다. 첫 번째 완주를 진심으로 축하합니다.

퇴고를 거듭할수록 욕심이 커지고, 그럴수록 본래 집필 의도에서는 더욱 멀어지는 것 같습니다. 아쉬움이 많이 남지만 여기서 책을 마무리 짓습니다. 미처 다루지 못한 내용은 힘이 닿는대로 다음 번 책에서 다루도록 하겠습니다.

인문 교양서의 가치를 믿습니다. 이것 하나를 붙들고 오랜 집필기간을 버텼습니다. 책이 구체적인 모습을 갖추기 전까지, 그러니까 집필 중반까지도 전문가와 비전문가 양쪽으로부터 부정적 피드백을 다수 받았습니다. 같은 내용을 두고도 어느 법률가 친구로부터는 '너무 쉬워서 영양가가 없다'는 피드백을, 다른 비법률가 친구로부터는 '너무 어려워서 무슨 말인지 하나도 모르겠다'라는 피드백을 받아야 했습니다. 그러면서 전자는 차라리 나에게 수험서를 써볼 것을, 후자는 차라리 (돈 버는 것과 직결된) 실용서를 써보라고 권해주었지요.

하지만 꼭 인문 교양서로 쓰고 싶었습니다. 수험서나 실용서는 이미 훌륭한 책이 여럿 있기도 하거니와, 인문 교양서만이 갖는 고유한 매력을 포기할 수 없었기 때문입니다. 예컨대 인문 교양서는 수험서에 비해 직관력 측면에서 우월합니다. 수험서는 학문적 엄밀성을 위해 백과사전식으로 서술될 수밖에 없는데 이 과정에서 원칙보다는 예외가, 정상보다는 병리적 사례가 더 주목을 받게 됩니다. 하지만 이러한 접근은 주객이 전도된 것입니다. 예외를 수집하듯 공부한 사람을 곧 길을 잃기 십상이지만, 기초에 대한 직관을 탄탄히 한 사람은 새로운 응용 문제가 주어져도 금세 좌표를 찾고 쉽게 확장할 수 있습니다.

한편 인문 교양서는 실용서에 비해 상상력 측면에서 우월합니다. 대부분 실용서는 개별 사례를 나열식으로 소개하므로 내용상 오류를 범할 가능성은 적습니다. 하지만 설명과 현실이 너무 가까워지면 학문적 상상력을 발휘할 수 있는 여지는 그만큼 줄어듭니다. 혹자는 법학에서 무슨 상상력 타령이냐고 반문할 지 모르나 법학도 여느 학문과 다를 게 없습니다. 그것은 절대적 진리 위에 세워진 것이 아니며,

오랜 시간 수많은 연구와 논의 끝에 조금씩 발전한 것입니다. 상상력은 언제나 학문 발전의 큰 동력이었고 앞으로도 그러할 것입니다. 무미건조한 실용서가 인문 교양서를 완전히 대체할 수 없는 이유입니다.

그래서 인문 교양서로 썼습니다. 아마도 책의 주요 독자층은 예비 수험생일 가능성이 높지만 (작가의 본래 소망대로) 수험 목적이 특별히 없는, 인문 교양서의 가치를 믿는 어느 독자로부터 좋은 반응을 받는다면 더할 나위 없이 기쁠 것 같습니다. 많지 않더라도 분명 있으리라 믿습니다. 새로운 걸 배우고 그것을 렌즈 삼아 세상을 관찰하는 일, 그리하여 예전에는 보이지 않던 구조를 보고 이해하지 못한 현상을 이해하는 일은 누구에게나 큰 즐거움을 선사해주니 말입니다.

3년간 공들여 작업한 작품이 드디어 세상에 나온다 생각하니 만감이 교차합니다. 앞으로도 부지런히 공부하고 더 많이 쓰도록 하겠습니다. 마지막으로 이 자리를 빌려 책을 감수해준 사랑하는 내 동생 오수희 변호사와 그녀의 친구 이재원 변호사에게 각별히 고마운 마음을 전합니다. 부족한 글을 붙잡고 감수를 해주느라 고생했을 걸 생각하면 늘 민망하고, 또 민망하기에 더욱 고맙습니다. 이외에도 책을 출판하기까지 수많은 사람으로부터 여러 형태로 도움을 받았습니다. 일일이 열거하는 대신에 곧 직접 찾아가 내 마음을 전하도록 하겠습니다. 다시 한번 모두 진심으로 감사드립니다.

대한민국에서 가장 쉽게 쓴 민법책

1   [심화] 취소로 인한 부당이득반환청구(제741조), 불법행위로 인한 손해배상청구(제750조) 등을 검토해볼 수 있습니다.

2   [심화] 판례는 교환가격(시가)을 초과하는 수리비의 지급을 요구하는 것이 신의칙(信義則)에 반한다고 합니다(대판 1999. 12. 21. 97다15104, 대판 1998. 5. 29. 98다7735 등 참고).

3   [심화] 금전채무에 대한 책임(제397조 제2항), 이행지체 중 채무자의 책임(제392조 본문), 매도인의 담보책임(제570조 이하), 공작물소유자의 책임(제758조 제1항 제2문) 등이 몇 가지 예입니다.

4   [심화] 대상(代償)이 원래의 급부 가치(즉 전보배상의 범위)보다 많은 경우에도 채무자는 그 초과이익을 포함하여 그 대상 전부를 채권자에게 양도해야 하는지에 관하여 견해 대립이 있습니다. 판례의 입장은 불분명하나, 대판 2008. 6. 12. 2005두5956에서는 그 대상 전부를 채권자에게 양도해야 하는 것처럼 판시를 하였습니다. (《민법원론(2020)》, 지원림, p. 484 참조)

5   [심화] 다만 문언에도 불구하고 다수설과 판례는 제544조 단서를 제한적으로 해석합니다. 상황을 이행기 전과 후로 나누어, 제544조 단서는 '이행기 후'에 채무자가 미리 이행하지 아니할 의사를 표시한 경우로만 보는 것입니다. 이에 따라 '이행기 전' 부분은 법리로써 해결을 보는데, 좀 더 구체적으론 '이행기 전'에 채무자가 '진지하고도 종국적으로' 미리 이행을 거절하는 경우에 관한 법리를 만들어두었습니다. 이를 **'강학상의 이행거절'**이라고 합니다. 쌍무계약에서 채무자가 이행기 전에 진지하고도 종국적으로 자기 채무의 이행을 거절하는 경우, 상대방은 계약을 해제하기 위해 동시이행관계에 있는 자기 채무를 이행제공할 필요도 없고, 최고를 할 필요도 없이 곧바로 해제의 의사표시만으로 계약 해제를 할 수 있습니다(대판 2021. 7. 15. 2018다214210 참고).

6   [심화] 매매목적물에 관하여 이중으로 제3자와 매매계약을 체결하였다는 사실만 가지고는 매매계약이 법률상 이행불능이라고 할 수 없으나(대법원 1996. 7. 26. 선고 96다14616 판결 참고), 제3자 앞으로 소유권이전등기가 경료되면, 환매, 재매매의 예약, 원인무효 등 목적물의 소유권을 회복하여 이를 권리자에게 이전할 수 있는 특별한 사유가 없는 한 이행불능으로 됩니다(《민법원론(2020)》, 지원림, p. 473 참조)

7   [심화] 유상계약이지만 쌍무계약이 아닌 계약으로 **현상광고**를 들 수 있습니다. 현상광고는 응모자가 광고에서 정한 행위를 완료했을 때 성립하고, 광고자만 채무를 부담합니다. 광고자만 채무를 부담한다는 점에서 이 계약은 편무계약이지만, 광고자의 재산상 출연이 응모자의 행위와 서로 대가관계에 있으므로 유상계약입니다.

8   [심화] 엄밀히 따지자면 이 부분에 대한 입증책임은 매도인이 부담합니다. 즉 매수인의 악의 또는 과실 있음을 매도인이 증명해야 합니다. (《민법원론(2020)》, 지원림, p. 568)

9   [심화] 채무불이행을 '약속 발생 이후'에 채무자가 고의 또는 과실로 채무내용에 좇은 이행을 하지 않은 것이라 정의한다면, 채무불이행과 담보책임 사이에는 논리상 간극이 발생합니다. 엄밀히 따지면 담보책임(품질수준 위반)은 '약속 발생 이전'에 흠결이 이미 존재했던 경우이기 때문입니다. 하지만 우리는 권리 또는 물건을 흠이 있는 채로 인도·이전하는 것 자체를 약속 위반이라 논리를 구성해볼 수 있고(인도·이전 등은 약속 발생 이후에 이루어졌을 것이므로), 이에 따르면 담보책임과 채무불이행은 논리적으로 만날 여지가 생깁니다. 판례가 이러한 논리를 따르고 있습니다(대판 1967. 5. 18. 66다2618 등 참고). 학설도 기본적으로 이러한 논리를 따르고 있으나 다만, 특정물매매의 담보책임에서만 서로 견해 차이를 보입니다. (민법 제462조 해석 때문에 그렇습니다.) 우리는 그냥 담보책임을 채무불이행의 일종으로 이해해도 무방하겠습니다.

10   [심화] 요건만큼이나 '효과'에서도 두 제도는 큰 차이를 보입니다. 담보책임에 기한 손해배상은 매수인의 급부이익에 한정되므로, 어떤 하자로 인하여 (급부이익을 초과하는) 확대손해가 발생한 경우에는 담보책임으로 책임을 물을 수는 없고, (채무자(매도인)에게 귀책사유가 있음을 전제로 한) 채무불이행에 기한 손해배상을 청구해야 합니다(대판 2003. 7. 22. 2002다35676 참고).

11   [심화] 이 법리는 상대방의 동이항을 깨고, 더 나아가 '지연배상'까지 구하고자 할 때 사용되는 법리입니다. 동이항이 언제 깨졌는지를 판단하는 것과는 별개이므로 확대해석을 경계해야겠습니다. (참고로 상대방의 동이항을 깨고, 더 나아가 '법정해제'까지 구하는 경우에도 92다56490과 비슷한 논리를 사용합니다.)

12   [심화] "쌍무계약의 일방 당사자가 이행기에 한 번 이행제공을 하여 상대방을 이행지체에 빠지게 한 경우에, 신의성실의 원칙상 이행을 최고하는 일방당사자로서는 그 채무이행의 제공을 계속할 필요는 없더라도, 상대방이 최고기간 내에 이행 또는 이행제공을 하면 계약해제권은 소멸하므로 상대방의 이행을 수령하고 자신의 채무를 이행할 수 있는 정도의 준비가 되어 있으면 된다"(대판 1996. 11. 26. 96다35590 356060). 판례 표현을 문자 그대로 읽으면 이행제공을 계속할 필요가 없다고 볼 여지도 있습니다. 그러나 "상대방의 이행을 수령하고 자신의 채무를 이행할 수 있는 정도의 준비"라는 표현을 완화된 형태이나마 이행제공의 계속으로 읽을 여지가 있고, 또 초학자 입장에서는 이행지체에 따른 '법정해제'와 '지연배상'을 함께 묶어 정리해두면 편리하니 법정해제를 위해서도 이행제공을 (어느 정도) 계속해야 한다고 정리해두는 게 좋겠습니다.

13   [심화] **'채무자위험부담주의'**의 보다 엄밀한 정의는 '쌍무계약에서 채무자가 대가위험을 부담하는 것, 즉 당사자 일방의 급부가 쌍방의 책임 없는 사유로 불능에 빠졌을 때 상대방의 반대급부의무가 사라지는 것'입니다. 이와 반대로 **'채권자위험부담주의'**는 '쌍무계약의 대가위험을 채권자가 부담하는 것, 즉

당사자 일방의 급부가 쌍방의 책임 없는 사유로 불능에 빠졌을 때 상대방의 반대급부의무가 여전히 남는 것'을 말합니다.

14   [심화] 실제 위험부담에는 세 가지 견해가 있습니다. (1) 채무자주의, (2) 채권자주의, (3) 소유자주의가 그 셋입니다. 우리나라와 독일민법은 채무자주의를, 프랑스와 스위스민법은 채권자주의를, 영미법은 소유자주의를 택하고 있습니다. 다양한 입법례의 존재를 통해서도 알 수 있는바, 위험부담은 논리필연의 문제가 아니라 입법 결단의 문제입니다.

15   [심화] 반환의 논리에 대해 무인론은 부당이득반환(제741조)으로 법리를 구성하고, 유인론은 물권적 청구권(제214조)으로 법리를 구성합니다. 그러나 결론적으로는 어느 견해나 원물반환을 구할 수 있습니다(제747조 참조). 다만 제삼자가 등장하는 사안에서는 반환 범위에 대해 약간의 차이를 보입니다.

16   [심화] 제449조 제2항 문언에도 불구하고 판례는 양수인의 중과실 여부를 문제 삼습니다. 즉 양수인이 양도금지특약에 대해 선의이더라도 알지 못한 데에 '중과실(重過失)'이 있었다면 악의인 경우와 마찬가지로 채권을 취득할 수 없다고 합니다(대판 1996. 6. 28. 96다18281 등 참고).

17   [심화] 한편 주임법상 '우선변제권'(법 제3조의2)과 '소액임차인의 최우선변제권'(법 제8조)도 또 다른 제도입니다. 결론만 쉽게 말하자면, 대항력, 우선변제권, 소액임차인 최우선변제권 모두 최소한 법 제3조 제1항의 요건을 갖추어야 하지만, 우선변제권은 여기에 더해 '확정일자'가 필요한 데 반하여, 소액임차인 최우선변제권은 위 제3조 제1항의 요건을 경매신청의 등기 전에 갖추어야 한다는 점, 또 대통령령에서 정하는 '소액임차인'에 해당해야 한다는 점이 특징입니다.

18   [심화] 상가임대차보호법과 비교해보면 흥미롭습니다. 상가임대차보호법 제10조도 상가임차인의 갱신요구권을 규정하고 있는데, 다만 "임차인의 계약갱신요구권은 최초의 임대차기간을 포함한 전체 임대차기간이 10년을 초과하지 않는 범위에서만 행사할 수 있다."라고 적고 있습니다. 주택임대차보호법에는 최장기간에 대한 규정은 없고 갱신요구권의 '횟수'를 1회 제한한 것과 대조적입니다.

19   [심화] 전세권의 부속물매수청구권을 정한 민법 제316조 제2항은 문언 그대로 엄밀히 해석하면 '건물'전세권에 한정된 내용은 아닙니다. 다만 보기 좋은 큰 틀을 잡기 위해 이 책에서는 제316조 제2항을 건물전세권에 한정하여 설명하겠습니다. (현실적으로 생각을 해보아도 '토지'전세권에는 부속물매수청구권보단 건물매수청구권 적용 여부를 검토함이 타당합니다. 토지전세권의 건물매수청구권에 관하여는 명문 규정이 없지만 판례는 제643조의 유추를 긍정합니다(대판 2007. 9. 21. 2005다41740 참고).)

20   [심화] 민법 제316조 제1항을 문언 그대로 해석하면 전세권자의 원상회복의무/수거할 권리도, 전세권설정자의 매수청구권도 마치 '전세권이 그 존속기간의 만료로 인하여 소멸한 때'에만 행사할 수 있는 것처럼 보입니다. 하지만 그렇게 한정하여 해석할 논리상, 법리상 이유가 전혀 없으므로 전세권 소멸 사유

와 무관하게 행사할 수 있다고 보아야 합니다. (해당 문구는 제316조 제2항을 위해 작성된 것입니다.) ((민법원론(2020)), 지원림, p. 1330 참조)

21   [심화] 그래서 임차권 양도의 법적 성질을 '계약인수' 보는 견해도 있습니다. 다수설은 임차권 양도의 법적 성질을 양도 처분행위, 즉 준물권행위로 이해합니다.

22   [심화] 다만 문언에도 불구하고 판례는 민법 제630조 제1항 후문을 전대차계약상의 차임지급시기를 기준으로 '그 전에' 전대인에게 지급한 차임에 한정시킵니다(대판 2008. 3. 27. 2006다45459).

23   [심화] 압류와 가압류는 다릅니다. **'가압류(假押留)'**는 한자 뜻 그대로 '채무자 재산을 임시(假)로 잡아두는 것'입니다. 금전채권이나 금전으로 환산할 수 있는 채권에 대하여 동산 또는 부동산에 대한 강제집행을 '보전하기 위'함입니다(민집법 제276조 참고). 부동산 등기부에서 흔히 볼 수 있는 가압류등기와 압류등기를 비교해보면 쉽습니다. 부동산 등기부에 가압류등기가 있다고 해서 곧장 경매가 시작되는 건 아닙니다. 앞으로 한참 (본안)소송에서 권리 존부를 다툴 테지요. 하지만 압류(=경매개시결정)까지 이루어진 경우에는 곧 경매가 시작됩니다(민집법 제83조 참고). 압류는 집행권원 단계에서 이미 권리 존부에 대한 판단이 끝났기 때문입니다.

24   [심화] 「민사집행법」
제223조(채권의 압류명령) 제3자에 대한 채무자의 금전채권 또는 유가증권, 그 밖의 유체물의 권리이전이나 인도를 목적으로 한 채권에 대한 강제집행은 집행법원의 압류명령에 의하여 개시한다.
제227조(금전채권의 압류) ①금전채권을 압류할 때에는 법원은 제3채무자에게 채무자에 대한 지급을 금지하고 채무자에게 채권의 처분과 영수를 금지하여야 한다. ②압류명령은 제3채무자와 채무자에게 송달하여야 한다. ③압류명령이 제3채무자에게 송달되면 압류의 효력이 생긴다. (…)
제229조(금전채권의 현금화방법) ①압류한 금전채권에 대하여 압류채권자는 추심명령(推尋命令)이나 전부명령(轉付命令)을 신청할 수 있다. ②추심명령이 있는 때에는 압류채권자는 대위절차(代位節次) 없이 압류채권을 추심할 수 있다. ③전부명령이 있는 때에는 압류된 채권은 지급에 갈음하여 압류채권자에게 이전된다. (…)

25   [심화] 어떤 행위가 유치물의 사용행위인지, 아니만 보존행위인지는 구체적 사안에 따라 개별적으로 판단해야 합니다. 다만 판례는 유치물의 보존행위 범위를 다소 유연하게 해석하는 것처럼 보입니다. "공사대금채권에 기하여 유치권을 행사하는 자가 스스로 유치물인 주택에 거주하며 사용하는 것은 특별한 사정이 없는 한 유치물인 주택의 보존에 도움이 되는 행위로서 유치물의 보존에 필요한 사용에 해당하므로, 그러한 경우에는 유치권의 소멸을 청구할 수 없다"(대판 2013. 4. 11. 2011다107009)

26   [심화] 「민사집행법」
제91조(인수주의와 잉여주의의 선택 등) ①압류채권자의 채권에 우선하는 채권에 관한 부동산의 부담을

매수인에게 인수하게 하거나, 매각대금으로 그 부담을 변제하는 데 부족하지 아니하다는 것이 인정된 경우가 아니면 그 부동산을 매각하지 못한다.

② 매각부동산 위의 모든 저당권은 매각으로 소멸된다.

③ 지상권·지역권·전세권 및 등기된 임차권은 저당권·압류채권·가압류채권에 대항할 수 없는 경우에는 매각으로 소멸된다.

④ 제3항의 경우 외의 지상권·지역권·전세권 및 등기된 임차권은 매수인이 인수한다. 다만, 그중 전세권의 경우에는 전세권자가 제88조에 따라 배당요구를 하면 매각으로 소멸된다.

⑤ 매수인은 유치권자(留置權者)에게 그 유치권(留置權)으로 담보하는 채권을 변제할 책임이 있다.

27 　　[심화] 질권은 약정으로 성립하는 게 원칙이지만 **법정질권**도 있습니다. 토지임대인의 법정질권(제648조)와 건물 기타 공작물의 임대인의 법정질권(제650조)이 그 예입니다.

28 　　[심화] 변제기 이후의 유질계약은 '대물변제' 법리에 따라 해결합니다(제466조 참고).

29 　　[심화] 책임전질의 법적 성질에 대하여 견해 대립이 있습니다. 질물 자체에 다시 질권을 설정하는 것이라는 **질물재입질설**과, 질권과 피담보채권에 대해 입질을 하는 것이라는 **채권질권공동입질설**이 있습니다. 후자가 다수설입니다. 본 책은 다수설 입장에 입각하여 서술하였습니다.

30 　　[심화] 다만 피담보채권이 소비대차계약에 근거한 것이라면 민법 제607조, 제608조가 적용되고, 여기에 더해 소유권이전등기청구권 보전을 위한 가등기까지 존재한다면 가등기담보법이 적용될 수 있습니다.

31 　　[심화] 민법에는 사실 제366조 외에도 다양한 법정지상권이 있습니다. **법정지상권**이란 '동일인에게 속하던 토지와 그 지상의 건물이 나중에 소유자를 달리하게 된 경우에, 건물소유자를 위하여 법에 의하여 인정되는 지상권' 모두를 총칭하는 개념이기 때문입니다. 민법전에는 제366조 외에도 제305조(건물의 전세권과 법정지상권)가 있습니다. 한편 민법전에는 없지만 '관습상' 법정지상권을 인정하는 경우가 있는데, 이를 **관습상의 법정지상권**이라고 합니다. 교과서에서는 관습상의 법정지상권을 "토지와 그 지상의 건물이 동일인에게 속하였다가 매매 기타 원인으로(예: 매매, 강제경매, 국세징수법에 의한 공매 등) 각각 그 소유자를 달리하게 된 경우에, 그 건물을 철거한다는 특약이 없으면 건물소유자로 하여금 토지를 계속 사용하게 하려는 것이 당사자의 의사라고 보아 건물소유자에게 인정되는 지상권"이라고 적습니다(《민법원론(2020), 지원림, p. 1309》).

대한민국에서 가장 쉽게 쓴
민법책

초판 1쇄 발행 2023년 7월 17일
초판 6쇄 발행 2023년 12월 1일

지은이 오수현
펴낸곳 ㈜에스제이더블유인터내셔널
펴낸이 양홍걸 이시원

블로그 · 인스타 · 페이스북 siwonbooks
주소 서울시 영등포구 국회대로74길 12 시원스쿨
구입 문의 02)2014-8151
고객센터 02)6409-0878

ISBN 979-11-6150-734-7 03300

시원북스는 ㈜에스제이더블유인터내셔널의 단행본 브랜드
입니다.

독자 여러분의 투고를 기다립니다.
책에 관한 아이디어나 투고를 보내주세요.
siwonbooks@siwonschool.com